SOUS DES NUÉES D'ORAGE

ŒUVRES D'ALEXANDRA DAVID-NÉEL
DANS POCKET

Journal de Voyage (Lettres à son mari) tomes 1 et 2
Voyage d'une Parisienne à Lhassa
L'Inde où j'ai vécu
Mystiques et Magiciens du Tibet
Le Lama aux Cinq Sagesses
La Puissance du Néant
Sortilège du Mystère
Au pays des brigands gentilshommes
Magie d'amour et magie noire
Immortalité et réincarnation

ALEXANDRA DAVID-NÉEL

SOUS DES NUÉES D'ORAGE

Récit de voyage

PLON

ISBN 2-266-05721-9

AVANT-PROPOS

Tandis que j'écrivais la présente relation de voyage, j'étais loin de croire que lorsque le manuscrit en arriverait à Paris, la France serait en état de guerre. Sans doute, les présages devenaient alarmants et, depuis mon départ, en décembre 1936, les « nuées d'orage » sous lesquelles je devais voyager, à travers la Chine, s'accumulaient, aussi, dans le ciel de l'Europe. Cependant, le doute s'attardait encore dans mon esprit, comme en celui de beaucoup d'autres. Nombreux étions-nous, luttant contre une évidence de plus en plus marquée et nous refusant à admettre qu'une nouvelle explosion de démence nous ramènerait, décuplées, les horreurs de cette « Grande Guerre » qui, par comparaison avec celle qui lui succède, risque de perdre, dans l'histoire, la triste gloire du record qu'elle paraissait avoir établi.

Dans les circonstances actuelles, les tableaux que j'ai tracés, de la Chine « sous des nuées d'orage » présenteront-ils encore de l'intérêt pour un public tout occupé de sa propre lutte ? — Je me le suis demandé et, après réflexion, j'ai cru pouvoir conclure qu'au cours des pages suivantes, mes lecteurs trouveront la matière de méditations d'une réelle actualité.

Le pays dans lequel les pérégrinations — souvent forcées — que je relate ont été effectuées fournit un exemple frappant et profondément triste des conséquences funestes de l'indifférence patriotique. Loin de moi est l'idée de rééditer, à ce sujet, des phrases sonores, à la manière des tragédies cornéliennes ; la mode en est passée. Il est raisonnable d'envisager le patriotisme plus sobrement et de lui rendre un caractère plus effectif en le ramenant à la mesure de l'intérêt des individus. Ce n'est pas, là, le faire déchoir ; j'incline plutôt à croire qu'on lui confère, ainsi, une valeur réelle qui le grandit.

Je ne suis pas une nouvelle venue en Chine, je l'ai parcourue, en divers sens, pendant un grand nombre d'années et j'ai pu, ainsi, me familiariser parfaitement avec la mentalité de sa population. Vers 1917, causant du Tibet avec un lettré et croyant me faire l'écho de ses sentiments intimes, je déplorais la défaite des Chinois battus par les Tibétains[1] et la perte de leur suzeraineté sur Lhassa et le Tibet central. A ma grande surprise, mon interlocuteur me répondit par une sorte d'allégorie : « Un homme qui possède un million de tasses ne se désole pas si on lui en vole une », me dit-il. « La Chine est vaste ; un morceau de territoire perdu compte pour bien peu dans son immensité. »

Depuis cette conversation, la Mongolie et la Mandchourie ont été détachées de la « vaste Chine », la province du Sinkiang (Turkestan chinois) s'est, pratiquement, russifiée et rendue indépendante. La Chine s'est considérablement rétrécie ; le nombre des « tasses » a fortement diminué tandis que leur possesseur continuait à s'en désintéresser. Quand je retournai à Pékin, en 1937, je trouvai la ville et la région s'étendant autour de celle-ci, saturées d'influences japonaises. Quelques mois plus tard, la catastrophe se produisait. Ce ne sont plus des provinces lointaines, mais le cœur même de la Chine, ses plus grandes villes, tous ses ports qui sont au pouvoir des envahisseurs. Nous assistons à cet événement paradoxal : une nation de trois cent cinquante millions d'hommes se laissant dévorer par un pays dont la population n'atteint guère que le cinquième de ce chiffre.

L'exemple de la Chine est instructif. Les avertissements,

---

1. Les Chinois occupent ou plutôt réoccupent le Tibet depuis 1950.

sous forme d'empiètements successifs, ne lui ont pas manqué ; les Chinois les ont accueillis avec indifférence, chaque province se cantonnant dans un isolement égoïste, ne prenant aucun intérêt aux heurts et malheurs des provinces voisines et entretenant, fréquemment, des sentiments de rivalité et de mauvais vouloir à leur endroit. D'autre part, les familles formant, chacune, une sorte d'îlot, dans la masse de la population, ne se sentaient pas davantage solidaires des autres familles chinoises et quant à la solidarité de tous les individus répandus sur le sol de la Chine, c'était, là, une conception totalement inconnue.

Il est à noter que les Chinois commencent à secouer leur torpeur ; l'idée de solidarité nationale fait des progrès parmi eux, mais combien de temps faudra-t-il pour que la conviction de sa nécessité pénètre dans les masses ! Néanmoins, depuis le début des hostilités, les troupes chinoises ont fait preuve d'une bravoure qu'on eût pas osé espérer d'elles. Elles continuent à résister énergiquement et ont brisé l'avance des Japonais. Ceux-ci remportent encore de petites victoires, contre-balancées par de petites défaites ; en fait, ils ne progressent plus, au contraire. Certains prédisent qu'ils finiront par s'user et devront abandonner, tout au moins, une partie des territoires qu'ils ont occupés. La chose est très possible et l'on peut y trouver une leçon utile à se rappeler aux heures où la défaite paraît être imminente. Il n'est pas de défaite irrémédiable pour un peuple étroitement uni et animé par la volonté ferme et persévérante de triompher à n'importe quel prix. Une autre leçon découle également de l'exemple de la Chine. Si elle sort de la lutte, moins vaincue que ses amis auraient pu le craindre, ou même victorieuse, elle se trouvera, malgré tout, affaiblie : villes en ruines, campagnes dévastées, des millions de morts parmi la population civile... le bilan sera triste. Une prévoyance avisée, une armée nombreuse bien équipée en armement et sérieusement entraînée, de longue date, mais, plus que tout, une forte solidarité nationale eussent pu lui éviter ce désastre.

Dartsédo (Marches tibétaines). Novembre 1939.

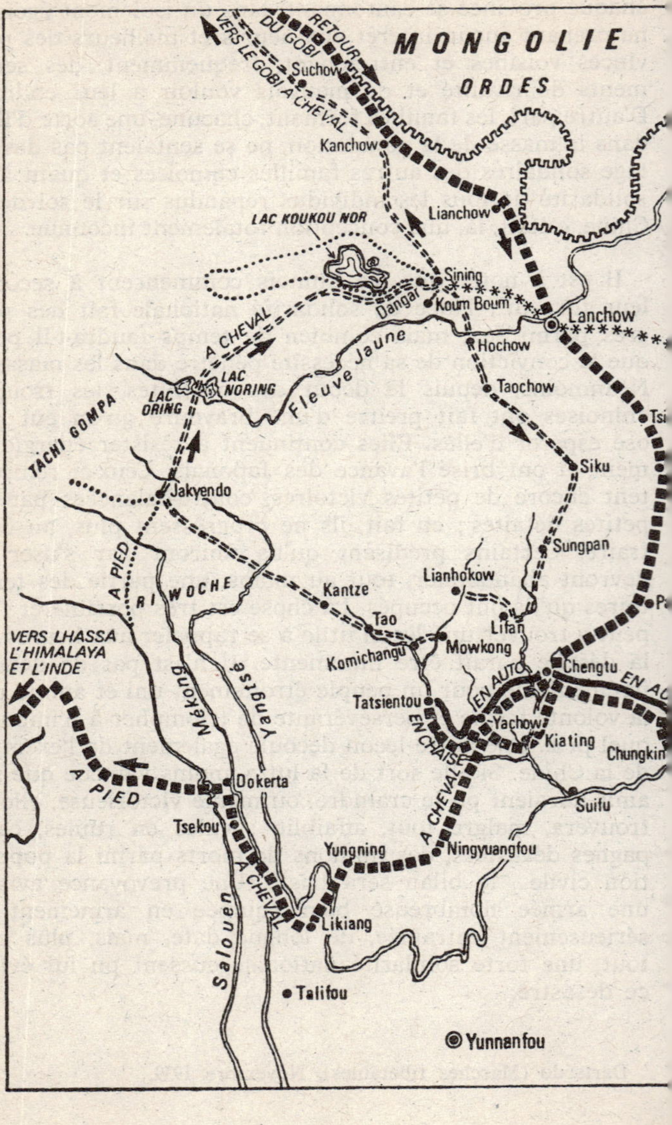
MONGOLIE
ORDES
RETOUR DU GOBI
VERS LE GOBI A CHEVAL
Suchow
Kanchow
Lianchow
LAC KOUKOU NOR
Sining
Dangar
Koum Boum
Lanchow
Hochow
Taochow
A CHEVAL
LAC NORING
LAC ORING
Fleuve Jaune
TACHI GOMPA
Jakyendo
Siku
Sungpan
A PIED
RI WOCHE
Lianhokow
Kantze
Tao
Lifan
Komichangu
Mowkong
Chengtu
EN AUTO
VERS LHASSA
L'HIMALAYA
ET L'INDE
Mékong
Yangtsé
Tatsientou
EN CHAISE
Yachow
Kiating
Chungkin
A PIED
Dokerta
Tsekou
Suifu
A CHEVAL
Yungning
Ningyuangfou
A CHEVAL
Likiang
Salouen
Talifou
Yunnanfou

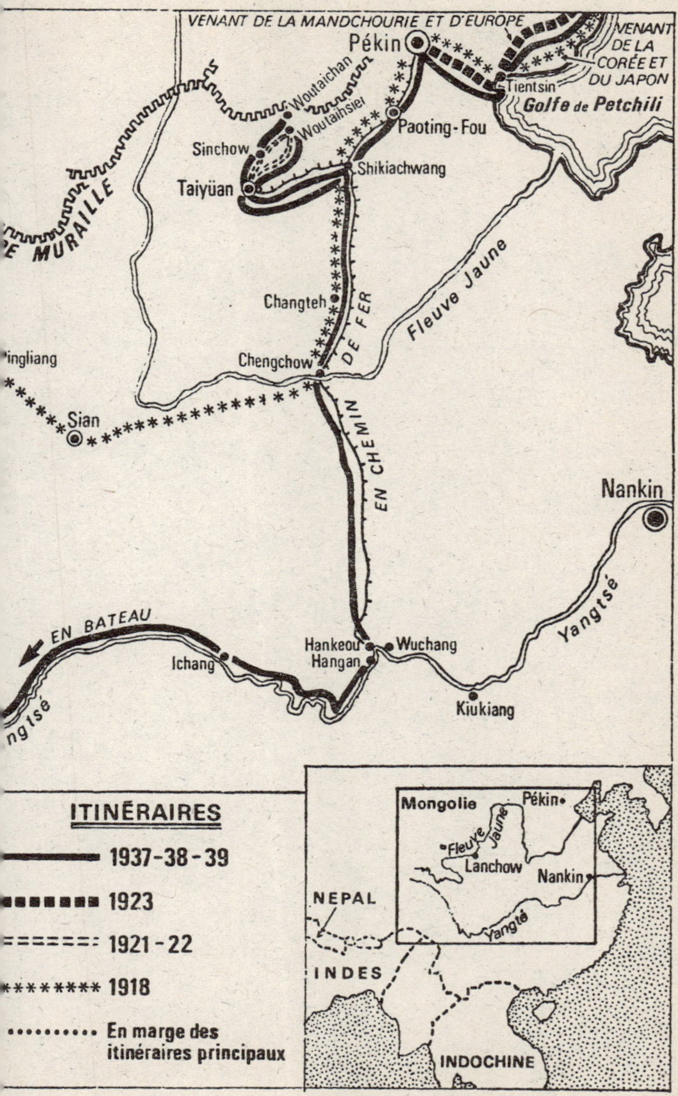
VENANT DE LA MANDCHOURIE ET D'EUROPE
Pékin
VENANT DE LA CORÉE ET DU JAPON
Woutaichan
Woutaihsien
Tientsin
Golfe de Petchili
Paoting-Fou
Sinchow
Shikiachwang
Taiyüan
MURAILLE
Changteh
DE FER
Fleuve Jaune
ingliang
Chengchow
Sian
EN CHEMIN
Nankin
Yangtsé
EN BATEAU
Ichang
Hankeou
Hangan
Wuchang
Kiukiang
ngtsé
ITINÉRAIRES
1937-38-39
1923
1921-22
1918
En marge des itinéraires principaux
Mongolie
Pékin
Fleuve Jaune
Lanchow
Nankin
Yangté
NEPAL
INDES
INDOCHINE

CHAPITRE PREMIER

DE BRUXELLES A MOSCOU

Je suis « partie » bien des fois, sans jamais « arriver » et le grand départ, que chaque jour qui s'écoule rend plus proche pour chacun de nous, ne me conduira, j'en suis certaine, à aucun port définitif où l'on jette l'ancre pour toujours. Une telle immobilité, d'ailleurs, serait la mort et la mort n'existe pas. Il n'y a de réel et de vrai que l'Eternelle Vie.

Il n'est aucun être qui ne parte chaque jour et à chaque minute, consciemment ou non, pour quelque aventure. Chacun des innombrables atomes composant un « moi », physique et mental entreprend, à tout instant, quelque voyage hasardeux aux conséquences incertaines, d'une portée incalculable, bien que le champ de ses pérégrinations puisse échapper, par son exiguïté, au domaine du microscope.

Je n'étais pas encore très solide sur mes jambes, lors de mes premiers « départs ». Le décor qui les entoure m'apparaît, tout au fond de ma mémoire, comme la grille d'une porte de jardin devant laquelle passait une route. Franchir cette grille, essayer quelques pas sur la route, là se bornait le voyage, mais je devais y prendre grand plaisir car l'on m'a raconté que je le répétais sans cesse, malgré les réprimandes qu'il m'attirait. Le jardin était vaste ; j'aurais pu y exercer amplement l'activité de ma toute petite personne, mais « l'au-delà » me fascinait déjà.

Quelque deux ans plus tard habitant Paris j'effectuai mon premier véritable « départ ». Un problème s'était tyranniquement imposé à ma pensée. Il concernait le Bois de Vincennes où ma bonne me conduisait presque quotidiennement. Les itinéraires, toujours les mêmes, de ces promenades provoquaient ma curiosité sans la satisfaire. Si l'on continuait à marcher, droit devant soi, me demandais-je, verrait-on, toujours, des avenues et des pelouses semblables à celles qui m'étaient familières, ou bien le paysage serait-il différent ? — Le bois finissait-il, par là, comme il finissait du côté où j'y entrais ?... Et, dans ce cas, comment étaient les rues, les maisons et les gens de cette région lointaine ? Me renseigner à ce sujet me parut indispensable. Ainsi, la passion de la découverte m'incitant, je m'échappai, une après-midi, de la maison paternelle pour « explorer » le Bois de Vincennes. Je venais d'avoir cinq ans.

Mon second « départ » eut lieu dix ans plus tard. Je profitai, pour m'esquiver, de la liberté plus grande dont je jouissais pendant une villégiature au bord de la mer du Nord et, durant quelques jours, je parcourus à pied la côte belge, passai en Hollande et m'y embarquai pour l'Angleterre. Je ne rentrai qu'après avoir épuisé le contenu de ma bourse de fillette.

Deux années s'écoulèrent encore. Devenue une jeune fille avisée, je préparai longuement et avec soin, le plan de ma troisième fugue. Un train m'amena en Suisse, je traversai le Saint-Gothard, à pied, et gagnai l'Italie, préludant, sans m'en douter, aux longs voyages pédestres que je devais effectuer, plus tard, en Asie. Ma mère, à qui j'avais donné de mes nouvelles, me rejoignit sur le bord du lac Majeur.

Comme à chacune de mes incartades passées, elle dut se borner à des remontrances qui n'altéraient, en rien, la joie que je tirais de ces jours de vie libre au grand air, parmi des sites nouveaux.

Me punir eût été difficile ; je n'offrais guère de prise. Les privations, quelles qu'elles fussent, me laissaient insensible. J'étais, jusqu'à un point extrême qui scandalisait et irritait ma famille, dénuée de coquetterie quant aux vêtements et aux parures et je méprisais le confort. Bien avant d'avoir atteint ma quinzième année, je m'étais, aussi, exercée, secrètement, à un bon nombre d'austérités extravagantes : jeûnes et tortures corporelles dont j'avais puisé les recettes dans certaines biographies de saints ascètes trouvées dans la bibliothèque d'une de mes parentes. Il me paraissait désirable et quelque peu glorieux, de savoir dominer les réactions de sa sensibilité, de « s'endurcir ». L'esprit, pensais-je, devait mater le corps et s'en faire un instrument robuste et docile propre à servir ses desseins, sans faillir. De ces excentricités enfantines j'ai gardé diverses habitudes étranges, entre autres, celle empruntée aux Stoïciens — les Maîtres révérés de ma jeunesse — de coucher sur un lit de planches. Heureuse accoutumance qui m'a permis de goûter un repos parfait, même lorsqu'il m'a fallu, au cours de mes voyages, dormir, chaque nuit, en plein air, sur la terre nue, pendant plusieurs mois consécutifs.

Enfin, l'âge vint, pour moi, où mes « départs » cessèrent d'être des fugues de gamine et s'inspirèrent de motifs estimés plus sérieux. Je « partis » pour la Grèce, pour l'Afrique, pour l'Inde, pour l'Himalaya, la Chine, le Japon, la Corée, pour le Tibet et pour d'autres pays encore.

Et voici que je partais une fois de plus. Départ troublant ; combien différent de tous ceux qui l'avaient précédé ! Jusqu'alors, un sentiment, plus ou moins accentué de plaisir, une attente joyeusement excitante des événements, impossibles à prévoir, vers lesquels j'allais, avaient présidé à tous mes départs [1], même à ceux effectués en des circonstances presque tragiques. Ce soir-là, au contraire, l'atmosphère me paraissait totalement lugubre, chargée de menace latente. Rien n'atténuait l'effet déprimant de l'hostilité occulte qui semblait me guetter du fond de la nuit glaciale et de l'indifférence, teintée d'inimitié, des choses environnantes contemplant mon désarroi. J'étais à Bruxelles, à la gare du Nord et je retournais en Chine.

Bruxelles est presque ma patrie. Petite Parisienne de moins de six ans, j'y suis arrivée tout hérissée de méfiance et de dédain, bien résolue à bouder cette capitale infime. De plusieurs années je ne désarmai pas. Les « splendeurs »

1. Voir *Au Pays des brigands-gentilshommes*, chap. 1er.

de *ma* ville me hantaient : les guignols des Champs-Elysées et les voitures traînées par des chèvres blanches ; l'immense place de la Concorde où pousse cette singulière pierre pointue, pareille à un arbre mort ébranché et le prestigieux Génie de la Bastille dont je m'efforçais de copier la posture en me tenant le pied droit posé sur une boule de jeu de quilles et la jambe gauche étendue derrière moi, ce qui ne manquait jamais de me faire choir de tout mon long. Bruxelles, pensais-je, était petit ; ses habitants qui buvaient un liquide amer, dénommé bière et disaient septante et nonante au lieu de soixante-dix et quatre-vingt-dix, ne pouvaient être que des sauvages. Cependant, Bruxelles souriait de ma révolte ; il me garda pendant quinze années, m'enveloppant de liens subtils, cultivant insidieusement, en moi, des germes dus à la partie nordique de mon ascendance et me conquit. Cher vieux Bruxelles de mon enfance ! Chacun de tes modestes édifices, chacune de tes rues paisibles évoque, devant mes pas, le fantôme de mon « moi » juvénile qui te reste fidèle en dépit de tant d'années écoulées et me ramène obstinément vers toi pour d'émouvants pèlerinages.

C'était un de ces pèlerinages que je venais d'accomplir. Avant de m'en retourner en Orient, j'avais tenu à visiter les tombes de mes parents, tous deux morts à Bruxelles et à revoir, encore une fois, peut-être la dernière, les lieux qui m'avaient été familiers. De ceux-ci était la gare du Nord.

Pendant l'été, mes parents habitaient à la campagne à une dizaine de kilomètres de la capitale où des achats, des visites ou d'autres menues affaires nous ramenaient fréquemment pour quelques heures. Quelle soif de départ me possédait, alors, lorsque, sur les quais, je longeais les express prêts à emmener leurs voyageurs vers l'Allemagne, la Pologne ou la Russie, telle que je l'imaginais : une immensité neigeuse, infiniment lointaine.

Mes désirs de fillette s'étaient réalisés, cent et mille fois au-delà de mes souhaits les plus ambitieux. Nombreux avaient été les express qui m'avaient emportée vers des pays divers et nombreuses les régions éloignées que j'avais atteintes à cheval, en chaise à porteurs, ou à pied. Bientôt, je serais en route pour Moscou, mais la Russie, et même la Chine, ne me paraissaient plus « infiniment lointaines » et mon nouveau départ ne suscitait aucun enthousiasme en moi.

Ce 9 janvier 1937, la température était glaciale, un vent aigre balayait la salle des bagages où je demeurais debout près de mes valises. Arrivée trop tôt, j'avais, en vain, cherché un abri. Les architectes qui ont tenté l'œuvre paradoxale d'agrandir la gare sans augmenter l'étendue du terrain qu'elle couvre ont traité durement les voyageurs des deux premières classes, jadis douillettement logés à l'abri des courants d'air, en des alcôves aux divans de velours vert, rangées autour d'une vaste salle. Absorbé par l'agrandissement du hall d'entrée, l'ancien local affecté aux clients des « troisièmes » a déversé ses hôtes habituels sur ce domaine du public mieux payant. A cette heure tardive, où ne partent guère que des express et des rapides internationaux, les voyageurs prolétaires sont rares. Je trouvai ceux-ci mêlés à une foule compacte de pauvres hères qui avaient élu la gare, de préférence à l'asile, pour passer, au chaud, cette dure nuit de gel. Ces miséreux dormaient, ronflaient, assis pressés les uns contre les autres. Les relents, intensifiés par la chaleur, qu'exhalaient toutes ces haleines, ces corps malpropres et ces hardes crasseuses étaient suffocants.

De là, en ouvrant une porte vitrée, l'on passait dans le buffet, passablement exigu, servant aussi, maintenant, de salle d'attente aux porteurs de billets de première ou de seconde classe. Des gens y mangeaient, y buvaient, surtout. L'odeur lourde de la bière mêlée à celle que répandaient la charcuterie, les gros cigares, et les pipes bourrées de fort tabac belge offensait autant mon odorat que la puanteur de la foule parquée de l'autre côté de la muraille et ce proche voisinage de la mangeaille avec les ventres creux me portait sur les nerfs... Il ne me restait qu'à patienter dans l'inhospitalière salle des bagages.

« — Le train n'est pas encore formé », répondaient successivement les employés que j'interrogeais de temps en temps.

Enfin, à ma dixième ou douzième demande, l'un d'eux m'annonça :

« — Le Nord-Express vient d'entrer en gare. »

Sur le quai, un porteur poussait un chariot chargé de

bagages ; deux voyageurs le suivaient, engoncés en des fourrures. Je lui fis signe :

« — Quand vous aurez terminé... » De la main, j'indiquai mes valises.

L'homme héla un de ses collègues.

« — Nord-Express ? — Wagons-lits ?... » me demanda laconiquement celui-ci.

« — Oui. »

Les quais étaient à peu près déserts, les lampes, en partie éteintes. La respiration pesante de quelques locomotives s'entendait, seule, dans le silence nocturne.

« — Compartiments 15 et 16 », dis-je au conducteur.

Celui-ci jeta un coup d'œil sur les billets que je lui tendais et ouvrit les portes.

Yongden aida l'employé et le porteur à disposer mes bagages dans l'ordre convenable, puis, ceci fait :

« — Je vais me coucher tout de suite », me dit-il, « je suis fatigué. Tout ce qu'il vous faut pour la nuit est-il près de vous ?... N'avez-vous besoin de rien ?... »

« — Non, de rien... Dis-moi, est-ce que tu as l'impression que nous sommes en route pour la Chine ? »

« — Je ne sais pas... C'est comme un rêve... »

La porte de communication des compartiments se ferma avec un petit claquement sec. Mon fils [1] allait dormir.

Moi, je n'avais pas sommeil. Machinalement, je relevai les stores, regardai au dehors, puis, je m'assis sur la couchette et demeurai immobile, l'esprit vide de pensées.

Sans un coup de sifflet, dans un grand silence, le train se glissa lentement, sournoisement, hors du hall couvert : l'on eût dit une évasion. La dernière lampe de la gare fuit derrière nous et nous nous enfonçâmes dans une obscurité épaisse : nuit au ciel bas, sans lune et sans étoiles où la clarté blafarde des plaques de neige disséminées sur les champs et les toits de maisons invisibles, perçait, seule, les ténèbres.

Je dois avoir sommeillé sans en avoir eu conscience, je m'aperçois, tout à coup, que le train est arrêté. Je passe

1. Les lecteurs de mes livres précédents savent que le lama Yongden est mon fils adoptif et que, depuis sa jeunesse il m'a accompagnée dans mes voyages.

dans le couloir et apercevant un employé, je lui demande :
« — Est-ce Louvain ? »
« — C'est Liège », répond-il.
Déjà ! Il ne me semblait pas être partie depuis si longtemps.
Le train repart avec sa même allure de fantôme. J'ai l'impression de voyager à travers des couches ouatées qui amortissent tous heurts, tous bruits, toutes clartés. Le mot de Yongden dépeint exactement mes sensations. A moi aussi, il semble que je vis un rêve. La réalité montre des contours plus accusés, elle est plus solide, elle s'impose aux sens qui la perçoivent, tandis que ce qui m'entoure paraît dénué de consistance, fait de brumes diaphanes qui se superposent et s'entremêlent et ma propre personne flotte, parmi cette fantasmagorie, au gré de je ne sais quelles forces ou de quelle volonté impénétrable. Effet de la fatigue, sans doute ; les préparatifs de ce voyage m'ont causé pas mal de soucis. Oui, fatigue : ou bien quoi donc ?... Avertissement occulte... pronostics inquiétants confirmant ceux que j'ai cru discerner à mon départ ?...
Allons dormir, rien ne vaut un bon somme pour raffermir les nerfs.
Je me déshabille, passe un pyjama chaud en drap bleu sombre, plie les couvertures et les draps fournis par l'administration des wagons-lits, les remplace par ma literie personnelle et me couche.
Dormir dans des couvertures ayant enveloppé d'autres corps que le mien m'a toujours profondément répugnée. Quant au pyjama, je l'abhorre comme habituel vêtement de nuit, mais la manie de prévoyance qui me possède, me fait penser à l'accident, toujours possible, lorsque l'on voyage en chemin de fer ou en bateau et m'inspire le désir d'être décemment et confortablement vêtue si les circonstances m'obligent à quitter ma couchette et à me montrer en public.
Cependant, cette nuit-là allait, heureusement, s'écouler sans accident. Sans accident, mais non pas sans surprise. Je dormais profondément lorsque des coups frappés au dehors me réveillèrent. Tout aussitôt, ma porte s'ouvrit et, encadré dans les montants de celle-ci, Lohengrin m'apparut. Dans l'étroit corridor, faiblement éclairé, son impo-

sante stature émettait une clarté solaire. Il rayonnait par ses cheveux d'or, ses yeux couleur de ciel d'été, la peau claire de son visage et ses dents éblouissantes qu'un aimable sourire découvrait. Quel rêve singulier faisais-je ? — Mon sévère pyjama émergea des couvertures. Lohengrin souriait plus largement, de l'air le plus engageant du monde ; il parla. Il parla en allemand, ce qui s'accordait avec sa personnalité. Je remarquai, alors, qu'il portait un uniforme vert pomme orné de quelques galons d'or. Adieu rêve et poésie ! Le prestigieux fantôme s'était soudainement mué en un humble subalterne de la police ou des douanes qui désirait connaître à combien se montait le capital que je transportais avec moi.

L'employé des wagons-lits m'avait déjà fait remplir une formule de déclaration à cet effet ; il s'était, aussi, fait remettre mon passeport et celui de mon fils, m'assurant qu'il suffirait qu'il les présentât au passage de la frontière et que nous ne serions pas dérangés pendant la nuit, puisque nous allions, simplement, traverser l'Allemagne, sans quitter le train. Malgré cela, il me fallut exhiber mes billets de banque. Le pseudo-Lohengrin inscrivit la somme sur mon passeport, me salua courtoisement et se retira.

Au cours de l'hiver précédent, lors d'une tournée de conférences que je faisais en Europe Centrale, une comédie analogue s'était renouvelée à l'entrée et à la sortie de chacun des pays que j'avais traversés : Allemagne, Tchécoslovaquie, Autriche, Hongrie. Pour éviter toute explication avec des gens dont je ne comprenais ni ne parlais le langage, j'avais, étant d'avance munie des coupons de chemin de fer nécessaires, mis 250 francs en billets de banque français dans un portefeuille. Je les exhibais à toute réquisition et les préposés à ce contrôle inscrivaient, invariablement, sur mon passeport que je possédais 250 francs, ou me délivraient, à mon entrée dans leurs pays respectifs, un papier qui en faisait foi et me permettait d'exporter mes billets lorsque je repassais la frontière. Je soldais mes dépenses locales sur le montant des honoraires que je touchais et mes gains m'étaient, avec la permission des autorités intéressées, transmis, en France, par l'entremise de banques, mais, de cela, les braves agents cantonnés aux gares frontières ne savaient, naturellement, rien et nul d'entre eux ne témoigna jamais la moindre curiosité quant à la façon dont je subsistais, me promenant de pays en pays, en ne possédant que cette somme minime qui demeurait invariablement la même.

Je me recouche et ne me réveille qu'après le lever du jour. Le train est arrêté dans une gare. Où sommes-nous ? — Sur un écriteau, je lis Friedrieschaffen. Nous sommes à Berlin. De rares voyageurs passent sur les quais ; le temps est gris, il bruine. Au-delà d'une grille de clôture, j'aperçois des rues désertes au pavé humide ; l'heure est matinale et, par ce froid, les Berlinois ont une bonne raison de s'attarder au lit.

Une sensation pénible m'étreint. Pas très loin de Berlin, dans une petite ville d'Anhalt, sans doute noyée, à cette heure, dans la même grisaille morne, réside ma meilleure amie : Suissesse par sa famille, née et élevée en Belgique, mariée à un Allemand. Je me rappelle notre intimité à Bruxelles, les rêves d'aventure dont nous nous bercions à seize ans. Elle a eu la sienne lorsque son mariage l'a conduite dans l'Inde ; elle y a côtoyé la région enchantée des cimes himalayennes et puis, un jour, le Destin a tourné une page sombre, au livre de sa vie, lui laissant l'inoubliable regret de l'Orient lumineux et de la joie perdue. Et moi, à qui les dieux pourvoyeurs d'aventures sont demeurés fidèles, moi dont ils permettent le retour vers l'ensorcelante Asie, je voudrais serrer dans mes bras l'amie de jeunesse... qui sait si une autre occasion m'en offrira encore la possibilité ? Mais les circonstances s'opposent à mon désir. Des raisons sérieuses me commandent de me hâter vers Pékin où je suis attendue ; d'autres considérations, aussi importantes, me déconseillent un arrêt de quelques jours... Folie absurde que cette circonspection ! La sagesse, ce serait, malgré ce que j'ai décidé, de jeter vivement mes valises hors de la voiture, de me mettre en quête d'un autre train qui m'emmènerait vers la petite ville maussade et terne, encerclée, à perte de vue, par de malodorants champs de navets et d'aller embrasser, de tout mon cœur, la chère exilée... Mais qui donc oserait parler de liberté ! Je suis ligotée par des raisons, des motifs, des considérations que m'imposent des habitudes de penser et de croire, héritées de mes devanciers, ou suggérées par mon milieu. D'innombrables « autres » commandent en moi, régissent mes mouvements, les entravent et me clouent au parquet du wagon. Le train se remet en marche d'un mouvement lent et souple d'animal précautionneux, avec la douceur ironique et fatale d'un instrument mû par un pouvoir irrésistible.

Ce début de voyage s'avère décidément mélancolique. Les heures s'écoulent sans que se dissipe l'impression d'irréalité pénible à laquelle je suis toujours en proie. Yongden et moi, nous accomplissons, machinalement, les gestes habituels : nous nous rendons à la voiture-restaurant, mangeons, retournons à nos places et regardons défiler le paysage plat, en partie couvert de neige et dénué d'intérêt.

A la frontière polonaise, nouvelle inspection de ma fortune. Cette question de l'introduction et de la sortie des monnaies paraît être la seule dont se préoccupent les Etats de l'Europe centrale. Leurs douanes ne se soucient plus guère des bagages. Pendant mon voyage de l'année précédente, l'on ne m'a pas, une seule fois, demandé à examiner le contenu de mes valises. On s'en désintéresse tout autant à présent.

J'arrive à Varsovie dans la soirée. Une agence de voyages à laquelle je me suis adressée, à Bruxelles, s'est chargée de me retenir des chambres par télégramme. L'hôtel où elle m'a envoyée est confortable et bien chauffé, chose appréciable car le thermomètre, au-dehors, marque 20 degrés sous zéro.

Le lendemain, je prends contact avec mes éditeurs ; deux de mes livres sont sur le point de paraître en traduction polonaise. Les conversations d'affaires me sortent, pour quelques heures, du monde nébuleux dans lequel je flotte depuis mon départ. Je reprends conscience de la personnalité que l'habitude me fait considérer comme « moi » : l'auteur de livres qui ont été traduits, dont les exemplaires figureront bientôt aux vitrines des libraires de Varsovie. Tandis que je les évoque, librairies et volumes prennent un air de réalité, mais ce qui persiste à demeurer flou, inconsistant : une bulle de savon dansant dans l'air, c'est Alexandra David-Néel s'en retournant en Chine. Quelque effort que je fasse pour le saisir et le fixer, ce personnage m'échappe, de même que le décor mouvant parmi lequel il évolue.

Les Tibétains lamaïstes croient qu'après la mort du

corps, la « conscience » (*rnamchés*) des défunts ordinaires ne se rend pas compte de ce qui lui est arrivé. Bien que n'étant plus unie à un corps matériel, disent-ils, elle continue, subissant la force de l'habitude, à être hantée par les images qui meublaient le cadre dans lequel elle se mouvait précédemment et à nourrir les sensations et les sentiments dérivés de celles-ci. Seuls, les initiés aux mystères de la vie et de la mort, les observateurs avisés qui, pendant leur vie, ont perçu les causes et le mécanisme des multiples mirages que la majorité des hommes tiennent pour le monde réel, sont aptes à discerner la nature illusoire des rêves *post mortem*.

Pendant mes séjours en terre tibétaine, j'ai été admise à écouter les enseignements qui sont conservés et transmis oralement, à ce sujet, par certaines lignées de lamas mystiques. En fait, ceux-ci constituent le commentaire ésotérique d'un célèbre ouvrage, le *Bardo thös tol*[1] : le livre symbolique qui « libère du monde fantastique et irréel du Bardo ceux qui l'entendent lire » — probablement, sous-entendu, ceux qui comprennent le sens de ses leçons. Et voici que je me remémorais les théories entendues sous le couvert de cavernes ou de huttes abritant d'étranges anachorètes. Qui sait si je ne suis pas morte ? me demandais-je, en suivant les rues de Varsovie. Le ciel sans lumière, sorte de couvercle de plomb pesant très bas sur les choses et le froid pénétrant qui me glaçait, s'accordaient assez bien avec l'idée classique du séjour des ombres. Pourtant, il s'en fallait que je fusse entièrement convaincue d'avoir quitté le monde des hommes vivants.

Mais alors ?... Les Tibétains croient, aussi, que le *rnamchés* (la faculté d'être conscient) c'est-à-dire le véritable individu, se sépare parfois du corps avant le moment de la mort apparente. Dès que ce *rnamchés* a quitté le corps, l'homme est, en réalité, *mort*, bien que son corps puisse encore continuer, pendant un temps plus ou moins long, à accomplir tous les actes physiques et mentaux habituels aux vivants. L'activité de ces « coques vides » est la continuation d'une impulsion qui a été donnée, autrefois, à l'individu, par des actions physiques et men-

1. Ecrit *Bardo thos grol. Bardo* signifie littéralement « entre deux », sous-entendu entre la mort et la renaissance.

tales génératrices d'énergie. Il en est d'elles comme de la roue du potier qui continue encore à tourner pendant quelques instants après que le pied du potier a cessé de lui imprimer du mouvement. (Cette comparaison est classique dans l'Inde et au Tibet.) Lorsque la mort survient — la mort apparente — certains signes, dit-on, dénotent que le défunt était dénué de *rnamchés*. En langage populaire, l'on entend des lamas de village dire d'un mort, aux funérailles de qui ils président, que celui-ci « était déjà mort depuis deux ou trois ans ». Il arrive, aussi, que des médecins se récusent, jugeant leurs soins inutiles, parce que le malade qui les consulte est *déjà mort*, depuis quelques mois ou quelques années. Les ésotéristes tibétains professent des doctrines dont ces croyances vulgaires sont la caricature.

Quant à moi, l'état spécial étrange dans lequel je me trouvais venait-il de ce que j'étais *déjà morte*, bien que continuant à accomplir tous les actes propres aux vivants... Euh ! Le croire me paraissait un peu hasardeux. Cependant... Cependant « Il y a plus de choses au ciel et sur la terre, Horatio, qu'on ne l'imagine, dans votre philosophie », disait Hamlet. Or, je me sentais, précisément, l'esprit inquiet de ce prince nordique côtoyant un mystère. Certes, bien nombreuses sont les choses dont nous n'avons aucune idée, que nos sens ne peuvent percevoir et, entre le domaine des expériences possibles et celui dont l'accès nous est impossible, n'existe-t-il pas la zone nébuleuse des perceptions incomplètes et fugitives aux causes indéchiffrables ?

Deux ans et demi [1] s'étant écoulés depuis lors, en me remémorant les impressions bizarres qui accompagnèrent le début de mon voyage vers la Chine, je ne puis m'empêcher de leur reconnaître un certain caractère prémonitoire. Ce voyage allait se poursuivre parmi des circonstances bien différentes de celles que j'avais envisagées. La guerre sino-japonaise devait réduire à néant toutes mes prévisions, m'entraîner vers le sud, alors que j'avais projeté d'aller au nord et m'imposer un itinéraire dont, même aujourd'hui, je n'entrevois pas encore le but.

L'aimable cousine de l'un de mes éditeurs polonais

1. Au moment où je termine ce livre : août 1939.

s'offrit gracieusement à me servir de guide pour visiter Varsovie. Les sujets d'intérêt n'y manquaient pas. Là, comme l'année précédente, à Prague et à Budapest, il aurait grandement valu la peine de m'arrêter plus longtemps que je ne pouvais le faire. L'hiver, me disait-on, n'était pas une saison favorable au tourisme, en ces pays. J'en convenais ; cependant, quand plutôt que de regarder seulement la surface des choses, l'on cherchait à découvrir les âmes multiples qui les habitent, cette saison rude et ce ciel gris de plomb douaient d'une éloquence particulière ces villes sévères au dur passé d'âpres et sanglantes luttes.

Je fus photographiée en divers endroits et en différentes postures. On prend l'habitude de ces manifestations d'intérêt ; elles sont si bien passées dans les mœurs et s'adressent à tant de gens, des souverains en voyage aux boxeurs et aux assassins, que l'on a, depuis longtemps, cessé d'en tirer vanité.

Je devais quitter Varsovie par un rapide matinal. Suivant mon habitude, j'arrivai à la station bien avant le temps du départ et, comme le train, ce jour-là, passa avec plus d'une heure de retard, je pus examiner tout à loisir le public qui m'entourait.

Varsovie allait être dotée d'une nouvelle gare. En attendant que celle-ci fût construite, les voyageurs s'abritaient dans des baraquements élevés parmi les chantiers et ouverts à tous les vents. Il y gelait autant qu'à l'extérieur, aucun brasero n'était en vue ; l'administration du chemin de fer déniait à ses clients jusqu'à ce minimum de confort.

La foule se composait presque uniquement de prolétaires, ouvriers ou campagnards aux physionomies fermées, mais non pas inintelligentes, pauvrement vêtus mais très loin d'être guenilleux ou malpropres. La plupart étaient encombrés de ces volumineux et informes bagages : sacs et ballots, qui ne se voient plus guère, en Europe occidentale, sauf aux mains des travailleurs agricoles se rendant aux lieux où ils ont été embauchés pour des travaux temporaires, ou s'en retournant chez eux.

Des femmes portaient, avec un soin particulier, de gros rouleaux de couvertures qui, lorsqu'elles en déroulaient un bout, laissaient entrevoir la tête de poupons que ce capitonnage empêchait de geler. Je vis deux mamans s'appuyer, chacune, un de ces paquets contre la poitrine ; le mouvement de leurs bras me fit deviner qu'elles dégrafaient leurs corsages. Bébé invisible et sein invisible, la femme très emmitouflée et le ballot serré contre elle simulaient, assez exactement, le rapprochement de deux pneus d'auto hypergonflés. Un dessinateur eût pu en tirer le sujet d'une affiche pour Michelin, Dunlop ou tout autre fabricant.

La foule était presque silencieuse, elle attendait sans manifester aucune impatience. Etait-ce que, comme moi, beaucoup de ces gens s'étaient rendus à la gare longtemps avant l'heure fixée pour le départ de leur train ou bien, par miracle, tous les trains se trouvaient-ils avoir, ce jour-là, un retard considérable, tels groupes d'individus que j'avais remarqués, dès mon arrivée, demeuraient encore à la même place, paisibles, sans faire mine de vouloir bouger, quand les porteurs vinrent, enfin, prendre mes colis pour les transporter sur le quai du départ.

Dès que j'eus pris place dans mon compartiment, je distribuai, par la portière, aux portefaix, ce qui me restait de monnaie polonaise. En emporter n'était d'aucune utilité ; nous serions, le soir même, en Russie, et, d'ici là, des coupons achetés d'avance solderaient le prix de nos repas.

Avec calme, mais d'une manière non équivoque, les hommes témoignèrent leur satisfaction de ma générosité. J'éprouvai, moi-même, un petit sentiment de plaisir en les voyant commencer leur journée tout réjouis. Hélas ! Hélas ! fugitif contentement ! Voici qu'apparaissait un interprète, employé du chemin de fer, qui m'avait fourni quelques renseignements ; il avait disparu, sans doute appelé ailleurs par son service, je l'avais oublié. Et il était là, sur le quai ; ses yeux m'interrogeaient. Mon petit plaisir se changeait en désolation, il ne me restait rien à lui offrir ; je le lui expliquai. Le regret que sa déception me causait n'était pas assez vif pour m'inciter à lui donner une banknote de cinq livres sterling, la moindre fraction monétaire que je possédais. Mes moyens ne me permettaient pas des largesses de cette envergure.

Le train s'ébranla avec nonchalence. Décidément ces « rapides » et « super-express » internationaux se mouvaient à bien paisible allure. Je m'éloignai de Varsovie laissant derrière moi quelques hommes enchantés de leur aubaine et un malchanceux qui avait raté la sienne. Ainsi vont les choses dans ce monde.

J'avais l'esprit trop occupé pour donner beaucoup de pensées à ce menu incident. J'étais en route pour la Russie, j'en franchirais la frontière dans quelques heures et aller en Russie a pris, de nos jours, une allure d'aventure ! Oserais-je le confesser ? Autrefois, à une époque que les événements survenus depuis font paraître plus reculée que ne le veut le strict nombre des années écoulées, alors que la Russie était accessible à tous, je m'étais toujours refusée à m'y rendre, faisant ainsi violence au grand désir que j'avais de visiter la Sibérie. L'horreur que m'inspirait le gouvernement tsariste était si profonde qu'il me semblait impossible de pouvoir en contenir l'expression et de ne pas la crier à chaque coin des rues de Moscou, à chaque porte des palais de Saint-Pétersbourg. C'était le temps où une petite élite d'intellectuels expiait, en Sibérie, dans les cachots des forteresses russes et, parfois, sur le gibet, le crime d'avoir été émue par la détresse des masses misérables et de vouloir les en affranchir.

Vers cette même époque, fut exposé, à Bruxelles, un tableau intitulé — si mes souvenirs sont exacts — *le Rêve passe*. Il représentait des jeunes gens assis autour d'une table. L'artiste les avait peints blonds, les yeux clairs, brillant d'une flamme intérieure, quelque peu extatiques. Leur pose les révélait immobiles, silencieux, leurs cigarettes se consumaient entre leurs doigts tandis qu'ils s'absorbaient en une vision, rendue sensible au public, par une nébuleuse figure de femme portant un flambeau, qui traversait l'espace au-dessus de leurs têtes.

Mon défaut de compétence technique ne me permettait pas de juger la valeur de cette toile, mais elle m'impressionna fortement. Son empreinte dut même être particulièrement profonde car, ayant perdu tout souvenir d'elle pendant un grand nombre d'années, voilà qu'elle surgissait, soudain, de quelque mystérieux recoin de mon être et je la revoyais, projetée sur la paroi du wagon dans lequel je m'acheminais vers la Russie.

Par enchaînement, certaines scènes réelles, contemplées alors que j'avais vingt ans, me revenaient, aussi, à la mémoire : des soirées où de jeunes nihilistes lettrés, raffinés, appartenant aux classes privilégiées de leur pays, rêvaient, par pur élan mystique vers la justice, le terme d'un état social dont il leur aurait été loisible de bénéficier. C'étaient des êtres différents de tous ceux que l'on coudoyait habituellement : ils semblaient provenir d'une autre planète...

Qu'étaient-ils devenus ?... Certains avaient, sans doute, cueilli la palme du martyre ; je ne les plaignais pas. Morts jeunes, alors que leur foi demeurait intacte, on pouvait les envier. Les autres ?... Peut-être d'amères leçons, apprises au cours des années, les avaient-ils conduits à désespérer de l'humanité. Malgré tout, ceux-là, aussi, devaient être tenus pour fortunés. Sur les jours mélancoliques de leur vieillesse désenchantée, le souvenir d'une jeunesse fière, pure d'appétits vulgaires, projetait de la clarté. Ils pouvaient s'enorgueillir de n'avoir point aboli leur énergie juvénile au service d'un monde méprisable et se réjouir d'être du petit nombre des élus qui, un jour, ont senti passer, sur leur front, le souffle mystérieux de l'Esprit.

L'U.R.S.S. était-elle la Russie qu'ils avaient voulue ? — Le but qu'ils poursuivaient avait-il été atteint ? — J'en doutais. Sans doute visaient-ils trop haut ! Les foules moutonnières, marchant les yeux baissés vers la terre, sont peu aptes à voir les étoiles. Qui sait si l'homme est vraiment capable de vivre libre, sans obéir, sans s'agenouiller ?

La révolution qui balaya l'Empire des tsars s'accomplit pendant que je voyageais en Asie centrale. Aucun écho ne m'en parvint dans les régions reculées ou dans les monastères lamaïstes où je résidais. C'est une erreur de croire qu'il se produit des événements capables d'attirer l'attention de l'humanité tout entière. Quelque fortes que furent les répercussions de la révolution russe ou de la Grande Guerre, des millions d'individus n'ont pas eu connaissance de ces faits, ou ne les ont appris qu'avec un retard de plusieurs années. Je suis parmi ces derniers en ce qui concerne la Russie et les premières informations qui me parvinrent revêtirent des formes vagues, même, parfois, tout à fait fantastiques.

Un jour, une nouvelle bizarre me fut apportée de Mongolie. Le bruit courait qu'un chef guerrier qui n'était ni

Asiatique, ni Russe, ni étranger [1] avait paru quelque part dans le Nord. Les précisions manquaient quant à l'endroit exact, mais ce que l'on affirmait, c'était que ce chef et ses troupes s'avançaient vers le Kansou.

Les espérances d'ordre messianique sont fortement ancrées chez les Mongols, ainsi que chez les Tibétains et, les uns et les autres, en considèrent la réalisation comme devant être relativement prochaine.

Les Mongols gardent pieusement le souvenir de Gengis khan [2]; ils lui rendent un culte et attendent son retour. Quant aux Tibétains, ils croient à la réapparition de Guésar de Ling [3], le héros de leur épopée nationale, le justicier idéal qui doit organiser les relations sociales d'après un ordre équitable.

Etait-ce l'un ou l'autre de ces personnages vénérables qui s'était montré sous l'apparence du chef guerrier inconnu, ou bien devait-on craindre l'arrivée d'un ennemi ? On sollicitait mon opinion à ce sujet.

Je n'en avais qu'une, c'est qu'il ne s'agissait ni de Gengis khan ni de Guésar revenant s'intéresser aux affaires de notre monde, mais j'exprimai mon avis discrètement, comme il convient en Orient où il ne sied pas de bousculer le merveilleux.

Quelque temps se passa, les rumeurs vagues grossirent, prirent consistance. Le chef fut dépeint comme un être terrible devant qui tout devait plier. Ses soldats, disait-on, étaient des géants capables de traverser les plus profondes rivières sans que l'eau leur vînt au-dessus des genoux. Rien ne pouvait les tuer, les balles ricochaient sur eux et ils n'avaient besoin ni de manger ni de dormir. Nous entrions, en plein, dans la fable.

Plus tard, en comparant des dates, je conclus que ces divagations pouvaient s'être rapportées au baron Ungern,

---

1. Les Tibétains et les Mongols — tout au moins ceux appartenant aux tribus du Sud, près de la frontière chinoise — établissent une distinction entre les « étrangers » des pays de l'Europe occidentale et les Russes qu'ils ne considèrent pas comme étant d'une race absolument différente de celles existant en Asie.

2. Gengis khan, le grand conquérant mongol, 1155 ou 1162 à 1227.

3. Voir A. DAVID-NEEL et le lama YONGDEN, *la Vie surhumaine de Guésar de Ling*. (Editions Adyar, Paris. Réédité en 1979 par les Editions du Rocher.)

un Balte qui fit campagne, en Sibérie, contre les bolchévistes et, d'après les Mongols, s'y livra à d'effroyables cruautés. Pris par les Rouges, il fut fusillé.

Vers 1920, des troupes de Russes blancs, vaincus par les Rouges, gagnèrent le Turkestan chinois, puis le nord du Kansou et s'y imposèrent aux autorités locales. Passablement terrorisés par cette invasion inattendue de plusieurs centaines de guerriers de stature imposante et craignant des troubles, les magistrats chinois assignèrent comme campement à leur horde, les temples souterrains de Tungwan. Ce fut une très mauvaise idée.

Les temples de Tungwan, comme ceux de Wangfoushia et d'autres monuments de cette région, sont de précieuses reliques archéologiques des royaumes qui fleurirent, jadis, en ce pays maintenant desséché, et les fresques qui les décorent présentent un haut intérêt artistique. Les troupiers vandales que l'on eut l'imprudence de mettre en contact avec elles, prirent un plaisir idiot à les détériorer.

J'allai à Tungwan, peu après leur départ ; les traces de leurs méfaits y étaient encore fraîches.

A la rigueur, l'on pouvait montrer quelque indulgence pour la rapacité qui avait fait racler, sur les murs, les nimbes des saints et les bijoux dorés dont les peintres avaient libéralement paré les jolies princesses. Un morceau de pain, un bol de riz suffisent pour prolonger d'un jour ou de deux, la vie d'un pauvre hère. En recueillant le peu de poussière d'or qui pouvait en payer le prix, c'est à cela, sans doute, que pensaient les soudards, momentanément nourris par les Chinois, mais inquiets quant à l'avenir. Mais que dire des trous, percés à plaisir, qui décapitaient les graves personnages aux attitudes hiératiques, pour faire passer des tuyaux de poêle, des mutilations infligées aux figurines des génies et des fées ornant les anciens autels, des inscriptions charbonnées en travers des théories de pèlerins porteurs d'offrandes, des gestes idiots qui défiguraient les gentes dames et les sveltes déesses en les transformant en négresses ou les pourvoyant de moustaches, au moyen d'un tison.

La bande de barbares qui s'étaient abrités là, comprenait un général et des officiers. Evidemment, pour les avoir laissés se livrer à ces déprédations, le niveau mental du général et des autres officiers ne devait pas être supérieur à celui de leurs hommes. La Russie n'avait pas lieu de regretter le départ des uns et des autres. Elle n'y perdait rien.

Tandis que je voyageais dans le Gobi, j'eus, aussi, l'occasion de voir des Russes qui émigraient. Le long des routes, l'on rencontrait de petits groupes de ces fugitifs, les uns en charrette, les autres à cheval ou à dos de chameau, beaucoup à pied. Certains d'entre eux possédaient quelques ressources, d'autres sollicitaient, dans les villes où ils passaient, l'aide des fonctionnaires chinois, les aumônes des missionnaires et des étrangers. Je distribuai un peu d'argent et des provisions à quelques-uns de ces quémandeurs, parce qu'il me paraît inadmissible de refuser de quoi manger à ceux qui ont faim, lorsque l'on est, soi-même, pourvu de nourriture, mais ils ne m'inspiraient guère de sympathie. Leur conduite et leurs propos ne leur en attiraient pas beaucoup, non plus, de la part des Chinois. Ceux-ci qui, dans ces régions reculées de leur vaste pays, n'avaient vu que peu d'étrangers et seulement des étrangers bien munis d'argent, voyageant confortablement, accompagnés de serviteurs, comprenaient mal à quelle sorte de gens ils avaient affaire.

Je commençai, ainsi, à me douter que des événements graves devaient s'être produits en Russie : une révolution ou un bouleversement analogue. Toute précision, à ce sujet, m'échappait, d'ailleurs. La Russie s'était-elle définitivement libérée ?

J'entrepris, ensuite, de recommencer, une fois de plus, mon voyage, toujours contrarié, jusque-là, vers Lhassa [1]. De la frontière mongole, je retraversai, une fois de plus, la Chine du nord au sud par le Szetchouan et le Yunnan d'où je pénétrai au Tibet en franchissant le massif du Kha Karpo au col de Dokar (5 412 mètres d'altitude). Quatre mois de marche, toujours à pied, le sac au dos, m'amenèrent à Lhassa où je séjournai. Vinrent, ensuite, le pays historique de Yarlung, l'Himalaya et l'Inde où j'avais déjà vécu pendant longtemps à différentes périodes de ma vie. Beaucoup de temps s'écoula. Personne, dans les régions que je parcourus, ne s'occupait de la Russie. Ce ne fut

---

1. Voir A. David-Neel, *Voyage d'une Parisienne à Lhassa* et *Au Pays des brigands-gentilshommes.* (Plo~)

qu'à mon retour en France, en 1925, que je commençai à obtenir des informations quelque peu cohérentes sur la révolution russe. Mais elle datait déjà de loin ; des mouvements politiques et sociaux avaient modifié, à plusieurs reprises, les conditions créées par elle et la vue nette de l'état de choses qui avait succédé au régime tsariste m'échappait toujours. Ce qui était, du reste, le cas de la majorité des gens.

Seulement, comme mes sentiments diffèrent légèrement de ceux de la majorité des gens, tandis que ceux-ci s'accommodaient fort bien d'être imparfaitement renseignés ou trompés par des rapports incorrects, moi, je souhaitais me rendre compte, directement, de ce qu'était la vie dans la Russie affranchie.

Observer, m'informer, certes je le désirais, mais d'ores et déjà ma sympathie se portait instinctivement vers l'U.R.S.S. Je ne nourrissais pourtant pas, à son égard, des illusions démesurées ; je ne m'attendais pas à y trouver un peuple uniquement composé de saints et de penseurs régis par des lois parfaites. J'étais toute préparée à constater des imperfections nombreuses, et même à voir, souvent, trahir l'idéal des précurseurs de la révolution. Il suffisait que les foules, lentes à comprendre à se mettre en marche, s'acheminassent vers lui pour me donner le désir de communier avec elles.

Ce qui suivit est une de ces minimes comédies, à la fois drolatiques et pitoyables, comme il s'en joue à chaque instant dans notre monde incohérent. Ses acteurs, marionnettes dont je ne sais quel diable sarcastique se divertit à tirer les ficelles, furent quelques fonctionnaires soviétiques, et mon humble, enthousiaste personne.

Je débutai bien. Mon retour en France avait fait un certain bruit. J'étais la première femme de race blanche qui fût entrée à Lhassa. Au dix-huitième siècle, quelques étrangers, pour la plupart missionnaires catholiques, avaient bien atteint la capitale du Tibet et même, y avaient résidé, mais depuis le célèbre voyage des RR. PP. Huc et Gabet en 1846 [1], tous les explorateurs qui, à la tête d'expéditions, s'étaient dirigés vers Lhassa, avaient été successivement

1. Voir *Souvenirs d'un voyage dans la Tartarie, le Tibet et la Chine*, par le R. P. Huc. (Plon.)

arrêtés, par les indigènes, avant d'avoir atteint leur but et contraints de rebrousser chemin [1]. Mes premières tentatives avaient échoué aussi ; toutefois, je ne m'étais pas découragée : il est dans mon caractère de ne jamais me résigner à la défaite. Pour réussir, j'employai une méthode différente de celle de mes malchanceux devanciers. Tandis que ceux-ci, désireux de confort, s'avançaient à la tête d'une caravane importante, je m'assimilai aux pèlerins mendiants, dont il existe des milliers au Tibet. Sans autre bagage que les provisions de route que je portais sur mon dos et que je renouvelais en mendiant, sans autre compagnon que mon fils adoptif, le lama Yongden, passant par des régions inexplorées, je fis le plus admirable des voyages que l'on puisse rêver et, non seulement j'arrivai mais je séjournai à Lhassa. C'était là, presque un exploit.

Les reporters s'empressèrent de m'interviewer ; un grand éditeur de New York câbla pour s'assurer la priorité de ma relation de voyage [2], une agence américaine me demanda une série d'articles qui parurent dans plus de deux cents journaux. En France, je donnai, en une vingtaine d'articles, dans *le Matin*, le récit abrégé de ma longue marche à travers le Tibet, puis fut publié, chez Plon, mon livre : *Voyage d'une Parisienne à Lhassa.*

J'ai dit que je débutai bien. J'entends, par là, que mon désir d'aller respirer, en Russie, l'air sain d'un pays libre sembla en bonne voie de réalisation.

Une de mes amies, femme d'un sénateur, se trouva, dans un dîner, placée à côté de l'ambassadeur des Soviets, en ce temps M. Krassine.

Ce diplomate avait lu certains des articles que la presse m'avait consacrés, ou que j'avais moi-même écrits et il souhaitait me rencontrer. Au cours de sa conversation avec mon amie, il mentionna mon nom et apprit qu'elle pourrait facilement ménager l'entretien qu'il désirait avoir avec moi. C'est ainsi que j'entrai en relations avec le monde officiel soviétique et pénétrai dans l'ambassade de la rue de Grenelle.

---

1. De ce nombre furent Bonvalot avec le prince Henri d'Orléans ; Dutreuil de Rhins avec Grenard ; Stein et, plus récemment, Rœrich, Sorensen et d'autres.

2. *My journey to Lhassa* (HARPER, à New York et HEINEMANN, à Londres). Edition populaire, collection Penguin (Londres).

J'étais, alors, passablement occupée et ne pouvais pas songer à partir immédiatement pour un nouveau voyage, mais le plan de futures pérégrinations s'élaborait dans mon esprit. Celles-ci, je n'en doutais pas, devaient m'être grandement facilitées par les chefs de la Russie, enfin sortie de l'obscurantisme tsariste.

Je comptais me rendre en Sibérie pour y étudier, parmi des populations de diverses races, les effets de la rencontre de l'éducation moderne, qu'on y introduisait, avec les mœurs et les croyances ancestrales des indigènes. Principalement, quelle était l'influence de cette éducation sur les femmes, en quoi le nouveau régime avait-il modifié leur mentalité, leur façon de vivre et leur situation sociale ?

En tant qu'orientaliste, j'étais, aussi, fort curieuse d'observer les réactions des bouddhistes bouriates lettrés, dans la région du Baïkal. Les doctrines que les envoyés des Soviets étaient chargés de leur inculquer n'avaient rien qui pût les surprendre et les émerveiller. Depuis des siècles, les mystiques et les érudits bouddhistes ont enseigné que l'existence de l'univers est due à des forces en mouvement et que les corps qui nous paraissent solides et immobiles sont, en réalité, des tourbillons d'atomes dansant sur un rythme vertigineux. Doctrines monistes et doctrines pluralistes peuvent être étudiées dans les bibliothèques des grands monastères lamaïstes ; philosophies idéalistes et philosophies réalistes s'y trouvent, les unes et les autres, représentées, toutes les conceptions des fertiles penseurs hindous y sont accessibles en traductions, exceptionnellement fidèles, voisinant avec des ouvrages dus à des auteurs de race jaune : Chinois, Tibétains et Mongols.

Quel accueil de naïfs « sans Dieu »[1] habitués à ridiculiser les légendes simplistes de la Bible — la fabrication d'Eve, au moyen d'une côte d'Adam ou le voyage de Jonas, vers Ninive, dans le ventre d'une baleine — pouvaient-ils avoir reçu de gens familiers avec cette littérature quintessenciée. L'entendre raconter devait être piquant.

D'autres motifs, plus sérieux, m'incitaient, aussi, à parcourir la Sibérie et la Mongolie. Il existe, en Asie, un ensemble complexe de doctrines et de pratiques, d'un

1. Le titre que se donnent, en Russie, les associations de propagande athéiste.

caractère particulier, dont les origines nous demeurent obscures. Nous les voyons apparaître plus ou moins voilées ou déguisées dans la plupart des systèmes religieux ou philosophiques de l'Orient. Parmi les principales théories que nous y distinguions est celle concernant une énergie sans causes perceptibles, existant, semble-t-il, par elle-même et éternelle. Cette énergie, perpétuellement active, est *tout*. Les êtres, les choses, les phénomènes, quels qu'ils soient, les mondes, autant qu'on en peut imaginer, les manifestations d'ordre spirituel, aussi bien que les manifestations matérielles sont *elle*, sous des aspects multiples. L'éthique n'a aucune place dans ces systèmes. Bien et Mal y sont considérés comme des distinctions vides de sens. L'ouragan n'est ni moral ni immoral ; il se lève, balaie les cimes et les vallées, puis s'abat. Ainsi en est-il des rafales qui surgissent dans l'esprit, suscitent des actes puis tombent. Rien n'est là que le jeu éternel de l'Energie [1].

Au Tibet, les maîtres qui enseignent ces théories, ou d'autres analogues, leur donnent, d'ordinaire, comme berceau, Chambhala, un légendaire pays septentrional tenu, tantôt, pour être la Sibérie et, tantôt, pour une île située dans l'océan Glacial.

Toutefois, bien que — tout comme la Thulé des anciens géographes — Chambhala, sujet de multiples légendes, appartienne en partie à la Fable, il semble probable que ce nom s'applique à une cité ayant eu une existence réelle : la capitale de la Bactriane dont l'emplacement paraît être occupé, de nos jours, par Balkh en Afghanistan.

Les auteurs tibétains nomment souvent Chambhala comme étant le pays d'origine d'écoles philosophiques du bouddhisme mahâyâniste, entre autres, de la célèbre école dénommée Kala-Tchakra (« la roue, au cercle du temps », en tibétain : Tuspaï hkhorlo) qui naquit au onzième siècle. Le caractère saillant de sa doctrine est une sorte de panthéisme, l'Adi-Bouddha. (Bouddha primordial ; en tibé-

---

1. J'ai donné quelques renseignements à ce sujet dans *Initiations lamaïques*. (Réédité aux Editions Adyar, Paris.) L'ensemble de ces doctrines, considéré comme un enseignement ésotérique comprend, aussi, des théories concernant la nature de l'immortalité, les moyens de l'obtenir, ou, tout au moins, de produire une longévité prodigieusement accrue et divers autres problèmes singuliers.

tain Thog maï Sangs rgyas) y tenant, à peu près, la place du Brahman neutre dans la philosophie Advaita Védanta.

Dernièrement, un lettré tibétain — sans avoir connaissance de l'opinion des Orientalistes, à ce sujet, — déclara, devant moi, que la conclusion de ses investigations personnelles était que Tchang Chambhala (Chambhala septentrionale) désignait une ville ancienne ou une région située au nord-est du Tibet, direction qui concorde avec l'emplacement de Bactres, capitale de la Bactriane.

Serait-il possible de découvrir, en Sibérie ou en Mongolie, des traces précises de ces doctrines concernant l'énergie et d'établir leur filiation, en même temps que la façon dont elles se sont répandues à travers l'Asie ? — Y existait-il, actuellement, un enseignement qui s'y rapportait, ou bien pouvait-on en discerner l'empreinte en des rites religieux ou dans ceux qui, chez les chamanistes, relèvent de la magie et de la sorcellerie ? — Trouvait-on, chez les chamanistes sibériens ou mongols, des légendes, des croyances et des pratiques identiques, ou d'une proche parenté avec celles des adeptes du tantrisme hindou, celles des Böns tibétains ou, encore, avec celles que l'on rencontre chez certaines tribus établies, en Chine, à l'est du Szetchouan et au nord du Yunnan ? — Je désirais vivement m'éclairer sur ces questions avant que la « modernisation » de l'Asie septentrionale, par les Soviets, ait détruit les cultes populaires et fait perdre le sens de leur symbologie.

Deux ans après mon retour en France, je songeai donc à partir pour la région du Baïkal, à séjourner parmi les Bouriates et à passer, de là, en Mongolie.

Malheureusement, mon désir se heurta à un obstacle. J'appris qu'il n'était plus permis de voyager, librement, en Russie. Aucune gare ne délivrait des billets de chemin de fer à destination de l'U.R.S.S. Ceux-ci ne pouvaient être obtenus que par l'intermédiaire d'une agence officielle soviétique dénommée *Intourist*.

Le candidat voyageur devait, tout d'abord, remplir un questionnaire portant sur son identité, le but et la durée de son séjour en territoire russe. Il lui fallait déclarer la religion qu'il professait, le parti politique auquel il appartenait et, au cas où ses opinions s'étaient modifiées, au cours des années, on lui demandait de le mentionner en nommant le parti auquel il avait adhéré précédemment, et en exposant les motifs pour lesquels il s'en était séparé. Le questionnaire touchait encore à d'autres sujets. Ces renseignements étaient transmis à Moscou et, après un certain délai, le pétitionnaire recevait avis de la décision prise à son égard : permission ou interdiction d'entrer en Russie.

Avec les billets de chemin de fer, l'*Intourist* délivrait, aussi, des coupons de logement de diverses catégories. Seule, la première catégorie assurait, au voyageur, l'usage d'une chambre individuelle. Celui-ci ne pouvait pas choisir, à son gré, l'hôtel où il descendrait et tous les autres arrangements, relatifs à son voyage, étaient également faits par l'agence, sans que l'étranger ait aucune latitude d'y changer quoi que ce fût ou de chercher des conditions plus agréables ou plus avantageuses.

La durée de son séjour était, aussi, strictement limitée [1], ayant été déterminée au moment de l'achat des billets de transport qui comprenaient, obligatoirement, le trajet conduisant à la sortie du territoire de l'U.R.S.S. par l'un des trois ou quatre postes frontière entr'ouverts.

Par une contradiction bizarre, l'on vendait, alors, au Consulat soviétique [2] des guides calqués sur les guides bien connus Bædecker. Ceux-ci donnaient, pour la Russie d'Europe et pour la Sibérie, les renseignements habituels sur les monuments historiques, les sites pittoresques, le prix des hôtels, ceux des billets de chemin de fer ou de bateau, etc. Ces livres étaient publiés en trois éditions : française, anglaise et allemande. A qui étaient-ils destinés ? — A des voyageurs libres de leurs mouvements, semblait-il. Pourtant, il était interdit aux étrangers de parcourir la Russie à leur gré et la Sibérie, notamment, était exclue des régions qui leur étaient accessibles, bien qu'elle le fût sous les tsars qui avaient, peut-on croire, plus de raisons que les Soviets, de cacher ce qui s'y passait. En

1. Les Soviets ne font, en cela, que suivre l'exemple qui leur a été donné par d'autres nations qui, comme eux, invitent les touristes, à grand renfort de réclame, mais pour les expulser après un temps donné, sans souci de leurs convenances, du plaisir ou de l'intérêt qui peuvent les porter à prolonger leur séjour.

2. Lorsque ses bureaux se trouvaient, à Paris, rue Leverrier. Ils furent transférés, ensuite, rue de Grenelle, au siège de l'ambassade.

même temps, la Mongolie, ouverte à tous, du temps où j'habitais le Kansou, était, à son tour, devenue terre interdite dans sa plus grande partie depuis qu'elle formait une république soviétique [1]. La liberté paraissait avoir revêtu un aspect inattendu dans les territoires « affranchis ».

Toutefois, le but de mon voyage n'étant pas le tourisme, mais l'étude, je m'imaginai que des facilités particulières me seraient volontiers accordées et je décidai d'entreprendre des démarches pour faire connaître mes *desiderata* à ceux que je croyais capables d'en assurer la réalisation.

A Paris, je vis divers représentants du gouvernement soviétique. La plupart étaient aimables, accueillants mais, toujours, leur accueil se nuançait d'une curieuse réserve que l'on sentait provenir, non pas d'un sentiment personnel mais de « quelque chose » que ces hommes sentaient, derrière eux, les épiant. L'atmosphère de l'ambassade était insolite, singulièrement chargée d'influences occultes. Du point de vue des recherches psychiques, je crois que l'on y eût trouvé un terrain d'expérience d'une qualité égale à celle qu'offrent certaines très vieilles abbayes où les pensées inquiètes de générations de moines mystiques, fanatiques ou politiques astucieux, demeurent pêle-mêle nichées dans les anfractuosités des pierres séculaires et s'en échappent, pour tournoyer autour du visiteur, comme un vol de chauves-souris brusquement tirées de leur torpeur ; seulement, rue de Grenelle, les pensées étaient toutes fraîches. Quant au reste, l'ambassade présentait l'aspect ordinaire de tous les locaux officiels : salons d'attente poussiéreux, mornes bureaux et cabinet de travail du grand chef, sévère et cossu.

L'ambassadeur, M. Dovgalewsky (mort depuis), parut s'intéresser à mes projets ; tout au moins à ceux concernant les œuvres d'éducation, à l'usage des indigènes sibériens, que je désirais visiter. Mon vieil ami, l'éminent professeur de sanscrit au Collège de France, Sylvain Lévi, me recommanda à un Géorgien, membre de l'ambassade qui s'était chargé des arrangements relatifs à un court séjour qu'il avait fait en Russie à l'occasion d'un congrès d'orientalistes. Il me recommanda aussi à son collègue le professeur Oldenbourg, savant orientaliste, comme lui, et,

1. Dont la capitale est Ourga, appelée, maintenant, Oulan Bator.

à ce moment, secrétaire général ou directeur de l'Académie des Sciences de Léningrad, à qui j'exposai mes plans de voyage, lors de son passage à Paris. Mon idée était de m'assurer les services d'un étudiant russe, homme ou femme, connaissant les dialectes locaux sibériens et s'intéressant aux objets de mes recherches. D'après ce qui m'était dit il ne manquerait pas de jeunes gens qui seraient heureux de m'accompagner.

Tandis que les choses semblaient progresser au gré de mes désirs, le professeur Oldenbourg ayant, paraît-il, commis une négligence dans le classement des archives, fut disgracié. Quant au Géorgien, que l'on disait être un ami personnel de Staline, il fut nommé ministre à Prague, je crois, et nos très brèves relations n'eurent pas de suites. D'après ce que j'ai lu dans un journal, à Hankéou (Chine) en octobre 1937, il aurait été fusillé. Un autre fonctionnaire que je vis, au cours de mes démarches, semble, aussi, avoir été exécuté. Je ne garantis pas l'exactitude de ces informations ; l'orthographe des noms propres étrangers paraissant dans les communiqués de presse est souvent incorrecte et, par là, prête à des erreurs.

Environ une année s'écoula. Les conversations à l'ambassade n'aboutissaient à aucun résultat. Finalement, je fus officiellement informée que séjourner en Sibérie et passer, de là, en Mongolie ou en Chine, m'était interdit. Ainsi se termina mon rêve de collaboration amicale avec les intellectuels soviétiques.

Du temps des tsars, la bureaucratie russe avait une réputation toute particulière quant à la lenteur et au désordre régnant dans son domaine ; il est douteux que même une révolution ait pu modifier ses habitudes. En quelque recoin d'un bureau, un scribe obscur a, probablement par l'effet d'une incompréhension, d'un malentendu, ou simplement d'une imagination quelconque de sa cervelle obtuse, rédigé une note à mon sujet et me voici classée pour toute l'éternité soviétique. Comment me représente-t-elle, cette note ? — Comme une odieuse capitaliste ? — Hélas ! trois fois hélas ! cette épithète ne m'est guère applicable ! — Ou bien ai-je été jugée trop farouchement individualiste pour apprécier les charmes de la collectivité obligatoire ? — Je n'en sais rien et, bien que curieuse de nature, je me résigne, sans trop de peine, à n'en jamais rien savoir.

Sept années s'étaient écoulées depuis l'échec de mes tentatives d'exploration intellectuelle en Sibérie et j'allais, enfin, voir le Baïkal, dont j'avais tant rêvé, mais sans m'arrêter sur ses rives.

Pendant toute la journée, tandis que défilait un paysage offrant peu d'intérêt, mon esprit demeura occupé par des souvenirs, les uns anciens, les autres récents, cherchant à deviner l'état *réel* actuel de la Russie vingt ans après le grand bouleversement qui a créé l'U.R.S.S. et me livrant à des conjectures touchant son avenir. La nuit était venue sans que j'y fisse attention, l'arrêt du train à la frontière polonaise me tira de ma rêverie. Les formalités, toujours les mêmes, furent accomplies : exhibition du passeport, déclaration de son avoir. Les employés préposés à ces inspections regardaient d'un air bizarre, vaguement apitoyé, les voyageurs qui allaient continuer leur route, comme si, téméraires voués à un sort lamentable ils se fussent acheminés vers la rive de l'Achéron. D'ailleurs, il se pouvait fort bien que leur physionomie singulière marquât, simplement, à cette heure tardive, la fatigue et une lutte contre le sommeil.

Peu de gens demeuraient dans les voitures lorsque nous repartîmes et tous les agents du chemin de fer semblaient être restés à la gare-douane. Le train, à peu près vide, roulant dans la nuit très noire, parmi les plaines couvertes de neige, avait repris son aspect fantomatique du départ : de nouveau, l'atmosphère inquiétante s'épaississait autour de ma course.

Nous approchions de la frontière soviétique. J'avais entendu raconter que celle-ci est marquée par une banderole portant la phrase désormais rituelle : « Prolétaires de tous les pays, unissez-vous ! » et je recommençais à songer.

Le train ralentissait sa marche ; émue, j'appuyai mon front contre la glace pour jeter un premier regard sur le pays des Soviets. Les wagons éclairés répandaient une clarté fuyante sur leur passage : j'entrevis, debout, immobile dans la neige, un soldat vêtu d'une longue capote, le fusil en main, baïonnette au canon.

CHAPITRE II

DE MOSCOU A PÉKIN A TRAVERS LA SIBÉRIE HIVERNALE OBSERVATIONS ET IMPRESSIONS

A qui s'adressait la menace silencieuse de cette sentinelle veillant, solitaire parmi la neige, dans les ténèbres, au seuil du pays des Soviets ? — A ceux qui tenteraient de s'y introduire, ou à ceux qui chercheraient à s'en échapper ? — Sans doute aux uns comme aux autres.

Je n'eus pas le temps de m'appesantir sur les pensées que me suggérait cette fugitive apparition. Le train s'arrêtait ; des portefaix s'emparaient des bagages et escortaient les voyageurs le long d'un quai non couvert, au bout duquel, découpant leurs hautes formes sur le fond d'ombre, quelques soldats immobiles, longues capotes, baïonnette au canon du fusil, barraient le chemin.

A dix heures du soir, le froid était vif ; la troupe des voyageurs se hâta vers la salle où les douaniers procéderaient à la visite habituelle. Très belle cette salle, très vaste ; les lampes électriques l'inondaient de lumière, faisant scintiller, sur les murs, le cri de guerre soviétique inscrit en lettres dorées et répété en différentes langues : « Prolétaires de tous les pays, unissez-vous ! »

Les arrivants doivent déclarer, non seulement le montant des fonds qu'ils transportent, mais aussi leurs bijoux, appareils photographiques, instruments de musique, etc. Un bulletin, distribué à cet effet, doit être rempli par chacun d'eux. Faute de pouvoir prouver, par ce bulletin dûment estampillé, qu'ils ont introduit ces objets en Russie, ils ne pourraient pas les en faire sortir à l'autre extrémité du territoire soviétique.

On m'avait prévenue que livres et manuscrits donneraient lieu à un examen prolongé, aussi n'en avais-je point emporté. Mes gros bagages voyageaient par mer. J'imagine que les autres voyageurs avaient agi de même car des valises et de petits colis, seulement, s'offraient, sur les banquettes, à l'inspection des douaniers.

Ceux-ci se montrèrent peu exigeants et nous informèrent, immédiatement, que nous pouvions éviter la visite de tous les colis que nous ne désirions pas ouvrir en cours de route. Il suffirait de les laisser plomber et d'exhiber les plombs intacts à Mandchouria, la frontière de sortie. C'est là un arrangement très commode ; je m'empressai de faire plomber les plus volumineuses de mes valises.

Je montrai, ensuite, mes bijoux à une dame chargée de contrôler la déclaration inscrite sur mon bulletin. J'aurais pu me dispenser de cette formalité si je les avais enfermés dans les valises que j'avais fait plomber, mais au moment où j'avais rédigé ma déclaration, j'ignorais que cela me fût permis.

L'inspectrice m'étonne en arrêtant son attention sur une bague tibétaine ornée de petits rubis. Elle saisit gentiment mon doigt pour examiner la bague de plus près.

« — Est-ce que ce sont des diamants ? » me demande-t-elle.

N'a-t-elle, vraiment, jamais vu de diamants pour se méprendre ainsi ?

« — Ce sont des rubis », dis-je.

Elle ne répond rien.

Autre surprise de sa part. Je possède un collier du genre de ceux que portent les femmes népalaises ; il consiste en un nombre de larges pièces d'anciennes monnaies d'or suspendues à une chaîne. Bien entendu, cet ornement barbare a, chez moi, sa place dans une vitrine, parmi d'autres curiosités et je me garde bien de m'en parer. Cependant, ne pouvant prévoir, en ce temps d'universelle démence, ce qu'un douanier loufoque pourrait penser s'il découvrait ce « trésor » dans un de mes sacs, j'avais, pour ce voyage, passé le collier à mon cou, sous ma blouse et, comme il est très lourd, et aurait pu se détacher, je l'avais, par prudence, fixé à mes vêtements au moyen de quelques épingles de sûreté. J'entr'ouvre donc mon manteau et mon col et montre le collier à l'inspectrice. C'est une femme d'une trentaine d'années, l'air distingué et de manières agréables. Elle demeure pétrifiée.

« — Otez-le », me demande-t-elle, après quelques secondes de contemplation muette.

« — Je ne peux pas, il est fortement attaché. »

Et pour lui prouver que je dis la vérité, je tire sur la chaîne à laquelle les pièces sont suspendues.

L'inspectrice n'insiste pas.

« — C'est de l'or ? » s'enquiert-elle encore, avec une inflexion de voix dénotant l'admiration.

« — Oui. »

Je reboutonne mon manteau. Les formalités sont terminées, la douanière et son collègue masculin, qui est demeuré à côté d'elle pendant tout le temps de la visite, s'éloignent.

Quelles pensées et quels rêves, ce trop voyant étalage de métal précieux a-t-il fait naître dans l'esprit de cette humble fonctionnaire. Qu'imagine-t-elle que je suis ? — Peut-être me croit-elle très riche. Bien grande est sa méprise. Mais si telle est l'idée qu'elle a conçue de moi, celle-ci ne paraît pas avoir éveillé de haine en elle ; dans son regard, je n'ai lu qu'étonnement, admiration et, peut-être, un peu d'envie.

A quelques pas de là, un employé se livre à un travail singulier. Devant lui se trouve un petit panier et, considérant celui-ci d'un air à la fois dégoûté et railleur, un monsieur qui paraît en être le propriétaire. Du panier, l'homme des Soviets extrait méthodiquement des objets qu'il garde pendant un instant entre ses mains, puis dépose sur la banquette. Il est muet et grave ; que peut-il faire ? — Je m'approche. Ce qu'il retire du panier, ce sont des citrons, de beaux gros citrons couleur d'or, que l'on devine juteux à point : d'excellentes limonades en perspective, le voyageur qui s'en est muni est avisé. Mais que fait-on à ces citrons ? — Les compter, simplement, irait plus vite.

Oh ! ma stupeur ! Ce qu'on leur fait ? — Le fonctionnaire

qui les manipule, les vaccine, les inocule... Il tient en main un petit instrument que je distingue mal, gratte légèrement l'écorce et puis enfonce, dans la blessure, quelque chose qui ressemble à une aiguille. Il n'y a pas de doute, les pauvres fruits sont inoculés.

Contre quelle maladie veut-on les prémunir, ou de quelle maladie veut-on détruire les germes en eux ? — Ils sont destinés à être mangés et non à être plantés ; quel danger peuvent-ils faire courir à la flore sibérienne ? — Je n'en ai nulle idée mais il doit en exister un dont, ni les Allemands ni les Polonais n'ont connaissance car les douaniers de ces deux pays ont laissé les citrons traverser leurs territoires sans s'occuper d'eux.

Tout à coup, on me touche l'épaule, je me retourne. Une dame avec qui j'ai déjà échangé quelques mots, dans le train, est derrière moi.

« — Vous regardez injecter les citrons », me dit-elle. « Les oranges que j'emporte ont déjà subi la même opération. Pourvu qu'ils n'y aient pas introduit une drogue nuisible... Je ne sais pas si j'oserai les manger. »

« — Ils n'injectent rien du tout, dans les fruits », dit Yongden qui, comme moi avait regardé la scène de loin. « Ils veulent s'assurer que citrons ou oranges ne sont pas de petites bombes camouflées. »

« — Tu as de l'imagination ! » répliquai-je, en riant.

« — Eh ! Madame », rétorqua sérieusement la voyageuse, « peut-être monsieur a-t-il raison. Je suis Russe de naissance — c'est par mariage que j'ai acquis la nationalité qui me permet d'être, ici, libre comme vous — et je sais quels soupçons étranges peuvent naître dans l'esprit de mes anciens compatriotes. »

Et elle s'en alla en hochant la tête.

Je changeai ensuite des billets de banque à un guichet. Diable ! les roubles étaient cotés cher. Je payai aussi, d'avance, le prix d'une promenade en auto, à Moscou. Celle-ci devait occuper les quatre ou cinq heures d'arrêt du train dans la capitale russe. Ceci fait, je m'aperçus que les livres sterling se dissipaient bien rapidement en U.R.S.S. — Qu'en aurait-il été de francs ! — Décidément, ce n'était pas un pays où un « capitaliste » d'aussi minime envergure que moi pouvait tenter de planter sa tente.

Les porteurs de la gare étaient rétribués d'après un tarif fixe : tant par colis, sans différence de poids. On payait ce que l'on devait à un surveillant qui distribuait des billets que l'on rendait au porteur lorsqu'il avait achevé sa besogne.

Peu d'entre les voyageurs présents savaient le russe ; c'est là, peut-être, ce qui rendait purement mécaniques leurs rapports avec le personnel subalterne du chemin de fer. Partout ailleurs, l'homme portant mes bagages dans mon compartiment montrait une certaine individualité. Il était souriant, complaisant ou renfrogné et grincheux. C'était *quelqu'un* et, entre lui et moi se produisait un contact mental. Le résultat en était quelques mots échangés : remerciements, souhaits de bon voyage ou réclamations au sujet de la gratification jugée trop minime, remarques sur le temps qu'il faisait, le nombre de voyageurs qui se trouvaient dans le train, ou n'importe quoi. Même dans les pays dont j'ignorais la langue, le service rendu et le paiement qui s'ensuivait, amenaient une certaine communication par gestes ou par expressions du visage. A Négoréloié, l'automatisme régnait : gestes précis, mutisme, physionomies fermées, désintéressement complet du travail accompli ; les porteurs ressemblaient à des bonshommes en bois, mus par un mécanisme.

Etait-ce là une attitude imposée ? — Cela se pourrait. Il est plus que probable que le train parti, emportant les étrangers indésirables et non régénérés, tout ce monde de douaniers, de scribes et de manœuvres s'anime et redevient simplement humain. Je n'en doute guère. Mais combien décevante et glaçante cette antichambre d'un pays qui, il y a vingt ans, a, pendant quelques jours ou quelques semaines, caressé le chimérique espoir de devenir communiste.

Devant le train, un employé réclamait, en même temps que les billets des voyageurs, leurs passeports et, non content de les examiner, il les gardait.

Vraisemblablement, aucun de mes compagnons de route, pas plus que moi, ne nourrissait le projet de s'échapper de la prison roulante qui allait nous emmener à travers un continent. Les uns et les autres, nous avions payé notre place, qui pour la Chine, qui pour la Corée ou pour le Japon et nous entendions arriver à destination, mais la précaution prise de nous démunir de passeport et de titre de circulation visait les évasions possibles.

Les petites roueries analogues dont usent, présentement, la plupart des gouvernements sont bien enfantines. L'espion professionnel, ou l'amateur intéressé à découvrir ce que l'on cherche à cacher, les déjoue aisément ; elles ne réussissent qu'à vexer les voyageurs, indifférents aux intrigues politiques, qui vont droit leur chemin, uniquement préoccupés de leurs propres affaires.

La voiture dans laquelle je vais voyager est, m'a-t-on dit, un reliquat du matériel de la Compagnie des wagons-lits, datant d'avant la guerre. Elle a dû être très confortable autrefois, mais les années ont passé et les effets du manque d'entretien sont manifestes. Tapis décloués, plates-formes de communication entre les voitures, se chevauchant de manière à créer des obstacles mouvants sur lesquels on risque de se rompre une jambe chaque fois que l'on se rend au restaurant ; ces détails et d'autres m'apparaîtront par la suite. Pour le moment, je constate que les couvertures, apportées par le garçon, sont sales. Je l'arrête, comme il se dispose à les étendre sur ma couchette et, par gestes, lui fais comprendre que je ferai mon lit moi-même et me servirai de mes couvertures de voyage. Il s'en va. Physionomie fermée celui-là aussi. Indifférence complète. Est-ce lourdeur d'esprit de sa part, ou bien lui a-t-on inculqué le mépris de ces étrangers qui traversent son pays en wagon-lit de première classe ? Il paraît ne comprendre que le russe, différant, en cela, de ses collègues des wagons-lits internationaux qui, généralement, sont polyglottes.

Un interprète sachant l'anglais est attaché au train, mais on m'a dit, qu'à part lui, tous les autres employés sont expressément choisis parmi des gens ne connaissant aucune langue étrangère. Cela afin d'éviter, d'une part, qu'ils puissent fournir des renseignements aux voyageurs et, d'autre part, qu'ils puissent s'instruire auprès de ceux-ci, au sujet du monde extérieur à l'U.R.S.S., et être contaminés par des idées antisoviétiques. Je me demande si l'information est exacte.

Ma première nuit dans le transsibérien fut mauvaise. J'occupais le dernier compartiment d'une voiture placée en queue du train et étais affreusement secouée. Ne dormant pas, je sortis pour circuler pendant un instant dans le couloir. A l'extrémité de celui-ci, la porte vitrée par laquelle on passe d'ordinaire sur la plate-forme enclose dans un soufflet et conduisant au wagon voisin donnait, à ce moment, sur l'extérieur. C'était, là, un bon poste d'observation pour jeter un coup d'œil sur le paysage nocturne. Je m'approchai. Mais qu'était cette masse sombre, informe, que j'apercevais au-dehors ? — Un pas de plus et je reconnus un homme accroupi sur l'étroite moitié de plate-forme attenant à la voiture. Il était emmitouflé dans une épaisse houppelande. Epaisse, soit, mais mon thermomètre de skieur, épinglé à mon manteau, marquait 29 degrés sous zéro sur le quai de la douane et cet homme juché, sans pouvoir bouger, sur une plaque de fer étroite et branlante, en plein vent, me paraissait courir des risques inutiles.

Que faisait-il sur ce perchoir instable ? — Avait-il pour mission d'empêcher l'évasion problématique des passagers du train ? — Mais ne pouvait-il pas s'acquitter de sa besogne, quelle qu'elle fût, en restant assis contre la porte, à l'intérieur de la voiture ? — Le traitement cruel infligé à ce « camarade » me peina.

J'arrivai à Moscou, gare de Smolenski, dans la matinée. Le long du train, une haie de soldats armés bordait le quai. Comme aucun de mes compagnons de voyage n'avait droit à une garde d'honneur, cette rangée sculpturale de troupiers géants canalisant notre procession jusqu'à la sortie de la gare, ne respirait rien moins qu'un accueil cordial.

J'avais demandé une auto particulière pour Yongden et pour moi. J'espérais qu'ayant payé un supplément pour obtenir l'usage exclusif de ce véhicule, je pourrais le faire diriger à mon gré vers les quelques endroits de Moscou qui m'intéressaient particulièrement. Le temps ne manquait pas. L'arrêt du train, que j'irais rejoindre à la station de Saverni, durerait quatre heures et, en quatre heures, une auto peut faire du chemin. J'exposai mes *desiderata* à une dame presque élégamment vêtue qui nous attendait à l'arrivée du train et devait nous servir de guide. Elle se contenta de hocher la tête et nous infligea un itinéraire type — le même qu'à tous les autres hôtes du train — dont je ne réussis pas à la faire s'écarter.

La dame-guide parlait parfaitement l'anglais. Où l'avait-elle appris ? — A Londres, me dit-elle, où elle avait été employée à l'ambassade soviétique. Je lui demandai si elle n'éprouvait pas le désir de retourner à l'étranger, de voyager. Elle répondit évasivement : oui, peut-être lui serait-il agréable de visiter quelques pays hors de la Russie et, si elle obtenait un visa le lui permettant...

Le visa n'était donc pas toujours accordé ? — Les Russes se trouvaient donc, en fait, être prisonniers dans leur pays. Je songeai à la sentinelle que j'avais aperçue, veillant dans la nuit, à la frontière russo-polonaise. Combien y en avait-il, de ces sentinelles, disséminées aux extrémités de toutes les routes aboutissant à un territoire étranger ?...

« Les Cieux appartiennent au Seigneur, mais Il a donné la terre aux enfants des hommes », déclare la Bible [1].

Il semble que la civilisation, loin de nous faciliter la jouissance de ce patrimoine, tende, au contraire, à nous en frustrer de plus en plus. Quel barbare aurait jamais imaginé qu'on pût l'empêcher de marcher, droit devant lui, tant qu'il le voudrait !

Au passage, la dame-guide nous indiquait des bâtiments neufs, ou en cours de construction. Celui-ci était le *grand* quelque chose, bureau administratif ou établissement scolaire ; celui-là était le *grand* autre chose, abritant un autre rouage du mécanisme soviétique.

Quant au prestigieux Kremlin, par ce temps sombre et morne, il produisait une bien moindre impression qu'en photographie. Pour qu'elle pût s'affirmer, il aurait sans doute fallu à sa grandeur barbare un éclatant soleil, un décor de neige épaisse, ou bien encore, le dur clair de

1. Psaume 115, 16. Dans une traduction française de l'abbé Drioux on lit : « Le ciel le plus élevé est pour le Seigneur, mais Il a donné la terre aux enfants des hommes. » Sauf erreur de ma part, la *Vulgate* dit : « *Cœlum cœli Domino ; terram autem dedit filiis hominum.* » Tandis que la traduction classique anglaise de 1611 donne : « *The heaven (even), the heavens are the Lord's ; but the earth hath he given to the children of men.* » Assez singulièrement ces textes semblent indiquer une pluralité de séjours célestes.

lune d'une nuit de gel intense. Mais si le froid était pénétrant, un ciel bas couvrait Moscou, ce jour-là, d'un lugubre vélum de nuages gris ; la vaste place, dont la neige avait été balayée, se trouvait transformée en une traîtresse patinoire de verglas. La traverser, pour approcher du tombeau de Lénine, devenait une entreprise périlleuse.

Le mausolée, rouge sombre, de l'homme qui a déclenché la plus extraordinaire des révolutions a été trop souvent décrit pour que je le dépeigne. Dans l'immensité de l'espace parmi lequel il se dresse, il paraît minuscule et les hautaines murailles du Kremlin semblent l'écraser de leur mépris. Le contraste est plein d'enseignements : le colosse aux pieds d'argile qu'était l'Empire des tsars a été renversé par l'énergie opiniâtre d'un homme qui, devant lui, semblait d'aussi négligeable importance qu'un minuscule insecte.

Nous étions remontés en auto ; comme celle-ci se remettait en marche, je désignai du doigt les bâtiments du Kremlin à ma dame-guide.

« — Vos ministres logent là, je crois, et y ont leurs bureaux », dis-je.

Un sourire ultra dédaigneux accompagne la réponse :

« — Nous n'avons pas de ministres », prononce la dame d'un ton de supériorité compatissante pour les pauvres naturels des pays où des ministres existent encore.

« — Bien, bien », répliquai-je, « je sais que vous les appelez *Commissaires,* mais leurs fonctions sont les mêmes. »

« — Pas du tout », rétorque l'élégante camarade. « Ils sont Commissaires du Peuple. »

Cette merveilleuse différence est affirmée de façon définitive. Je n'ai nulle envie d'entamer une discussion.

Où allons-nous ? — Il nous reste encore plus de deux heures à dépenser ; mais j'ai renoncé à essayer de diriger l'itinéraire.

L'auto s'arrête devant un grand hôtel. Nous sommes invités à descendre de voiture... la promenade est terminée.

Je dois à la vérité de dire qu'on ne nous emprisonne pas dans cet hôtel. On inscrit nos noms et nous sommes, ensuite, libres de franchir la porte et de circuler dans le voisinage. Toutefois, pour qui ne connaît ni la ville ni la langue que l'on y parle, le danger de s'égarer et de manquer le train, met un frein aux velléités de promenade lointaine. Le verglas est un autre obstacle. Malgré tout, Yongden et moi marchons un peu.

La circulation n'est pas très animée dans le quartier où nous nous trouvons. Peut-être cela tient-il au mauvais temps et peut-être, aussi, est-ce le mauvais temps qui donne aux passants des physionomies si mornes. En général, leur mise est propre, mais pauvre ; celle de notre dame-guide paraît constituer une exception et, sans doute, tient-elle à l'emploi qu'elle remplit.

Les cartes d'achat ont été supprimées, m'a dit celle-ci ; n'importe qui peut acheter, dans les magasins, ce qu'il y trouve. Il suffit qu'il ait le moyen de payer. Est-ce vrai ? — Pendant tout le cours de ma promenade, tant en auto qu'à pied, je n'ai pas remarqué un seul *beau* magasin exposant ses marchandises, bien étalées, dans des vitrines, comme on en voit dans les autres villes européennes. Une foule compacte se pressait dans ce qui me parut être un bazar pourvu de fenêtres étroites où différents genres d'articles étaient en montre.

Je vis, pourtant, une boutique assez coquette où l'on vendait de la parfumerie, des fards, etc. Dans son livre *Inside Europe* (à l'intérieur de l'Europe) publié en 1936, John Gunther rapporte que la femme de Molotov, à cette époque président du Conseil des Commissaires du Peuple, Mme Pauline Semyonova Zhemchuzhna, est à la tête du trust soviétique qui fabrique les poudres de riz, les fards et les crayons pour les lèvres. Des commentaires se pressent au bout de ma plume, mais je les réprime.

De retour à l'hôtel, nous y attendons encore longtemps. Ne pourrions-nous pas nous restaurer un peu après cette course matinale ? Je découvre la salle à manger ; elle est immense, imitant, de son mieux, celles de nos « Palaces ». Des garçons y circulent, disposant les couverts sur les tables ; pas menus et feutrés, dos courbés par l'habitude des saluts réitérés, ils ressemblent à tous ceux de leurs confrères que l'on voit de par le monde. L'un d'eux me dit que l'on ne sert pas de repas, à cette heure, dans la salle à manger. Il faut aller au restaurant.

Je retourne dans le hall ; lui, aussi, copie le style des grands hôtels des pays capitalistes. Pourquoi ?... Une austère simplicité siérait à une République socialiste. Est-ce que, par hasard, le socialisme n'existerait, ici, comme ailleurs, que dans les discours des orateurs ? — Cet hôtel est-il destiné à recevoir, uniquement, les touristes étrangers, munis de coupons de première classe, dont on veut ménager et flatter les goûts bourgeois ? — J'interroge :

« — Les Russes sont-ils admis à dîner et à loger dans cet hôtel ? »

« — Certainement », me répond-on avec étonnement, comme si ma question était absurde. « Certainement, s'ils ont de l'argent pour payer le prix. »

Oh ! Oh ! J'ai bien compris. Le chauffeur qui conduisait l'auto dans laquelle j'ai parcouru la ville et ses congénères du prolétariat, ne dîneront pas là et les garçons, présentement occupés à mettre le couvert, ne peuvent guère concevoir l'espoir de s'asseoir à ces tables qu'ils décorent de fleurs « pour ceux qui disposent d'assez d'argent pour acquitter le prix du dîner ».

Il en va de même à Paris, à Londres, à New York et autres lieux. Certainement, en dépit de ce que proclament certains propagandistes, les anciennes coutumes, les mœurs millénaires demeurent encore vivaces en U.R.S.S. : il y existe toujours des gens que l'on sert et des valets qui les servent.

Le restaurant, situé en contre-bas, près de la porte d'entrée, était occupé par de nombreux clients. Il semblait que ce fût plutôt un buffet qu'un véritable restaurant. On me demanda si je voulais du café avec du pain et du beurre. J'avais déjeuné le matin, vers 7 heures ; il était près de midi, je désirais un repas un peu plus substantiel. Je jetai un regard sur les tables voisines ; ceux qui y étaient assis mangeaient des œufs ou des gâteaux. Je dus me contenter d'œufs au jambon, un plat universel.

Le service était fait par de gracieuses jeunes femmes, quelques-unes d'entre elles vraiment jolies. A première vue l'on constatait qu'elles n'inclinaient point vers l'austérité, ni même vers cette gravité d'esprit que — sottement, sans doute — j'associe toujours, dans ma pensée, à l'idée de république socialiste. Coiffures savamment ordonnées, ondulations, fard aux joues, lèvres et ongles teints dénotaient que la coquetterie vulgaire, visant à capter l'attention des clients, était toujours vivante en elles.

Derrière un comptoir siégeait une grasse matrone, surveillante ou maître d'hôtel ; en dépit de son âge — apparemment les dernières années de la quarantaine — elle était aussi fortement maquillée que ses subordonnées. Du reste, puisqu'il existe, en U.R.S.S., un trust soviétique de la fabrication des rouges, des crayons pour les lèvres et autres « produits de beauté », le maquillage peut y passer pour une institution d'Etat.

L'interprète attaché à notre train arriva en trombe, rassembla les brebis confiées à sa garde, les emmena précipitamment au dehors et, sur le trottoir, les compta... Horreur, il en manquait deux.

« — Un, deux, trois quatre, etc. », recompta le bonhomme.

Rien n'y faisait ; le nombre voulu n'y était pas. L'interprète devint rouge, puis pâle, tira son mouchoir, s'épongea. Les voyageurs, narquois, commençaient à s'égayer.

« — Que croyez-vous qu'on lui fera si les deux absents ne se retrouvent pas ? » demanda, à haute voix, un loustic feignant une conversation particulière avec son voisin.

Un jeune Anglais prit immédiatement la suite de la plaisanterie.

« — Pensez-vous qu'on le pendra ? » demanda-t-il, avec une parfaite gravité et un ton de voix marquant un vif intérêt en la question.

Yongden qui, comme la majorité des Orientaux, est peu adonné aux facéties, ne saisit pas celle-ci et, sérieusement, crut devoir fournir un renseignement.

« — Je crois », dit-il, « que depuis la révolution, on ne pend plus en Russie. Maintenant, les condamnés sont fusillés. »

Un éclat de rire général accueillit cette rectification.

L'interprète comprenant que nous raillions sa crainte, sinon de la peine capitale, du moins d'un châtiment sévère, nous lança un regard rancunier.

Un voyageur, qui semblait être un Allemand, coupa court à notre hilarité :

« — Est-il temps, oui ou non, de nous rendre à la gare ? » demanda-t-il à l'interprète. « Vous paraissiez très pressé de nous y emmener. Je ne veux pas manquer le train. Conduisez-moi à la gare ou faites-m'y conduire ; vous chercherez ensuite ceux qui vous manquent. »

« — C'est cela... Parfaitement... » firent écho quelques-uns. « Allons à la gare ! »

L'employé soviétique trépignait, tout en promenant ses regards désespérés sur la vaste place qui s'étend devant l'hôtel. Enfin, à l'extrémité de celle-ci, les deux retardataires apparurent, cheminant nonchalamment. L'interprète les appela à grands gestes. Tous deux lui répondirent par une gesticulation analogue, sans presser le pas le moins du monde. N'y tenant plus, l'interprète courut vers eux et, quand il les eut rejoints, s'efforça, sans résultat, de les faire se hâter.

La comédie nous amusait. Une dame profita du répit pour rentrer dans l'hôtel et quand l'interprète revint ramenant ses gens, elle ne nous avait pas rejoints. Tout excité, celui-ci ne songea pas à compter, de nouveau, son troupeau et l'emmena au pas de course. Peu désireuse de risquer une chute sur le sol couvert de verglas — aucune municipalité prévoyante n'y ayant fait répandre du sable ou de la cendre —, je restai en arrière.

« — Il me semble que la dame n'est pas revenue », dis-je à Yongden.

« — Non, je ne crois pas ; mais ne vous en occupez pas. Il ne faut jamais se mêler des affaires d'autrui. Ici, moins encore qu'ailleurs », me répondit mon prudent Ulysse.

Où allions-nous ? — Des tramways passaient chargés de voyageurs... nous ne devions monter dans aucun d'eux, on nous conduisait au métro.

Le chemin de fer souterrain paraissait être un objet de grande admiration pour les Moscovites ; en nous y faisant pénétrer, notre guide affectait un enthousiasme extrême.

Il est bien logé, en effet, ce métro. Les murs des gares sont revêtus de plaques de marbre et chaque station décorée d'une façon particulière, la tonalité dominant dans les unes étant le rouge, dans les autres le vert ou le jaune. Ce déploiement de marbres de couleurs variées est vraiment somptueux. Quant aux voitures, elles sont aussi bonnes et pas meilleures que celles de seconde classe du métro parisien.

Les voyageurs étaient nombreux, sans que, pourtant, il y eût foule. J'avais trouvé une place assise et, pendant le trajet, je regardai mes voisins. Comme les passants que j'avais croisés dans les rues, ceux-ci étaient proprement, mais très simplement vêtus d'habits qui paraissaient avoir déjà fait un assez long usage. Ils ne témoignaient aucune curiosité pour le groupe d'étrangers qui se trouvait dans leur compartiment. Ils ne se regardaient pas, non plus, les uns les autres, ils ne se parlaient pas. Leurs regards dirigés droit devant eux, dans le vide, n'exprimaient rien qu'une indifférence absolue... Indifférence ou inertie due à une extrême lassitude de l'esprit.

. . . .

Parmi les « curiosités » du somptueux métro soviétique, je remarquai que les escaliers mécaniques qui, en d'autres lieux, épargnent aux gens la fatigue de gravir des marches, fonctionnaient à rebours : ils faisaient *descendre* les voyageurs. D'autre part, ceux-ci ne recevaient aucune aide à la montée. Du moins en était-il ainsi dans les stations que j'ai vues et, peut-être, depuis mon passage, a-t-on remédié à cette bizarrerie.

Le voyage dans le métro terminait la « visite » de Moscou. Au lieu d'y employer les quatre heures dont nous disposions comme les prospectus distribués dans les agences de l'*Intourist* le promettaient, l'on nous avait amenés, après une brève course en auto, dans un très peu intéressant hôtel où nous nous étions morfondus. Mes compagnons de voyage jugeaient unanimement le procédé passablement indélicat car tous, en leur monnaie respective, avaient payé d'avance, un prix absurdement élevé pour cette promenade rapide. Se fâcher n'aurait servi à rien, un « globe-trotter » doit être préparé à tous les genres de mécomptes et savoir en rire. Eux, aussi, constituent des souvenirs de voyage et, après tout, ces minimes aventures ajoutent du sel aux sensations que procurent les grandes.

Sortant du métro nous gagnâmes la gare de Saverni, voisine de ce dernier ; nous devions y rejoindre le train que nous avions quitté à Smolenski.

Pendant une cohue très dense, nous pénétrâmes dans une longue salle d'attente, servant en même temps de buffet. Elle était comble, sans un siège de libre. Les gens, debout, se pressaient étroitement les uns contre les autres. Je me trouvai à demi écrasée contre un comptoir à étagères sur lesquelles reposaient des pâtisseries paraissant vieilles et desséchées, peu appétissantes, dans tous les cas.

La foule était presque silencieuse, peu de conversations se poursuivaient ; je revis, encore une fois, sur les visages, la même expression d'indifférence ou de lassitude que j'avais remarquée partout ailleurs.

On nous avait bien inutilement pressés pour nous mener à la gare. Nous attendîmes, debout, pendant plus d'une heure avant de pouvoir pénétrer sur le quai.

Seulement composé de quelques voitures de wagons-lits en partant à la frontière, l'express s'était allongé de nombreuses voitures ordinaires. Les plus proches des wagons-lits appartenaient à la classe dite « molle »[1], mais au cours du trajet, je découvris, en queue du convoi, des wagons de classe dure. Ces additions donnaient à notre train une longueur tout à fait inusitée.

Je trouvai mon compartiment en bon ordre. Pendant mon absence, on l'avait balayé et épousseté ; les serviettes de toilette avaient été changées et même les draps de lit, bien qu'ils n'eussent servi que pendant une seule nuit. — Les prospectus-réclame de l'*Intourist*[2] promettent, seulement, que ceux-ci seront changés tous les deux jours. — J'augurai donc bien de cette exagération de propreté. Hélas ! elle ne devait pas se renouveler.

---

1. La classe « molle », ainsi nommée parce que les banquettes sont rembourrées, correspond à notre deuxième classe, mais dans les express effectuant de longs parcours, chaque voyageur a une couchette.

La classe dure est une troisième classe à banquettes de bois non rembourrées. Pour les longs parcours, les voyageurs y ont suffisamment de place pour s'étendre, pendant la nuit, sur des couchettes superposées en trois ou quatre étages.

2. Voir chap. 1er, p. 37.

Le train démarra ; nous étions en route pour l'Asie.

Comme le savent ceux qui m'ont fait l'honneur de lire mes livres précédents, je suis plus d'une fois partie pour l'un ou pour l'autre des pays asiatiques, mais j'ai toujours voyagé par mer.

Je m'embarquai à Marseille ; le ciel était bleu, le soleil faisait miroiter les vagues, tout le paysage baignait dans une lumière intense et, déjà, à cette porte de l'Orient qu'est le grand port français, commençait l'enchantement dont chaque escale accroîtrait la puissance.

Très grand était le contraste. Tandis que nous avancions parmi les plaines neigeuses, l'image d'une Asie différente de celle que je connaissais se présentait à ma pensée. Une Asie froide, tantôt voilée de brumes, tantôt parée de glace et de givre scintillant ; Asie au visage plus énigmatique encore que celle des jungles tropicales. Vers elle, depuis une très haute antiquité, se sont tournées les pensées des mystiques de l'Inde et du Tibet. Leur Thulé est l'Outtara Kourou des contes hindous et le Tchang daminién de la géographie lamaïste, terre d'abondance dont les habitants jouissent d'une longévité extraordinaire et ne connaissent jamais la maladie. Au Tibet, Tchang daminién est souvent confondu avec la légendaire Tchang Chambhala [1]. C'est aussi vers le Nord que, selon les Hindous, se dirige, après la mort, l'esprit des justes promis à la béatitude et les yoguis du Pays des Neiges parlent des trente-trois mystiques chemins du Nord qui conduisent l'initié à l'illumination spirituelle.

Pourquoi le Nord exerce-t-il cette singulière attirance ? — Bien que passionnément éprise des pays ensoleillés, je n'y ai point échappé. Depuis quelques années surtout, la hantise de paysages polaires me poursuit et le désir, éprouvé dans ma jeunesse, de goûter les sensations que peut donner la longue nuit hivernale du grand Nord s'est réveillé en moi. Une fois de plus, au moment de partir pour le présent voyage, la tentation m'est venue d'aller en Islande et, de là... plus loin... Cependant le transsibérien me ramenait en Chine.

1. *Ibid.*

Les courtes journées de janvier diminuaient considérablement le temps où le paysage s'offrait à notre inspection ; pendant un grand nombre d'heures nous roulions dans l'obscurité. Parfois, des bâtiments à l'aspect d'usine, brillamment éclairés, apparaissaient dans la nuit, rappelant l'effort industriel qui se poursuit dans l'U.R.S.S. ; visions rapides, tôt englouties dans les ténèbres.

L'Oural me sembla une succession de médiocres collines. Peut-être la fréquentation des pics himalayens m'a-t-elle rendue exigeante.

Des noms de villes bien connues se mirent à défiler au fur et à mesure des arrêts du train. L'on juge mal les localités que l'on traverse lorsqu'on n'en voit que les abords des stations. Il est possible que le centre de celles où je passais eût meilleure allure que ce que j'apercevais de ma voiture : rues mal tracées, maisons en bois, séparées par des terrains vagues, aspect de camps de pionniers plutôt que de véritables cités. Pas une seule gare couverte.

Par contre, la voie ferrée paraissait remarquablement bien entretenue. Sauf un mince ruban, remplissant le creux des rails, elle était parfaitement dégagée de neige sur tout le long parcours. L'on roulait avec un minimum de secousses. Allure lente, en général ; un employé me donna le chiffre de 62 kilomètres à l'heure, en moyenne, dont je lui laisse l'entière responsabilité.

Ayant toujours entendu parler du transsibérien comme d'une ligne à voie unique, je m'étonnai de voir que nous croisions fréquemment des trains et, en regardant au-dehors, je constatai souvent qu'une autre voie existait à côté de celle sur laquelle nous roulions. Je ne puis pas affirmer que la voie soit continuellement double, ce que je puis dire, c'est qu'elle n'est pas continuellement unique. Les experts intéressés à connaître ce qu'il en est sont certainement bien renseignés à ce sujet d'une grande importance en ce qui concerne les transports militaires en temps de guerre.

Il me parut étrange que le soin de remplir d'eau les réservoirs alimentant les voitures, fût confié à des femmes. A certains arrêts, la nuit étant déjà venue, on les voyait circuler sur les toits des wagons, traînant les lourds tuyaux vissés aux prises d'eau, dans le sol. La moindre quantité de liquide s'échappant de ceux-ci gelait instantanément et de longues aiguilles de glace décoraient notre train de franges scintillantes. Il me semblait que cette besogne n'était pas précisément féminine, mais, après tout, certains pourraient rétorquer que ma vie de grande voyageuse et d'exploratrice n'est pas précisément féminine non plus, d'après les mœurs courantes. Je me garderai donc de tout commentaire.

Le personnel qui accompagnait le train était suffisamment bien vêtu. Les garçons des wagons-lits enfilaient de chauds pardessus et des gants épais lorsqu'ils descendaient aux arrêts pour faire quelque travail ou pour prendre un peu d'exercice. D'autre part, j'aperçus des « graisseurs » et d'autres minimes subalternes, occupés autour des trains, qui étaient littéralement vêtus de haillons. Il fallait aller en Chine pour rencontrer des misérables pareillement dépenaillés.

A plusieurs stations, je remarquai des gens faisant la queue devant des échoppes où l'on délivrait des pains, qui paraissaient y avoir été apportés par un train : le nôtre ou l'un de ceux qui étaient arrêtés en même temps que lui. Certains des clients devaient se sentir pressés par la faim, j'en vis qui, instantanément, mordaient gloutonnement dans l'un des pains qu'ils venaient de recevoir. A d'autres comptoirs, moins assaillis que les boulangeries, les gens faisaient remplir de petites bouteilles. Vraisemblablement c'était de l'alcool qu'on y débitait. Rien dans tout cela ne respirait l'aisance et la gaieté, au contraire.

« — Les habitants des endroits où nous passons, ne pourraient-ils donc pas cuire du pain eux-mêmes ? » demandai-je à l'interprète. « Pourquoi doivent-ils attendre l'arrivée d'un train qui en apporte ? »

« — Ceux que vous voyez font partie d'équipes volantes qui travaillent au chemin de fer », me répondit-il.

L'explication pouvait être conforme à la vérité ; elle pouvait, aussi, ne pas l'être. Il faut se méfier des renseignements fournis aux touristes curieux. Je voyais un bon nombre des acheteurs sortir de la station et s'éloigner avec leurs emplettes ; il ne semblait pas que leur travail les retînt auprès des voies ferrées ; de jeunes enfants étaient, aussi, parmi eux.

A d'autres endroits, des paysannes offraient, en vente, des œufs et différentes provisions, mais il ne leur était permis, ni d'approcher du train ni de pénétrer sur le terrain de la station. La nécessité de traverser des rails ou de marcher dans la neige pour aller jusqu'à elles retenait, sans doute, pas mal de voyageurs, les portant à se fournir à des échoppes-buffets installées sur le trottoir de quelques stations. Il ne semblait pas que le commerce de ces campagnardes fût très florissant.

A leur sujet, un doute me venait. Ces femmes vendaient-elles, librement, les produits de fermes dont elles étaient propriétaires ? On sait qu'il reste très peu de fermiers autonomes en Russie ; la grande majorité des paysans ont été contraints d'entrer, en y apportant ce qu'ils possédaient, dans des associations collectives. J'ai lu que, seules, ces sociétés agricoles étaient autorisées à vendre leurs produits aux voyageurs. Mais alors, si ce que ces paysannes présentaient était issu d'une industrie orthodoxement collective, pourquoi l'accès du quai des stations leur était-il interdit et quelle différence existait-il entre elles et les vendeuses installées dans les boutiques construites sur celui-ci ?

L'interprète que j'interrogeai sur ce sujet, baragouina des explications si confuses que je n'y trouvai aucun éclaircissement. Visiblement, du reste, son rôle se bornait à nous prêter son aide pour les questions du service ; il n'était aucunement chargé de nous mettre au courant des us et coutumes soviétiques. Ne se souciait-il pas, par paresse, de satisfaire notre curiosité ou cela lui était-il défendu ? Dès que les questions devenaient trop directes ou trop pressantes, il s'esquivait et on ne le revoyait plus de longtemps.

Faute de pouvoir obtenir des réponses précises aux questions que j'aurais voulu poser, je me contentai, le plus souvent, de regarder ce qui s'offrait à ma vue, le long de la ligne. Je ne faisais d'ailleurs pas ce voyage en *reporter* et le vif intérêt que la Russie nouvelle avait suscité, en moi, une dizaine d'années auparavant, s'était considérablement atténué.

Les maisons paysannes que j'apercevais, au passage, étaient presque toutes franchement misérables...

Je ris en écrivant ceci, car la maisonnette où je me trouve en ce moment n'a rien de confortable. Il est probable que les plus mesquines des isbas dont les habitants excitaient ma pitié l'étaient bien davantage.

On trouvera, dans les chapitres suivants, le récit des événements qui m'ont conduite là, sur un éperon de montagne à environ 3 000 mètres d'altitude, aux confins du Tibet, dans un minuscule ermitage. Je me trouve parfaitement à mon aise dans ce rustique domicile, tandis que la guerre fait rage ailleurs. Je suis pleinement rassasiée de bombardements et de crépitements de mitrailleuses : la paix des montagnes est douce et j'ai, naturellement, l'amour de la solitude [1].

Il s'ensuit que ma situation ne peut pas être comparée à celle des gens habitant les pauvres cabanes que j'ai remarquées en Sibérie. Ceux-ci ne les ont pas élues par goût ou ne s'y sont pas réfugiés, temporairement, dans des circonstances exceptionnelles. Elles constituent un foyer permanent où, dans beaucoup de cas, toute leur vie s'écoulera et, comme telles, on peut, avec raison, les déclarer « franchement misérables ».

Dès les premiers jours du voyage, je constatai que le souci de propreté minutieuse que j'avais vu manifester à Moscou ne se renonvellerait pas. On ne changea ni les draps de lit ni les serviettes de toilette pendant toute la durée du parcours.

Autre remarque. En achetant ses billets de chemin de fer à l'un ou l'autre des bureaux de l'*Intourist*, seuls autorisés à en délivrer, l'on achète, aussi, des coupons de repas [2] à prendre pendant la traversée du territoire soviétique. Il en existe deux catégories : première classe et seconde classe et l'écart de prix entre elles est assez fort [3].

---

1. J'ai quitté cet ermitage lorsque la neige y a rendu le ravitaillement trop difficile et suis allée occuper une cabane à quelque 300 mètres plus bas, dans la vallée.

2. Il n'est pas obligatoire de prendre ses repas dans le wagon-restaurant ; les passagers du train sont libres d'emporter des provisions et de manger dans leur compartiment. Certains le font, mais conserver de la nourriture, dans des voitures surchauffées, pendant une douzaine de jours, sans que celle-ci se gâte n'est guère facile. La majorité des voyageurs mangent donc au restaurant.

3. Les chiffres exacts, comme beaucoup d'autres renseignements plus intéressants, ont été perdus avec mes bagages, lorsque j'ai fui le Chansi pendant la guerre. Voir chapitre VII.

Cependant, il ne me fallut pas longtemps pour m'apercevoir que, non seulement, le wagon-restaurant était commun aux possesseurs des billets de l'une et de l'autre catégorie, mais que les menus qu'on leur servait étaient identiques.

Il n'existe, j'en conviens, aucune *bonne* raison en vertu de laquelle les uns doivent être moins nourris que les autres. J'aurais acquiescé, pleinement, à un menu unique ; mais pourquoi nous avait-on extorqué, à Yongden et à moi, quelques centaines de francs supplémentaires pour ne rien nous donner en échange ?...

La différence de classe est, toutefois, sensible en ce qui concerne les compartiments. Ceux de première classe sont plus vastes, les couchettes ne sont pas superposées l'une au-dessus de l'autre et un cabinet de toilette communique avec le compartiment, tandis que les passagers de seconde classe n'ont, pour leur usage, qu'un unique lavabo, placé dans de très exigus w.-c., au bout du couloir.

Dès que nous fûmes en Sibérie, le nombre des voyageurs s'accrut considérablement ; c'était une population équivalant à celle d'un village que transportait notre train démesurément long. Le confort s'en ressentit. Les passagers de classe molle fréquentèrent l'unique wagon-restaurant qui ne désemplit plus, du matin au soir. On y mangeait dans une atmosphère épaisse de fumée de tabac, les fenêtres toujours hermétiquement fermées et la cuisine, très acceptable, au début, devenant, de jour en jour, plus nauséabonde. Il m'arriva de trouver un bout de cigarette mâchonné dans le plat qu'on posait sur ma table. Ma grande ressource était le caviar que l'on servait abondamment ; malheureusement, le pain blanc manqua bientôt, l'on ne nous donna plus qu'un horrible pain noir, gluant, et le beurre fut rance.

Le personnel, par son amabilité, atténuait un peu les désagréments de ce régime. Le maître d'hôtel et le cuisinier s'efforçaient, de leur mieux, de satisfaire nos goûts, mais ces braves gens manquaient des matières premières qu'il eût fallu pour y parvenir. Une dame eut, finalement, l'idée de demander des pommes de terre simplement bouillies, pour les manger avec du caviar. Le propriétaire des citrons qui avaient été inoculés à la frontière, en apporta, pour servir d'assaisonnement. Ce fut un début :

j'offris du chocolat à la communauté, un autre donna un pot de confiture et un autre, encore, des barres de nougat... l'atmosphère soviétique agissait : nous devenions communistes !

Encore une fois, l'attitude des Russes, au restaurant, frappait l'étranger par la gêne ou l'indifférence qu'elle respirait. J'ai vu des officiers se faisant vis-à-vis, à la même table, consommer leur repas sans s'être adressé la parole. On n'imagine guère, en un autre pays, deux membres de l'armée, en uniforme, donc conscients de leur confraternité, demeurant, ainsi, muets en face l'un de l'autre.

La seule fois où, pendant ma traversée de la Russie et de la Sibérie, j'entendis prononcer le mot « tovarish » (camarade), ce fut dans un sens peu amical.

Un moujik, engoncé dans une épaisse houppelande en peau de mouton, dont l'accoutrement et la figure rustiques me rappelaient les pasteurs tibétains des pâturages du Koukounor, entra au restaurant, s'arrêta dans l'allée centrale qui sépare les deux files de tables et demeura là obstruant le passage, promenant ses regards de droite et de gauche, l'air bon enfant, naïf, très sympathique et profondément ahuri.

Avec un sourire légèrement narquois, le maître d'hôtel alla à lui et lui adressa quelques mots. Sauf le terme « tovarish » que je distinguai parmi ceux-ci, je ne compris pas ce qu'il disait, mais j'en vis l'effet immédiat. Le sourire enfantin, qui éclairait gentiment la bonne face du paysan, disparut, faisant place à une expression de timidité craintive et le bonhomme s'en alla sans répliquer rejoindre vraisemblablement, le compartiment de classe dure auquel son billet lui donnait seulement droit. Le « camarade » avait été prestement expulsé de notre compagnie bourgeoise.

Le lendemain matin, causant, dans le couloir, avec un des voyageurs, tandis qu'on nettoyait la voiture, je lui rapportai le fait. L'aventure du « camarade » égaré hors de sa « classe » l'égaya d'abord, puis, redevenu sérieux, il me montra la femme de service agenouillée à quelques pas de nous, astiquant un crachoir en cuivre.

« — Voilà ! » me dit-il. « Il y en a qui se prélassent et s'empiffrent, pour le moment, dans le wagon-restaurant tandis que cette malheureuse est là, à genoux, nettoyant nos crachoirs... une autre " tovarish ". »

Les garçons de service ne paraissaient pas, non plus, manger d'une façon telle qu'elle pût faire craindre, pour eux, des indigestions. Je les voyais, souvent, le soir, dans le recoin précédant les w.-c., dépeçant un hareng saur qui paraissait composer tout leur souper. D'autres fois, pourtant, venant de la cuisine, ils passaient dans le couloir, portant deux ou trois assiettes couvertes ; le menu était, alors, plus copieux, mais il n'équivalait certainement pas à celui qui nous était servi. Le nombre des assiettes qui le contenait en faisait foi.

Je dois à la vérité de déclarer que ces hommes n'avaient point du tout l'air émacié. Ce qu'ils mangeaient leur suffisait, sans doute ; avant la révolution, peut-être n'en eussent-ils pas eu autant. Encore une fois, il ne faut pas mesurer, à notre aune, ce que l'on voit en U.R.S.S.

La chose vraiment abominable, dans le transsibérien, c'était le vacarme causé par les haut-parleurs qui hurlaient dans les couloirs dès le matin, et pourquoi, dans un pays dont les musiciens et les compositeurs sont si hautement remarquables, nous assourdissait-on avec des airs d'une aussi choquante vulgarité ? — Ceux à qui incombe le soin de choisir les disques des phonographes ou de relier les voitures, par radio, à des auditions musicales, estiment-ils que les « barbares » occupant les wagons-lits sont incapables de goûter de la musique meilleure ou, de propos délibéré, s'amusent-ils à les torturer ?

Parfois, aussi, des voix tonitruantes s'échappant du cornet haut-parleur, emplissaient la voiture de clameurs véhémentes. Peine perdue, mes compagnons de route, sauf deux, ne comprenaient pas un mot de russe et tous s'enfermaient dans leurs compartiments, ou passaient dans la voiture voisine laissant l'invisible énergumène hurler dans le vide.

Interrogé sur la raison de ce tintamarre, l'interpète me confia :

« — Le bruit éveille les voyageurs et les porte à sortir de leurs compartiments, ce qui permet de balayer. Autrement, il y en a qui ne bougeraient pas avant midi et cela gênerait le service des garçons. »

Quelque chose d'analogue m'a été raconté au sujet de certaines compagnies de navigation. Sur leurs navires, me disait-on, l'on oblige les passagers à se lever avant huit heures du matin. Ceux qui s'obstinent à rester couchés après ce temps, sont, d'office, déclarés malades et on leur envoie le médecin du bord dont la visite, imposée, est tarifée à un prix exorbitant. J'ai peine à croire qu'il existe des voyageurs assez sots pour se laisser brimer de cette manière. Dans tous les cas, je n'ai jamais rien vu de pareil au cours de mes nombreuses traversées.

Les jours passaient de façon monotone, le paysage restait le même et le matin, au réveil, on apercevait la même plaine uniformément blanche sur laquelle on avait vu, la veille, le soleil se coucher. Généralement, les crépuscules étaient ternes, pourtant, un soir, j'eus la surprise d'une véritable féerie. Une mystérieuse lueur bleuâtre surgit à l'horizon, s'étendit et enveloppa la moitié du paysage formée par une zone boisée, tandis que l'autre, une immense plaine dénudée, se teignait de nuances rosées et roussâtres. Arbres et rares isbas parurent, soudain, être devenus diaphanes et flotter dans l'atmosphère colorée pendant qu'au loin, des fusées d'or pâle jaillissaient de l'endroit où le soleil avait disparu. Ce tableau, dont les teintes variaient d'instant en instant, me retint, fascinée, contre la vitre de la voiture, jusqu'à ce que la nuit se fût faite.

Je n'ai pas remarqué, au cours de mon voyage dans le transsibérien, un grand déploiement d'emblèmes ou d'inscriptions soviétiques. La majeure partie des gares en étaient dépourvues, si bien que les autres se signalaient à l'attention. De temps en temps, j'apercevais une banderole rouge portant une inscription, ou bien un portrait de Lénine — plus souvent de Staline, l'homme du jour : les vivants priment les morts. — Un mécanicien avait collé un grand portrait de ce dernier sur sa machine, mais un tel excès de zèle semblait rare.

Un endroit dont le nom est Ikrénia, ou quelque chose d'approchant, se faisait remarquer par un déploiement particulier de dévotion. Dévotion me paraît être le terme propre. La gare ressemblait à un reposoir érigé pour le passage d'une procession, en un pays ultra dévot : Sicile ou Espagne, avec cette différence que les images des saints offertes à la vénération des passants n'étaient point les mêmes.

Accrochés au sommet du bâtiment, se voyaient deux énormes portraits dessinés sur fond rouge : Staline et un autre personnage dont le visage m'était inconnu. Entre ceux-ci, suspendue un peu plus bas, et de moindre grandeur, se trouvait une photographie encadrée et sous verre, représentant Lénine coiffé d'une casquette. A quelque distance de là, un socle, drapé d'une étoffe rouge, posé sur le quai, supportait un buste de Staline. Tout autour de cet étalage pendaient, à profusion, de longues banderoles rouges avec des inscriptions en lettres blanches.

Je demandai à l'une des voyageuses d'origine russe, qui se trouvait dans les wagons-lits, de me traduire ces inscriptions. Etait-elle incapable de le faire, ne voulut-elle pas s'en donner la peine, elle se borna à me dire qu'il s'agissait de bons souhaits et d'éloges adressés aux chefs dont les portraits étaient exposés puis, aussi, d'exhortations au peuple, l'adjurant de travailler sans relâche.

Travailler sans relâche — et le genre de travail entendu, là, était un labeur manuel — est-ce donc un idéal ?... On ne me le fera jamais admettre. Ce qui permet à la pensée et à la réflexion, sources de tous progrès, de naître et de s'exercer, n'est-ce pas, au contraire, le loisir ?...

Un matin, à l'aube, nous atteignîmes le bord de l'Angara. Le spectacle qui m'apparaissait valait grandement que, pour le contempler, j'eusse effectué le long trajet de la France au cœur de la Sibérie.

Sous un ciel bas et pâle, la rivière, partiellement prise seulement, charriait de larges glaçons dans son eau blanchâtre, épaissie par le gel. Animant un paysage vraiment polaire, tout de blancheur, absolument désert et silencieux, des brumes aux formes fantastiques, constamment changeantes, erraient, de-ci, de-là, se rencontrant, se mêlant ou s'évitant, comme si une armée de fantômes eût évolué parmi les solitudes glaciales.

Peu à peu, à travers le vélum uniformément gris perle des nuages, des lueurs rosées percèrent timidement, teintant d'abord quelques glaçons, puis, devenant plus puissantes, y allumant des myriades d'étincelles.

Au milieu de cette féerie, le train roulant presque sans

bruit, sur les rails capitonnés de neige, atteignit le lac Baïkal, celui-ci complètement gelé.

Touchant à la station de Baïkal, est un petit port protégé par une jetée. Quelques bateaux hivernaient là ; des hommes s'occupaient à briser la glace autour de l'un d'eux. Sur la voie ferrée, des travailleurs besognaient. Appartenaient-ils à l'armée ? — Leurs casquettes étaient ornées d'une étoile rouge. Ils paraissaient être logés sur les lieux, dans de vieux wagons, comme je l'avais déjà vu ailleurs. L'une des voitures formant leur camp était surmontée d'une étoile rouge et couverte d'affiches. Ce devait être la « salle de réunion ». Sans doute contenait-elle une petite bibliothèque et un appareil de radio qui y déversait les discours des orateurs du Parti et un peu de musique, pour édifier et distraire cette équipe isolée de cheminots.

Plus loin, j'aperçus un petit phare sur la rive du lac. En été, une flotte relativement nombreuse, dit-on, navigue sur le Baïkal ; pour le moment, je le voyais sillonné par de véritables routes. Quelques rares traîneaux glissaient rapidement le long de celles-ci, s'enfonçant à l'horizon entre la vaste plaine blanche et l'immense ciel blanc.

Le temps était beau ; le soleil invisible, mais singulièrement actif, s'amusait, comme sur l'Angara, à allumer des éclairs diversement colorés sur la surface rugueuse du lac irrégulièrement gelé.

Pendant plus d'une demi-journée, je pus satisfaire mes rêves de terres septentrionales.

Bien peu de voyageurs prêtaient attention au paysage merveilleux qui se déroulait devant eux. Les uns lisaient dans leur compartiment, les autres buvaient au restaurant et le haut-parleur braillait, dans les couloirs, des airs de bastringue.

Le reste du voyage en Sibérie, jusqu'à la frontière mandchoue se passa paisiblement, sans incidents méritant d'être notés. La veille du jour où nous devions arriver à Mandchouria, tous les voyageurs réclamèrent énergiquement leurs passeports que le chef du train détenait depuis l'entrée en Russie. Nous ne voulions pas courir le risque des erreurs ou des pertes qui auraient pu se produire au dernier moment, dans la salle de la douane. L'interprète résistait, mais devant nos observations véhémentes et unanimes et l'attitude vaguement menaçante que nous commencions à prendre, il alla chercher nos passeports et nous les restitua.

Il nous informa, alors, que nous arriverions à Mandchouria dans la nuit et qu'après avoir passé la visite de sortie, à la douane soviétique, le train nous emmènerait, immédiatement, en face de la douane japonaise. Toutefois, ajouta-t-il, comme le train japonais ne partirait que le lendemain matin, nous pourrions passer la nuit dans nos wagons-lits et ne les quitter qu'au moment de faire visiter nos bagages, un peu avant l'heure de notre départ. C'était là, simple justice, car tous, nous avions payé d'avance le prix d'un certain nombre de nuits à passer en wagon-lit et cette nuit avait été comprise dans le nombre. Nous étions donc tous parfaitement tranquilles quant à notre repos ; mais, à notre insu, des êtres malicieux s'apprêtaient à nous en priver.

La visite de sortie se passa tranquillement pour moi. J'exhibai, de nouveau, billets de banque, montre, bagues et mon collier népalais ; l'inspection ne dura que quelques instants. Il n'en alla pas de même pour un jeune Anglais possesseur d'un violon qu'il avait omis d'inclure dans la nomenclature de ses bagages rédigée à Négoréloié. Grand émoi parmi les douaniers ; le violon ne devait pas sortir du territoire soviétique puisque rien ne prouvait qu'il y avait été apporté de l'étranger.

Le malheureux garçon s'ingéniait à expliquer la raison de son oubli, les douaniers s'obstinaient. Tous les voyageurs — même ceux dont j'étais, qui n'avaient jamais vu le violon, avant ce moment — témoignèrent, d'un commun accord, que l'Anglais en était, véritablement, muni à son arrivée à Négoréloié. Les employés finirent par céder et le jeune musicien emporta son instrument.

A notre retour dans nos compartiments nous commençâmes à soupçonner que quelque chose d'insolite se préparait. On avait enlevé les draps et les couvertures des couchettes ; le personnel — des garçons à l'interprète — avait disparu. Un employé de chemin de fer passa le long du train, avec une lanterne, regardant sous celui-ci, un autre se glissa même sous les wagons, examinant si rien, ni personne n'y était caché pour franchir la frontière.

Puis, en route. Bref trajet ; nous fûmes bientôt en face de la douane japonaise. Au moment même où le train s'arrêtait, toutes les lampes des voitures s'éteignirent soudainement. Dans l'obscurité, des porteurs se précipitèrent, arrachant d'au-dessus des couchettes, les bagages qu'ils y trouvaient, à tâtons. En un instant ce fut, dans les ténèbres, une abominable mêlée. Des cris de douleur, des protestations, quelques jurons retentirent le long des voitures, émis par d'invisibles victimes. Des valises leur avaient dégringolé sur la tête, ou les brutaux Mandchous les leur avaient enfoncé dans les côtes. Bousculés et meurtris, les voyageurs, énervés, luttaient dans les couloirs pour gagner les sorties ; c'était presque une panique.

Je m'étais réfugiée dans le recoin où les garçons de service se tenaient en cours de route et, tout à coup, je sentis un filet, humide et tiède, couler le long de mon dos. Qu'était-ce encore que cela ? — Je tâtai prudemment derrière moi. Un ustensile chaud, à demi renversé, s'appuyait sur moi. C'était le grand samovar, que j'avais bousculé en me reculant hors du passage des bagages qui, doucement, écoulait son contenu sous le col de mon manteau.

Tout à coup, hors du train, la voix de Yongden retentit.

« — Jétsunma ! Jétsunma [1] » criait-il. « Où êtes-vous ?... Avez-vous le sac de porc ? »

Dans le jargon polyglotte dont nous usons en parlant entre nous, nous appelons « sac de porc » ou plus souvent, en anglais fantaisiste, « pork bag », un sac de voyage, en peau de porc, dans lequel je place quelques bijoux, de l'argent, les passeports, les billets de chemin de fer ou de bateau et autres articles importants.

Avant que j'aie pu répondre, une voix juvénile clamait gaiement avec un fort accent anglais :

« — Où est le sac *du* porc ? »

Et pour que nul n'en ignore, l'invisible loustic traduisait immédiatement :

« — Hallo ! the pig's bag ! »

Je n'étais pas d'humeur à goûter la plaisanterie.

---

1. *Jétsunma* signifie, en langage honorifique tibétain : « Très révérende dame. » C'est le titre donné aux religieuses de haut rang. Les Tibétains me le donnaient couramment et, après que nous ayons eu quitté le Tibet, Yongden a continué à s'en servir en m'adressant la parole.

« — You, stupid fool[1] ! » exclamai-je à mon tour. Puis je rassurai Yongden.

« — J'ai le sac. Je suis bloquée dans le couloir ; le samovar coule sur moi... »

« — Le sac *du* porc est retrouvé ! » hurla triomphalement l'éphèbe britannique.

Quelques rires seulement lui répondirent, la plupart des voyageurs ne comprenaient pas le français.

Pendant ce temps, le flot des indigènes transportant les bagages s'était aminci, je pouvais me hasarder à gagner la sortie, sans risque d'être trop fortement meurtrie.

Sur le quai, Yongden m'attendait auprès d'un porteur qu'il tenait fortement par la manche de sa houppelande en peau de mouton, de crainte qu'il ne s'éloignât avant que tous nos colis fussent rassemblés.

Quelques lanternes chinoises apparaissaient, guidant les voyageurs vers un bâtiment tout aussi enténébré que le quai de la gare. C'était la douane, évidemment, mais pourquoi n'était-elle pas éclairée ?

« — Panne d'électricité », répondaient ceux des voyageurs qui avaient réussi à comprendre les explications des employés japonais. La chose n'avait rien d'extraordinaire, mais cette interruption du courant alimentant les lampes de la douane n'affectait en rien notre train ; pourquoi l'avait-on plongé dans l'obscurité au moment où la lumière nous était le plus nécessaire ?

Machinalement, je regardai dans sa direction, j'entendis un roulement étouffé par le tapis de neige, une longue masse sombre défila... Le train soviétique nous abandonnait, s'en retournant de l'autre côté de la frontière.

Il était onze heures du soir ; où allions-nous passer la nuit ?...

Une demi-douzaine de lanternes et deux petites lampes à pétrole, dans la très vaste salle de la douane, en faisaient ressortir l'obscurité plutôt qu'elles ne la dissipaient. La température était glaciale. Les bagages descendus du train reposaient, par tas, sur les banquettes ; les porteurs avaient placé ceux-ci, je ne sais pourquoi, à grande distance les uns des autres et leurs propriétaires debout,

---

1. Stupide fou.

chacun devant ses colis, paraissaient perdus dans l'immensité froide de ce hall inhospitalier.

Peu d'employés se montraient ; ceux que l'on apercevait, causaient entre eux où s'intéressaient au travail des électriciens, montés sur de hautes échelles, occupés autour des globes obscurs auxquels il s'agissait de rendre la lumière. La majeure partie des douaniers devaient être chez eux, à cette heure tardive, bien au chaud, ne se souciant guère de nous. Ils avaient tout le temps de procéder à la visite : le train ne partirait que le lendemain.

Après une très longue attente — il était près d'une heure du matin —, je réussis à apitoyer un douanier qui daigna venir examiner mes valises. L'examen fut plus minutieux que chez les Soviets et l'on ne nous offrit pas, comme on l'avait fait à Négoréloié, d'exempter de visite les colis que nous laisserions sceller pour la traversée du territoire sur lequel nous entrions. Tous les appareils photographiques, par contre, devaient être plombés, défense expresse étant faite de photographier quoi que ce soit entre la frontière et Harbin.

Quant aux livres et imprimés de toute nature, le douanier en fit un paquet, me remit un numéro d'ordre et emporta tous ceux — une demi-douzaine — qu'il avait trouvés dans mes bagages. Ils devaient être examinés dans un bureau spécial.

A quelque distance de moi, deux douaniers procédaient à l'inspection des bagages d'un Chinois. J'avais entendu dire, dans le train, qu'il était consul de Chine quelque part, à l'étranger. Les Russes, à leurs deux frontières, lui avaient témoigné des égards particuliers, ainsi qu'il est d'usage envers les agents diplomatiques. Le malheureux apprenait maintenant à ses dépens que, dans cette vie, les heures agréables sont rapidement suivies par d'autres qui ne le sont pas. Tout le contenu de ses valises, jusqu'aux plus menus articles de toilette : cravates, boutons de manchettes, savon, brosse à dents, était étalé sur la banquette, longuement examiné et donnait lieu à de nombreuses questions. Vraisemblablement, les inspecteurs prenaient plaisir à brimer le Céleste qui leur était tombé entre les mains.

Transie et mourant de besoin de dormir, j'avais fini par découvrir le buffet, désert à cette heure, et j'y somnolais sur une chaise tandis que Yongden montait la garde auprès de nos bagages, restés dans le hall, lorsqu'un des voyageurs m'apercevant, m'informa que nous étions tous appelés à comparaître dans un bureau, situé au premier étage, où l'on examinerait nos passeports.

Je le suivis, gravis un escalier et pénétrai dans une petite chambre surchauffée où je reconnus les passagers de mon train assis sur des chaises et des banquettes rangées contre les murs, de trois côtés de la pièce. Tournant le dos au quatrième, cinq individus siégeaient derrière une longue table. Exactement en face de chacun d'eux, une chaise était placée du côté opposé de la table. Cet arrangement évoquait vaguement l'idée d'un tribunal ou d'une salle où se célèbrent les mariages civils. Nous n'étions point là pour être mariés ; allions-nous donc être jugés ? — C'était à peu près ce qui nous attendait.

Dans la pile de passeports qu'il s'était fait remettre, le quidam placé à l'extrémité droite de la table, en tirait un, soit au hasard, soit obéissant à certaines raisons qu'il était seul à connaître, puis il appelait le nom de son titulaire.

Le voyageur ou la voyageuse était alors invité, sans excès de politesse, à s'asseoir sur la première des chaises, se trouvant à droite, et l'interrogatoire commençait :

— Pourquoi ceci ? — Comment cela ? — Dans quel but voyagez-vous ? — Etes-vous déjà passé par cette route antérieurement ? — Combien de temps resterez-vous en Orient ? — Dans quelles localités entendez-vous aller ? et cinquante autres questions saugrenues.

L'interrogatoire se poursuivait sans hâte, coupé par des intermèdes de réflexions que les cinq bonshommes échangeaient entre eux et qui paraissaient, parfois, les amuser considérablement. En fait, ils « se payaient la tête » de leurs victimes désarmées. Pas plus que les douaniers, ils n'étaient pressés d'en finir. Apparemment, ils n'avaient pas sommeil non plus, tandis que la plupart d'entre nous dodelinaient de la tête sur leur chaise, mourant d'envie de s'étendre pour dormir. — Il était trois heures du matin. — J'ai plus d'une fois remarqué que les Jaunes éprouvent bien moins fortement que nous le besoin tyrannique de dormir auquel nous sommes périodiquement sujets.

Lorsque le premier inquisiteur se trouvait satisfait, il passait le torturé à son plus proche collègue qui reprenait l'interrogatoire avec peu de variantes. Ainsi, chacun des innocents voyageurs était amené à cheminer, de chaise en chaise et d'interrogatoire en interrogatoire, jusqu'au cinquième siège placé à l'extrémité gauche de la table. Là, avec l'air dont on eût signé la levée d'écrou d'un criminel en lui signifiant : « Surtout, ne recommencez plus ! » le cinquième scribe finissait par lui rendre son passeport dûment visé.

Plus d'une heure s'écoula avant que mon tour vînt. Entre-temps, j'avais assisté aux longs débats causés par le désir, qu'exprimait une voyageuse, de s'arrêter pendant quelques jours à Harbin pour y voir des parents et à la discussion de la somme à payer pour obtenir le visa qui le lui permettrait.

Un autre épisode, de considérable durée, naquit de l'obstination d'un voyageur qui s'insurgea violemment contre la profession que nos inquisiteurs voulaient lui attribuer.

« — Vous êtes un marchand », disaient les Japonais.

« — Pas du tout », ripostait l'autre que cette appellation, je ne sais pourquoi, offensait. « Je suis membre du conseil d'administration d'une société. »

« — Quelle société ? Que fait-elle ? »

« — Elle fait des affaires. »

« — Quelles affaires ? Elle vend ? — Elle achète ? »

« — Naturellement. »

« — Vendre, acheter... donc vous êtes un marchand, je vais inscrire « marchand » comme votre profession. »

« — N'en faites rien, je ne suis pas un marchand. Je ne permets pas qu'on m'intitule ainsi », regimbait le voyageur en colère.

La dispute s'éternisait. Je crois bien que les Japonais finirent par classer le récalcitrant comme ils l'entendaient, sur les papiers qu'ils couvraient des jolies arabesques de leur charmante écriture.

J'atteignis, sans encombre, le quatrième fonctionnaire. Celui-ci me demanda si j'avais été au Japon. J'eus le tort de lui avouer que j'y avais séjourné. De là un déluge de questions : Quand ? — En quelle ville ? — Pour quel motif ? — Si je projetais d'y retourner ? etc.

Puis, changeant de sujet, il me demanda où je me rendais actuellement. Il avait vu mes billets de chemin de fer qui le renseignaient à ce sujet, mais il paraît qu'en d'autres lieux, aussi, l'usage est d'agir de la sorte. Je me souviens d'avoir lu qu'un prévenu, plein de bon sens, s'entendant demander par le juge : « Comment vous appelez-vous ? — Quel âge avez-vous ? » lui répondit : « Tout cela est écrit sur les papiers que vous avez devant vous. » J'ignore si cette intelligente réplique fut considérée comme « outrage à la magistrature » mais l'aurait-elle été que je n'en serais pas étonnée.

Je répondis au questionneur :

« — Vous l'avez vu, je vais à Pékin. »

Ici, je dois expliquer, pour que la suite soit intelligible, que l'interrogatoire se faisait en anglais.

« — *Did you live in Peking before ?* » (Avez-vous déjà habité Pékin ?)

« — *Yes.* » (Oui.)

« — *How long will you stay in Peking ?* (Combien de temps resterez-vous à Pékin ?)

« — *I don't know.* » (Je n'en sais rien.)

Colère subite ; des regards fulgurants me foudroient.

« — Comment, vous dites que vous avez habité Pékin et vous ne savez combien de temps vous y êtes restée ! »

« — Pardon », répliquai-je froidement, « si vous aviez appris l'anglais avant de vous croire capable de le parler, vous ne confondriez pas les temps des verbes. Vous venez de me demander, non pas *au passé,* pendant combien de temps *j'ai habité* Pékin, mais d'employer le *futur,* me demandant combien de temps j'y *resterai,* ce que je ne puis savoir. »

J'allais continuer et demander au ridicule personnage, si Pékin faisait partie du Japon [1] et à quel titre mon séjour en Chine le concernait, mais son voisin, l'homme à qui l'on avait transmis, de main en main, mon passeport, ne m'en laissa pas le temps.

« — Attendez ! » exclama-t-il, en frappant sur la table, et il plaça, hors de ma portée, le passeport qu'il se disposait à timbrer.

Discuter avec cette bande de tyranneaux n'aurait servi à rien. J'attendis en méditant sur la curieuse transformation qu'avait subi le caractère des Japonais.

---

1. Déjà à cette époque, six mois avant le début de la guerre sino-japonaise, les Japonais considéraient Pékin comme à eux. L'envahissement de la Chine était chose décidée et les petits fonctionnaires, qui s'en doutaient, se conduisaient en conséquence.

En 1917, j'avais débarqué à Kobé, venant de Birmanie. Le *Tourist Bureau* de Tokio, informé de mon arrivée, avait poussé l'amabilité jusqu'à envoyer son représentant à Kobé me chercher sur le bateau même, à mon arrivée. Je me rappelle l'extrême courtoisie avec laquelle je fus traitée et exemptée de visite douanière. Je me souviens, aussi, de mon long séjour à Kiôto, au Tôfôkudji, un magnifique monastère de l'intellectuelle secte Zen, dont l'abbé, le Révérend Hirota, me témoigna une si cordiale bienveillance. Bien d'autres souvenirs agréables de mes relations amicales avec des Japonais me revenaient en mémoire. Ils dataient de vingt ans. En vingt ans, le caractère d'un peuple peut se modifier considérablement, une nouvelle génération s'est avancée et a pris place, sur tous les champs d'activité. Les échantillons de celle-ci, rangés derrière cette longue table, étaient, décidément, stupides et déplaisants.

Le colérique préposé aux visas me rendit mon passeport une demi-heure plus tard.

Je me hâtai de redescendre dans la salle des bagages où Yongden, grelottant, veillait toujours près de nos valises ; il devait, à son tour, faire viser son passeport.

Lorsqu'il fut de retour, il me fallut, munie du numéro d'ordre qui m'avait été délivré, aller chercher, dans un lointain bureau, les quelques livres que les douaniers avaient emportés.

Vers sept heures du matin — nous étions arrivés avant onze heures du soir — les préposées au buffet commencèrent leur service. Sans faim, mais pour faire diversion à la fatigue causée par une nuit sans sommeil, je déjeunai avec Yongden. On nous servit les traditionnels œufs au lard (bacon) qui marquent un des triomphes de l'influence anglaise dans le monde, puis de la marmelade d'orange qui, elle aussi, voulait paraître anglaise, mais sans aucun doute, était de fabrication nippone. Je n'en dirai pas le goût, j'étais trop éreintée pour goûter quelque chose et les mines défaites de mes compagnons de voyage, affalés autour des tables voisines, me prouvaient que je n'étais pas la seule à subir les effets de cette nuit mémorable.

Enfin, vers huit heures, nous fûmes admis à occuper nos places dans le train japonais.

Contraste complet avec les voitures russes. Infiniment plus de recherche dans l'ameublement qui semblait à peu près neuf et scrupuleuse propreté, mais un bien moindre confort. Tout était étroit, conçu à la mesure de Lilliput, les couchettes fâcheusement superposées, le compartiment dépourvu de cabinet de toilette et encombré d'un lavabo placé au milieu de la paroi. Si l'on passait dans le couloir, désirant regarder le paysage en restant debout, on s'apercevait — même moi qui suis de petite taille — que les fenêtres vous venaient au niveau du ventre, tandis que vos yeux rencontraient la boiserie.

Ce dernier détail était d'ailleurs sans aucune importance ce jour-là, car il fut péremptoirement commandé aux voyageurs de tenir les stores des voitures baissés et de ne point s'aviser d'en soulever un coin, si peu que ce fût, pour jeter un coup d'œil au-dehors.

A part la petite élégance de son mobilier, notre train présentait toutes les apparences d'un convoi de dangereux criminels conduits vers quelque bagne. Dans les couloirs, des soldats mandchous circulaient, vêtus de grosses houppelandes en peau de mouton et armés de fusils. Lorsque l'on croisait un de ces volumineux barbares, dans les couloirs, on était littéralement aplati, par lui, contre la paroi, car, conscient de son importance et peut-être heureux d'humilier des Blancs, il ne se piquait d'aucune politesse et ne se déplaçait pas d'un centimètre pour livrer passage au voyageur.

Ces rustiques guerriers avaient pour mission de veiller à ce que nul n'enfreignît l'ordre donné de ne pas regarder au-dehors. Les passagers auraient vainement cherché à se soustraire à l'espionnage dont ils étaient l'objet en fermant les rideaux de leurs compartiments, du côté du couloir. Afin, sans doute, de faciliter, en tous temps, tous les genres de surveillance, ceux-ci étaient loin d'être opaques. Les dames occidentales procédant à leur toilette dans ces wagons-lits sans mystère [1] étaient réduites à compter sur la discrétion de leurs compagnons de voyage.

Contrepartie comique de ce luxe de précautions, le store couvrant, dans mon compartiment, la fenêtre donnant sur l'extérieur se trouvait être légèrement plus étroit que celle-

---

1. Contrairement à l'usage général dans les wagons-lits, les compartiments n'avaient ni porte, ni cloison en bois plein, du côté couloir. L'une et l'autre encadraient des panneaux en vitre claire.

ci de sorte que, sans avoir à le soulever, on voyait parfaitement au-dehors.

Etait-ce pour s'assurer leur mutisme, afin de les empêcher de communiquer, aux passagers des trains, les extraordinaires secrets qu'ils pouvaient avoir surpris, ou bien était-ce pour les préserver d'une contamination possible par les microbes nocifs dont les étrangers venant de régions soviétiques devaient être infectés, nos gardes-chiourmes portaient muselière. Un large tampon protecteur masquait leur bouche et leur nez, ce qui ajoutait encore à la bizarrerie de leur aspect.

A Harbin, changement de train, longue attente, nouveau visa de passeports. Le personnel du bureau des visas est russe ; l'opération est faite rapidement et sans brimades. Beaucoup de Russes étaient déjà établis en Mandchourie avant la révolution et beaucoup s'y sont réfugiés après celle-ci, trouvant des emplois dans les administrations mandchoues — c'est-à-dire : japonaises.

Une haute icône, devant laquelle brûlent un gros cierge et plusieurs lampes, décore la salle d'attente. Des gens se signent en passant devant elle.

Quelques Russes, en tenue d'officier mandchou, causent avec des dames, paraissant attendre le départ d'un train. Je me demande à quoi peuvent penser, jour après jour, ces Blancs à la solde de Jaunes.

Je m'arrêtai à Hsin-King, curieuse de visiter cette nouvelle capitale en passe de détrôner l'antique Moukden. J'avais télégraphié à l'hôtel Yamato, aménagé à l'européenne, pour retenir des chambres, mais à mon arrivée, un employé du *Tourist Bureau* m'informa que l'hôtel n'en avait plus de libres et offrit de me conduire à un hôtel japonais qu'il déclarait très confortable. Je n'avais pas le choix, j'acceptai donc l'hôtel japonais.

A vrai dire il n'était qu'à demi japonais, ainsi qu'un bon nombre d'autres au Japon. En même temps que des chambres pourvues de nattes (tatami) sur lesquelles on étend la literie au moment de se coucher [1], il en avait d'autres, moins agréables qui, avec de vieux meubles et des rideaux

1. L'on sait que l'on enlève toujours ses chaussures pour pénétrer dans ces chambres.

fanés, essayaient de copier un ameublement occidental.

Vers la fin de l'après-midi, une servante me prévint que le bain était prêt. J'ai vécu assez longtemps au Japon pour avoir appris qu'en pareille circonstance une certaine méfiance est de saison. J'allai donc trouver Yongden dans la chambre de style japonais qu'il avait choisie et lui demandai d'inspecter la salle de bains.

Quelques instants après, il revint en riant.

« — C'est bien comme vous vous en doutiez », me dit-il. « Il y a déjà trois hommes tout nus trempant dans le bassin. »

Ces bains japonais ont souvent été une source d'amusement pour moi, pendant mon séjour au Japon. Yongden fut le héros du premier incident qui s'y rapporte.

Nous étions à Atami, une station balnéaire, et y logions dans un excellent hôtel comportant des aménagements de style occidental et d'autres de style japonais. Les hôtes, tant étrangers que japonais, appartenaient à la meilleure société. Yongden, toujours amateur d'expériences, au cours de ses voyages, avait préféré vivre à la mode indigène et occupait une chambre dans la partie japonaise de l'hôtel.

Le lendemain de notre arrivée, dans la matinée, je le vis entrer chez moi, moitié riant, moitié embarrassé.

« — Je dois vous raconter quelque chose d'étonnant », me dit-il.

« Ce matin, j'ai fait comprendre au garçon que je voulais prendre un bain ; il a salué profondément, m'a apporté un peignoir, des serviettes et puis m'a conduit dans une grande chambre où se trouvait une petite piscine. Il ne fallait pas, semblait-il, se savonner dans celle-ci, mais on pouvait le faire à un autre endroit de la pièce.

« Ceci me donna à penser que l'eau dans laquelle on se baignait n'était pas renouvelée après que l'on en était sorti, mais il était encore de bonne heure et je pouvais espérer être le premier à m'y plonger.

« Donc, je me savonnai, me rinçai, puis je m'assis dans ce grand tub. L'eau était affreusement chaude ; je me sentais cuire.

« Et voici que, tandis que j'étais là, une dame entra dans la chambre... On ne m'avait pas donné de caleçon, l'eau était transparente... Je ne savais que devenir... Mais pourquoi cette femme, m'ayant vu, ne s'en allait-elle pas ?

« Elle me salua à la mode japonaise, en s'inclinant très bas. Je me demandai : est-ce que, par hasard, on m'aurait envoyé une petite personne de mœurs légères ? — Est-ce l'habitude, dans ce pays, de fournir de la compagnie aux messieurs qui prennent leur bain ? — Mais la dame avait l'air fort sérieux et n'était plus tout à fait jeune. Alors, après m'avoir salué... — J'ai sans doute été impoli ; je ne lui ai pas rendu son salut, mes idées étaient un peu embrouillées, je n'ai jamais salué personne en étant si peu vêtu. — Après m'avoir salué, la dame enleva son kimono et... elle n'avait pas d'autre vêtement.

« Elle est ensuite descendue dans la piscine pour s'y faire cuire en face de moi.

« Ce n'est pas tout. Il en est venu d'autres : encore une femme, puis deux hommes successivement. Ils se saluaient, souriaient, bavardaient. Ils ont voulu causer avec moi ; je leur ai fait comprendre que je ne savais pas le japonais. On se serait cru dans un salon, à l'heure du thé... sauf le costume qui différait.

« J'avais fini par n'être plus du tout gêné. Puisque c'est leur coutume, n'est-ce pas... »

L'aventure de Yongden m'avait amusée, comme l'été suivant, devaient m'amuser les nudités de Kiôto : le brave commerçant, vêtu avec une simplicité presque toute édénique, qui me vendait des pellicules pour mon appareil photographique et les baigneurs, en caleçons faits de filet à larges mailles, qui hantaient les bords de la rivière. Je riais, faute d'habitude, mais, au fond, je trouvais que les Japonais avaient mille fois raison ! Notre pudeur hypocrite n'est qu'un produit de l'impureté de notre esprit.

Toutefois, n'ayant pas contracté, dès l'enfance, cette saine et aimable simplicité de manières, je m'abstins toujours des baignades collectives et, lorsqu'il m'arrivait de descendre dans des hôtels purement japonais, je postais toujours Yongden devant la porte de la salle de bains, tandis que je procédais à mes ablutions. Il avait appris quelques mots de la langue du pays et pouvait faire comprendre, à ceux qui se présentaient, qu'une dame étrangère désirait demeurer seule pendant quelques instants.

Cet arrangement s'était toujours montré satisfaisant, lorsqu'un jour...

Ce jour-là, parfaitement tranquille, sachant Yongden de garde derrière la porte, je me savonnais sans trop de hâte, quand, en face de moi, le mur s'ouvrit et, par la brèche, un jeune homme entra.

Voilà ! Je n'avais pas songé à ces cloisons traîtresses, toutes en panneaux à glissières, des maisons japonaises et celle faisant face à la porte que surveillait mon cerbère, avait donné passage à l'intrus. Ma surprise fut si grande que la savonnette que je tenais en main m'échappa et, ricochant sur le plancher, s'en alla échouer au loin.

Prestement, le jeune homme qui avait déjà rejeté son peignoir, courut la ramasser et me la tendit avec un salut cérémonieux. — Je crus sage de garder mon sérieux, de rendre le salut et de continuer ma toilette. Sage ou pas sage, il n'y avait, du reste, pas moyen de faire autrement.

Seulement, lorsque je rouvris la porte, je fis signe à Yongden, toujours de faction, de jeter un coup d'œil dans la pièce où mon visiteur inattendu demeurait encore. Mon fils eut peine à étouffer un cri de stupeur. Je fermai vivement la porte et nous rentrâmes, au pas de course, nous réfugier dans ma chambre pour pouvoir y donner libre cours à l'accès de fou rire qui nous étouffait.

« — Mais par où est-il entré ? » me demanda Yongden quand son hilarité se fut un peu calmée ; « je n'ai pas bougé de devant la porte. »

« — Par le mur », répondis-je.

« — Quel pays ! » exclama le lama.

Il y a de cela vingt ans, et les occasions, plus sérieuses, de répéter : « Quel pays ! » n'ont pas manqué depuis lors. Il y a vingt ans, aussi, qu'un officier de marine japonais, passager comme moi sur un paquebot allant à Yokohama, me disait en passant devant les côtes de l'Annam :

« — Vous, Français, vous nous donnerez, un jour, l'Indochine. »

« — Je n'en crois rien », répliquais-je. « Pourquoi vous la donnerions-nous ? »

« — Parce que nous en avons besoin et que nous la voulons. »

Néanmoins, l'Indochine, ce n'était qu'un petit morceau ; l'appétit japonais attendait davantage. Je me souviens de deux humbles Nippons ; l'un, appartenant à la police, surveillait ma maison en mon absence — et probablement me surveillait aussi — et l'autre était mon habituel tireur de pousse-pousse. Tous deux baragouinaient un peu d'anglais.

« — La Chine est à nous ! », me disaient-ils tous les deux avec la même assurance et, chose curieuse, avec le même geste : la main s'ouvrant comme pour saisir, puis se refermant, serrée sur une proie imaginaire, geste de prise de possession brutale, féroce, rappelant l'araignée fonçant, du coin de son filet, sur la mouche qui s'y est empêtrée.

« La Chine est à nous ! » Elle ne l'était pas encore, mais le Japon, pratiquant une sorte de méthode Coué, s'autosuggestionnait afin de rendre réel ce qu'il désirait. Il tendait, aussi, patiemment son filet. Toute question de moralité à part, il y a, là, un instructif exemple de persévérance. Reste à savoir si le Japon n'a pas dépassé la mesure qu'eût dictée la raison et si, pour avoir capturé une proie trop lourde, son filet, si longuement tissé, ne se rompra point.

Il y avait peu à voir à Hsin-King. La ville était en construction sur un plan géométrique de style américain : larges avenues se coupant à angle droit, bâtiments aux lignes rigides, en ciment armé ; tout cela à l'état de chantier.

Après un bref séjour dans la nouvelle capitale mandchoue, je partis pour Moukden. Le premier changement qui m'apparut fut que l'hôtel Yamato, où j'étais descendue autrefois, avait émigré, des bâtiments de la gare où je l'avais connu, dans la ville neuve. Il y occupait un somptueux immeuble où je fus très confortablement logée et nourrie pendant les quelques jours que je passai à Moukden.

Les hôtels japonais, qu'ils affectent le style occidental ou restent fidèles aux usages indigènes, sont presque tous excellents. Même dans les plus petits villages, le voyageur peut trouver des chambres propres et des repas servis de façon appétissante. Personnellement, je n'aime pas la cuisine japonaise, mais je dois rendre hommage à la manière agréable dont elle est présentée. Il y a, là, un contraste frappant avec l'indescriptible saleté des auberges chinoises et la façon répugnante dont les mets, qui sont souvent bons, sont offerts aux consommateurs.

A Moukden, je retournai voir la tour des Lamas, les mausolées impériaux qui me parurent être mieux entretenus qu'autrefois et je jetai un coup d'œil sur la ville neuve située en dehors des anciens remparts dans lesquels des brèches ont été pratiquées pour donner passage à une circulation des véhicules devenue plus considérable.

Une nouvelle preuve de l'entêtement et de la suffisance des Japonais de l'école moderne me fut donnée au Yamato.

J'attendais un télégramme et une lettre venant d'amis à qui j'avais annoncé le jour et l'heure de mon arrivée à Pékin. Me fiant à mes anciens souvenirs, je leur avais demandé de me les adresser à l'hôtel Yamato, gare de Fengtien. Mon premier soin, en arrivant, fut de les réclamer au bureau de l'hôtel.

« Aucune correspondance n'est arrivée pour vous », me répondit l'employé.

Je m'étonnai. Je savais que l'amie, dont j'attendais un mot, se disposait à se rendre en Belgique, mais il avait été convenu, entre nous, qu'elle ne quitterait pas la Chine avant mon arrivée. Quant à mon second correspondant, un professeur à l'université franco-chinoise, il ne pouvait certainement pas être absent pendant la période scolaire.

Il me parut que l'adresse que j'avais donnée à mes amis, étant devenue inexacte, puisque l'hôtel Yamato avait changé de local, mon courrier pouvait traîner quelque part dans un bureau de la poste. Je priai donc le représentant du *Japon Tourist Bureau* de s'informer à ce sujet. Celui-ci me répondit avec une superbe assurance que ma supposition était dénuée de fondement. Lui savait pertinemment que toute lettre ou objet quelconque adressé à l'hôtel Yamato, quelle que pût être l'indication dont ce nom était suivi, serait porté à l'hôtel Yamato où je me trouvais. Aucun doute à ce sujet n'était permis, le service postal étant impeccable.

J'insistai, mais en vain et les employés de l'hôtel me certifièrent, avec la même inébranlable assurance, qu'aucune lettre, aucun télégramme ne pouvaient m'avoir été adressés à Moukden.

Je me résignai donc à ne trouver personne m'attendant à la gare lorsque je débarquerais à Pékin. La perspective de cette arrivée que n'égaierait aucun sourire de bienvenue ne laissait pas que de me désappointer un peu et c'est mélancoliquement que je montai dans le train qui devait me conduire au terme de la première étape de mes nouvelles pérégrinations en Orient.

Shankaikwan où je m'étais arrêtée, autrefois, pour voir l'extrémité de la Grande Muraille touchant à la côte, fut passé pendant la nuit. Depuis, j'avais contemplé l'autre extrémité de la célèbre Muraille et la dernière tour de garde qui la termine dans les régions précédant le Grand Gobi, près de la frontière mongole ; ma curiosité à son égard était pleinement satisfaite.

Le dernier incident marquant le passage de la Mandchourie rappela, mais sur une moindre échelle, ce qui s'était produit à la sortie de la Sibérie. Le train parti de Moukden devait nous conduire jusqu'à Pékin, mais avant qu'il franchisse la frontière chinoise [1], les employés japonais en enlevèrent tous les articles mobiles, non seulement les draps et les couvertures, comme les Russes l'avaient fait à Mandchouria, mais aussi les serviettes des lavabos et jusqu'à ce qui restait de papier spécial dans les w.-c.

Enfin, nous étions à Pékin. Le train venait de s'arrêter. Déjà descendue sur le quai, je surveillais le rassemblement des bagages que Yongden passait aux porteurs, par la fenêtre de la voiture, quand un monsieur chinois s'approcha de moi.

« — Etes-vous madame David-Néel ? » me demanda-t-il avec un excellent accent français.

« — Oui. »

« — Je suis venu vous attendre, avec vos amis. Le professeur O... est là et Mme H... et quelques autres qui veulent vous souhaiter la bienvenue. »

Et la lettre, le télégramme ?... Ils m'avaient dûment été adressés à Moukden. En effet, une dizaine de jours plus tard, « l'impeccable » poste japonaise les retournait à leurs expéditeurs, sans les avoir transmis à l'hôtel Yamato.

Quelle agréable surprise ; ils étaient là une dizaine m'apportant des fleurs. Mon amie H... m'embrassait chaleureu-

1. L'endroit où elle était marquée à ce moment : 1937.

sement, je serrais des mains cordiales, Pékin était ensoleillé...

Quel joyeux début à mon nouveau séjour en Chine ! Quel heureux présage !...

A mon insu, je venais de vivre le prélude d'un drame...

CHAPITRE III

PÉKIN MODERNISÉ. — PRODROMES DE L'OCCUPATION JAPONAISE. — DE PÉKIN A LA MONTAGNE SACRÉE AUX CINQ PICS (WOU TAI CHAN).

Mme Rosen Hoa, femme de lettres polonaise mariée à un ingénieur chinois ayant fait ses études en France, possède, à Pékin, une villa charmante, cachée au milieu de jardins, dans le quartier qui s'étend entre Ha-ta-men et Toung-ssu-Peilou. C'est là qu'elle m'amena, m'engageant, aimablement, à y demeurer pendant le temps nécessaire à me réacclimater et à dresser les plans de mon nouveau séjour en Chine.

Dès mes premières sorties, je m'aperçus que Pékin s'était singulièrement transformé pendant mon absence. L'excellente mémoire dont je suis heureusement douée me fit retrouver, sans hésitation, les boutiques de mes anciens fournisseurs dont beaucoup existaient encore et, d'une façon générale, il me fut possible de me diriger dans les quartiers qui m'avaient été familiers, comme si je les avais quittés la veille. D'autre part, le souvenir très net que j'avais conservé de Pékin, contribuait à me faire mieux remarquer les changements qui s'y étaient produits.

J'avais habité une ville poussiéreuse et malpropre. Pour me rendre de Pei-ling-sse — le monastère où je demeurais — au quartier des Légations, je suivais une route sillonnée d'ornières et agrémentée de trous profonds que la moindre pluie transformait en mares traîtresses où les pousse-pousse s'enlisaient. A sa place, je trouvais une superbe voie goudronnée parcourue par des tramways et de nombreuses autos. Beaucoup d'autres avenues avaient subi une transformation analogue. La Cité impériale, jadis interdite et maintenant ouverte au public, formait un splendide ensemble de parcs fleuris entourant de grands lacs bordés de pavillons coquets où les promeneurs pouvaient se reposer en buvant du thé et mangeant des gâteaux. Les palais, les temples, les portiques, réparés et repeints en authentique style chinois, rutilaient sous les puissants rayons du soleil. Pékin, rajeuni, était devenu une des plus pittoresques et fascinantes villes du monde.

Le changement survenu dans les mœurs ne me surprenait pas moins. Je n'avais pas connu aux Chinoises cette démarche assurée et ce regard hardi ; je ne les avais pas vues se promenant à pied, dans les parcs et le long des avenues avec des amies ou avec leurs maris. Nouvelles et étonnantes étaient, aussi, pour moi, leurs robes bizarrement pudiques et indiscrètes, à la fois : très longues, exagérément montantes, aussi collantes qu'un maillot, sans manches et haut fendues de côté, laissant voir les bras nus et les jambes fines moulées en des bas de soie. Finis les longs pantalons, les affreux pieds estropiés, les hautes coiffes des Mandchoues et leurs joues enduites de fard violet. Les sveltes Chinoises, en cheveux courts savamment ondulés et discrètement maquillées emplissaient les rues d'une foule de fées menues qui semblaient se mêler, par jeu, aux affaires des humains.

Pour vêtir ces élégantes, les magasins exposaient des tissus aux coloris merveilleux. Bien loin était le temps où les commerçants tenaient leurs marchandises soigneusement empaquetées, offrant — et comme à regret — au client, un seul rouleau de soie à la fois et le remballant avant de lui en montrer un second. Une profusion d'étoffes chatoyantes se trouvaient, à présent, astucieusement drapées et disposées pour tenter la coquetterie féminine. Bien difficile était-il de ne pas succomber, car les nombreuses variétés exhibées comprenaient aussi bien des mousselines vaporeuses de nuances délicates, propres à parer des jeunes filles que de lourds satins aux teintes somptueuses, chaudes ou sombres, destinés aux mères et aux grand-mères.

L'attitude des marchands chinois, envers les étrangers, s'était modifiée, tout comme l'aspect de leurs boutiques. Dans les meilleures maisons, la politesse ne laissait rien à désirer, mais le client européen ou américain ne se voyait octroyer aucun égard que ne partageât l'acheteur indigène. Rien de plus légitime et les rapports demeuraient excellents. Il n'en allait pas de même dans certains magasins de rang inférieur. Une sorte de grand bazar se distinguait spécialement par les manières inciviles de ses employés. Se montraient-ils aussi discourtois envers leurs compatriotes ? — C'est possible. Le ton du personnel diffère aussi, à Paris et ailleurs, suivant le rang de la maison de commerce et la classe sociale de sa clientèle habituelle. Quoi qu'il en soit, les étrangers, non accoutumés à être traités cavalièrement, en Asie, voyaient là un indice de ce qui couvait dans l'esprit de la populace chinoise.

Les Chinois, eux aussi, remarquaient le changement d'attitude des masses de leur pays. Dans un livre, écrit par l'un d'eux[1], je trouvai l'amusante histoire que je résume ci-dessous. Son auteur, assurait-on, ne l'avait pas entièrement inventée ; elle reposait sur des faits réels.

Or donc, dans une ville chinoise, vivait une pauvre veuve, mère de deux enfants : un fils et une fille. Le garçon travaillait comme portefaix, sa sœur cousait, pour un très minime salaire, des chaussettes en étoffe, comme il ne s'en fait plus guère, celles-ci ayant été, presque partout, supplantées par des articles tricotés à la machine.

Un jour, tandis que la jeune fille était à son travail, elle entendit dans la rue un grand bruit de musique, de chants et de clameurs. Vivement, elle sortit pour voir ce qui se passait.

Devant sa porte, un cortège défilait, précédé par de grands drapeaux rouges et une énorme grosse caisse qu'un athlétique gaillard battait énergiquement, produisant un bruit de tonnerre. Des hommes et des femmes, proprement vêtus de gris, marchaient sur deux files, chantant et jouant de différents instruments de musique.

Ebahie, la couseuse regardait la procession lorsque, tout

1. Je regrette de ne pouvoir citer le titre du livre et le nom de son auteur. Croyant retourner à Pékin, où le livre se trouvait chez mon amie, je n'en avais pas pris note avant mon départ pour Wou tai chan. La guerre m'a empêchée de rentrer à Pékin.

à coup, parmi les femmes en robes grises qui agitaient des tambourins, elle reconnut une de ses amies qui, comme elle, gagnait sa vie en confectionnant des chaussettes.

« — Que fais-tu là ? » lui demanda-t-elle, l'arrêtant par le bras comme elle passait près d'elle.

« — Tu le vois. J'ai un emploi chez ces gens-là. Mon salaire d'une semaine est le double de ce que l'on me payait pour les chaussettes que je cousais pendant un mois, en travaillant du matin au soir. Ils m'ont donné cette belle robe et je n'ai rien à faire qu'à chanter et à remuer ce tambourin. Viens me voir ; leur maison est au bout de la grand-rue, tout le monde te la montrera. Je ne puis pas rester plus longtemps. »

Et elle s'en alla, en courant, reprendre sa place dans le cortège.

Cette rencontre laissa la Chinoise rêveuse. Le surlendemain, elle alla voir son amie. Dans la grande maison des étrangers, tout fut sujet d'étonnement pour elle : la vaste salle, les images qui tapissaient les murs, la musique et les gens qui lui parlaient si gentiment.

« — Il faudra revenir », lui dit une aimable dame.

Certainement, elle reviendrait. Ne pourrait-elle pas, pensait-elle, obtenir, comme son amie, une robe neuve et un bon salaire et laisser la rebutante couture des chaussettes ?

Ses visites à la maison si accueillante devinrent quotidiennes et se firent de plus en plus prolongées.

Un soir, son frère le portefaix, rentrant chez lui, trouva sa mère seule, occupée à préparer le repas.

« — Où est la petite ? » demanda-t-il.

Alors, la bonne femme qui, jusque-là, s'était tue, redoutant les réactions quelque peu brutales de son fils, lui raconta que sa sœur s'absentait fréquemment, n'avait plus le cœur à l'ouvrage et ne pensait qu'à la maison où l'on chantait, au bout de la grand-rue.

Sur ce, la jeune fille rentra.

« — Je te défends de retourner chez ces gens-là », lui dit péremptoirement son frère. « Je sais qui ils sont. J'ai entendu raconter par des vieux, qui l'avaient vu de leurs yeux, que, de temps en temps, on les tue parce qu'ils portent malheur à la Chine. Ainsi, que ce soit compris. Ne te mêle plus à eux ; je ne veux pas que tu attires la colère des magistrats sur notre famille. »

La fille ne répondit rien, mais, le lendemain, elle retourna à la grande maison et, quelques jours plus tard, en revenant de son travail, son frère trouva, de nouveau, sa mère seule.

« — Où est-elle ? »

«— Là-bas... », répondit la vieille femme en haussant les épaules d'un air découragé.

« — C'est bien, j'y vais. »

A la porte qu'il franchit d'un pas délibéré, le portefaix se vit arrêté par des gens souriants qui lui indiquèrent, gentiment, l'heure des réunions publiques et lui offrirent de petites brochures.

Mais il ne se souciait ni de réunions ni de brochures. Il le déclara sans mots superflus : il voulait sa sœur, sans retard, à l'instant.

Sa sœur ?... Qui était-elle ?...

Une fillette comme ceci et comme cela... Elle avait une amie dans la maison.

Ah ! oui. On comprenait de qui il s'agissait ; mais elle ne pouvait pas sortir pour le moment. Elle assistait à une réunion privée.

Le rustique prolétaire ne voulut pas en entendre davantage. Bousculant ceux qui cherchaient à lui barrer le passage, il fonça sur une porte et l'ouvrit avec fracas.

Au bruit qu'il fit, un respectable étranger, d'âge moyen, légèrement bedonnant, accourut.

« — Que voulez-vous ? »

« — Je veux ma sœur. »

Les gens qui avaient suivi l'intrus fournirent brièvement quelques explications.

« — Oui, oui », dit le monsieur, radouci. « Votre sœur viendra, mais il faut attendre. Elle est au banc des pénitents. Causez donc avec moi pendant quelques instants. »

Le portefaix avait entendu chanter derrière une porte voisine, il s'élança vers celle-ci. Le respectable étranger voulut se mettre devant lui pour l'empêcher d'entrer. Un vigoureux coup de poing qu'il reçut en pleine poitrine, l'envoya s'asseoir sur le plancher tandis que le brutal garçon arrachait sa sœur du banc des pénitents où elle était agenouillée et l'entraînait hors de la grande maison.

« — Décidément, il y a quelque chose de changé en Chine ! » murmura l'étranger en se relevant péniblement.

Le résumé que j'en fais, de mémoire, rend mal le ton spirituellement comique et railleur de cette histoire. Sous son allure burlesque, l'on sent que l'auteur lui attache une portée prophétique.

A Pékin, j'eus l'occasion d'entrer en rapport avec des membres distingués de la jeune Chine intellectuelle : hommes et femmes écrivains, musiciens, poètes ou auteurs dramatiques. La plupart de ceux-ci parlaient une ou deux langues étrangères, dont souvent le français.

Je pus, aussi, observer des étudiants chinois revenus d'Amérique ou de différents pays de l'Europe et un certain nombre de ménages mixtes : femmes blanches, maris chinois.

A peu d'exceptions près, les étudiants ayant passé plusieurs années dans les universités ou les écoles de l'étranger me parurent avoir peu profité de leur séjour en Occident. Je ne dirai rien des notions scientifiques ou professionnelles qu'ils avaient pu y acquérir. Je ne leur ai pas fait passer d'examen et n'en aurais pas été capable. Ce que je notais, dans leur fréquentation, c'était la tonalité générale de leur esprit, de leurs opinions et de leurs sentiments. La plupart du temps, ils ne se montraient ni très éclairés ni très raisonnables ; une immense vanité ne suppléait pas, chez eux, au manque de force de caractère, de sérieux et de persévérance.

Une anecdote que l'on me conta, plus tard, à Hankéou, reflète pittoresquement, cette attitude mentale.

Un officier chinois causant avec un des instructeurs-conseillers militaires allemands qui séjournaient, alors, en Chine, lui dit : « A vous autres, Allemands, il faut trois années pour acquérir les connaissances nécessaires à un officier, mais à nous, Chinois, trois mois suffisent. »

Toutefois, il serait injuste — et à plus d'un point de vue imprudent — de juger les Chinois d'après ce premier contact de leurs jeunes gens avec les méthodes de penser et d'agir de l'Occident. L'expérience, en se répétant, pourra produire de nouveaux résultats ; les échecs subis pour cause d'irréflexion, de confiance trop téméraire en leur valeur, constitueront, pour eux, autant de leçons dont la génération suivante profitera. Je ne suis pas de ceux qui doutent de la Chine, ni des Orientaux, en général. Après avoir sommeillé pendant longtemps, leur réveil ne peut être que lent, mais les semences de sagesse déposées il y a des siècles en leurs pays, sont appelées à germer quelque jour et, peut-être alors, régénéreront-elles notre triste monde.

Quant aux ménages mixtes, ils offraient une grande variété d'aspects. Les Blancs qui prennent une Chinoise pour femme légitime semblent assez rares. Plus nombreux sont les Chinois qui ont des épouses étrangères légitimes ou semi-légitimes. Quelques-uns de ceux-ci ont rencontré leur future femme en Chine, mais la plupart ont habité l'Europe ou l'Amérique et c'est pendant ce temps qu'ils se sont unis à des étrangères. Ces derniers sont, presque tous, d'ex-étudiants occupant, en Chine, des positions de professeurs, de fonctionnaires, ou exerçant des professions libérales.

Les femmes blanches, nées et élevées en Chine, savent à peu près ce qui les attend lorsqu'elles épousent des Chinois. On peut penser par conséquent que les désillusions sont moins fréquentes chez elles que chez celles qui se sont mariées à l'étranger, sans avoir aucune notion de ce qu'est la vie en Chine.

Il est certain que la transformation très notable que les mœurs chinoises ont subie dans les grandes villes — surtout dans celles de la côte — a grandement amoindri les difficultés qui attendent la jeune épouse étrangère. L'autoritaire et redoutable belle-mère d'autrefois a beaucoup adouci sa rigueur et perdu de ses prérogatives. D'ailleurs, parmi les intellectuels, beaucoup ont renoncé à l'ancien système du domicile commun abritant, dans la même demeure — bien que, le plus souvent, dans des pavillons séparés — parents, frères, oncles, neveux, chacun avec sa femme, ses concubines et leurs enfants. A l'exemple de l'Occident, ils se créent, souvent, un foyer particulier et ce fait est d'une importance extrême pour l'étrangère.

Comme s'il s'agissait d'un progrès, dû à leur influence et dont ils ont lieu de tirer grand honneur, on entend des étrangers proclamer, avec une orgueilleuse satisfaction, que la nouvelle constitution chinoise, promulguée en juillet 1936, enjoint la monogamie. Leur illusion est singulière. En cette matière, la nouvelle constitution n'a rien innové, au sens *réel* du mot. Les lois chinoises n'ont jamais vraiment reconnu qu'une seule épouse légitime, bien que la coutume établie permît d'entretenir, à son domicile, un nombre indéterminé de concubines. La condition de celles-ci quoique étant, en principe, inférieure à celle de la femme en titre, n'avait rien de honteux. Les enfants de ces épouses de second rang avaient leur place marquée dans la maison paternelle, ils étaient élevés par les soins de leur père et nul ne les considérait comme des bâtards. C'était là une honnête législation témoignant de la sagesse de ceux qui l'avaient établie avec un grand sens pratique des réalités.

Si beaucoup de Chinois modernes, appartenant aux classes cultivées, n'ont qu'une seule épouse dans leur logis, la nouvelle constitution n'y est certainement pour rien. Certains obéissent à des motifs d'ordre économique : entretenir plusieurs femmes et une nombreuse famille coûte cher. D'autres tiennent à afficher une attitude d'homme de progrès qui a renié les vieilles coutumes. La monogamie apparente des uns et des autres, vaut ce que vaut celle des époux occidentaux et, si elle doit s'étendre, en Chine, on y verra bientôt paraître cette plaie de nos pays : les mères abandonnées et les enfants illégitimes.

Les usages concernant le mariage civil moderne restent encore passablement flottants, en Chine.

Dans certaines provinces, notamment au Szetchouan, des formules imprimées d'actes de mariage se vendent dans les boutiques. Il suffit d'en remplir les blancs avec les noms des conjoints et de faire signer le papier par un fonctionnaire civil ou militaire, ou par une personnalité notable quelconque pour que le mariage devienne légal. Aucune autre formalité n'est requise.

Les dispositions de la nouvelle constitution, concernant la polygamie, prévoient une peine d'emprisonnement pour le mari qui entretient des relations illégitimes, même s'il établit sa maîtresse hors du domicile conjugal. Bien que cette loi soit parfois appliquée comme suite à la plainte d'une épouse légitime, elle demeure, généralement lettre morte, surtout, dans les provinces de l'intérieur du pays et la polygamie continue à fleurir, là où elle a toujours été la règle : dans les classes supérieures et parmi les riches. La liberté plus grande dont les femmes jouissent aujourd'hui — malgré les restrictions qui subsistent encore dans l'intérieur de la Chine — contribue même à mettre davantage en évidence la multiplicité des épouses. Tandis qu'autrefois, femme légitime et concubines demeuraient confinées au logis, actuellement celles-ci circulent en auto, ou même à pied, rendent des visites, font des achats dans les magasins et le public fait ainsi connaissance avec l'épouse numéro deux ou l'épouse numéro quatre de M. X... L'on m'a cité le cas d'un haut personnage qui sort, familièrement, avec plusieurs de ses femmes et leurs enfants. Je trouve cela, pour ma part, d'une honorable sincérité. Si le nombre des naissances féminines excède considérablement, en Chine, celui des naissances masculines, vouloir y transformer, complètement et brusquement, les mœurs matrimoniales millénaires conduirait, on peut le craindre, à des résultats fâcheux.

Aux riches polygames, il faut ajouter les besogneux cherchant à se procurer, par la pluralité des compagnes, des auxiliaires non salariés, travaillant avec eux ou pour eux. Des négociants y voient, aussi, un moyen de placer une associée, veillant à leurs intérêts, en plusieurs de leurs maisons. Un de mes fournisseurs, à Tatsienlou [1], possède, en plus de son magasin dans cette ville, une succursale à Sian au Chensi, une autre à Yatchéou, à la limite du Szetchouan et une autre, encore, à Bathang, aux confins du Yunnan. Dans chacun de ses comptoirs habite une de ses épouses et il déclare, sérieusement, avec une complète ingénuité : « De cette façon, la surveillance de mes affaires est assurée et je suis pourvu de compagnie pendant mes séjours aux différents sièges de celles-ci. »

Parmi les Chinois modernisés et instruits des grandes villes, il devient de plus en plus habituel de choisir soi-même son mari ou sa femme, d'après des raisons de convenance personnelle et les fiancés jouissent d'une liberté tout américaine, encore inconnue en France dans les classes bourgeoises. Fiancés ou simplement camarades, le nombre de jeunes filles que je vis, à Pékin, circuler librement avec des jeunes gens était considérable et je remar-

---

1. Tatsienlou, une ville frontière, capitale de la province du Sikang, à l'extrême-ouest de la Chine, dans les Marches tibétaines. Son nom tibétain est Dartsédo ; les Chinois l'appellent, maintenant, Kanting.

quai, avec plaisir, leur tenue irréprochable, propre à être donnée en exemple à la jeunesse de tous les pays d'Occident, sans exception.

Il est assez rare qu'un Chinois marié à une étrangère introduise une concubine au domicile conjugal, mais quant à avoir, en dehors de celui-ci, un ménage chinois, le fait n'est pas exceptionnel. On rencontre parfois, aussi, le double ménage en Occident, mais ce qui est particulier à la Chine, c'est que des étrangères se croyant bel et bien unique légitime épouse, ne sont, plus d'une fois, à leur insu, que des coépouses. Il en est surtout ainsi lorsque le mari appartient à une famille provinciale où existe encore la coutume de fiancer les enfants en bas âge, et de les marier jeunes. Le garçon parti pour faire ses études à l'étranger n'accorde pas grande attention à ce mariage. Il rencontre une étrangère dont il s'éprend, il l'épouse, en Europe ou en Amérique, l'amène en Chine, se crée un foyer et sa femme ne se doute de rien. Cependant, dans la maison paternelle de son mari, vit une femme qui, aux yeux de toute la famille, comme devant la loi, est l'épouse légitime, la *seule véritablement* légitime [1]. Sa mentalité diffère de celle des Occidentales ; elle a toujours vu, autour d'elle, que la Grande Epouse, celle qui perpétue la lignée familiale, demeure, soit dans la maison paternelle de son mari, soit dans une habitation construite par celui-ci, généralement dans son pays natal. Elle s'afflige peut-être, mais ne s'étonne pas que son époux entretienne, au-dehors, une concubine étrangère ; des siècles de polygamie ont accoutumé les Chinoises à ce partage, l'idée d'intervenir n'effleure même pas leur pensée.

Son mari ne peut pas se dispenser de rendre parfois visite à ses parents. Dans ces occasions, il est probable qu'il se rappellera que la Chinoise est sa femme. Toute la famille s'ingéniera, du reste, à les rapprocher. Si cette première épousée n'a pas encore été mère, elle pourra le devenir ; qu'elle donne le jour à un garçon, ce sera lui

1. Contrairement à ce qui en est dans l'Inde, au Tibet et parmi les musulmans où le mari polygame peut avoir plusieurs épouses également légitimes. Il semble que, de nos jours, dans certaines provinces de la Chine, l'on admet, aussi, que plusieurs femmes peuvent avoir un rang égal d'épouse, mais peut-être y a-t-il là plutôt une convention sociale qu'un strict droit légal.

l'héritier. La femme blanche peut continuer à tout ignorer pendant des années et apprendre, soudainement, quelle est sa réelle situation, à la mort de son époux, lorsque des questions d'héritage seront soulevées.

Je ne me borne pas à répéter des « on dit ». Je connais des cas de ce genre. Une Américaine n'apprit le précédent mariage de son mari qu'après avoir mis au monde deux enfants. Que pouvait-elle faire ? — Elle s'est créé, par son travail, une honorable position indépendante et continue à porter le nom chinois de son mari. Celui-ci passe, de temps en temps, quelques semaines avec elle ; je crois qu'ils ont quelques intérêts commerciaux en commun, mais il habite, ordinairement, dans une autre ville avec sa véritable femme, la Chinoise, et ses enfants.

Une autre étrangère de mes connaissances se doute, depuis son arrivée en Chine, qu'avant de l'épouser, en Europe, son mari avait déjà contracté un autre mariage, mais, volontairement, elle cherche à s'aveugler à ce sujet. Le mari m'a avoué sa situation. Il ne tient guère à son épouse chinoise, mais il en a un fils et il adore le petit.

J'ai vu des étrangères qui avaient épousé des veufs et se trouvaient être, réellement, uniques et légitimes épouses. Leur sort n'était pourtant guère enviable. Dans la demeure conjugale, elles semblaient comme submergées par la nombreuse famille de leur mari qui y habitait : ses fils, leurs femmes et leurs enfants, un ou deux neveux, en supplément. Si courtois qu'ils se montrassent, en apparence, tous ces gens ne manquaient pas de faire sentir qu'ils étaient les légitimes occupants des lieux, considérant avec une indulgence, humiliante pour elle, la femme d'une autre race, qui amusait leur père.

Je me suis bornée à dépeindre quelques aspects de la situation de l'épouse étrangère, dans les mariages mixtes, parce que celle-ci est plus particulièrement susceptible d'intéresser mes lectrices, mais celle du mari chinois de l'étrangère n'est pas exempte de côtés sombres. L'atmosphère asiatique qui l'enveloppe et, graduellement, le ressaisit à son retour dans sa patrie, l'ascendant d'influences séculaires incorporées en des coutumes et des sentiments qu'inévitablement heurtent, à tous moments, les idées et les façons d'agir de la femme occidentale, donnent forcément lieu, chez lui, à maintes réactions pénibles.

J'ai vu. J'ai entendu des confidences. Il y avait peu de bonheur dans la plupart des ménages mixtes que j'ai approchés. Trop de choses séparaient les races qui s'y rencontraient, trop de différences existaient entre leurs tendances et leurs habitudes contractées dès l'enfance.

Il est possible que le mélange des sangs soit chose souhaitable du point de vue du perfectionnement humain, mais, personnellement, les individus qui s'y prêtent n'ont guère à en attendre de joie.

A Pékin, je pris contact avec les professeurs des universités, les conservateurs des bibliothèques, les unes et les autres somptueusement logées. Pékin s'était, non seulement, matériellement modernisé et embelli, mais était devenu un véritable centre intellectuel. Ceci me décida à en faire mon port d'attache pour la durée de mon nouveau séjour en Extrême-Orient, que je prévoyais devoir être de plusieurs années.

Une fois cette détermination prise, je me mis en quête d'une maison à louer. Cette recherche dura longtemps. Je ne sais si je puis me permettre de révéler la cause qui rendait mon installation difficile, mais, comme il s'agit d'un trait de mœurs, celui-ci peut avoir sa place dans la description du Pékin moderne.

Quels que soient les progrès accomplis par les Chinois, quant à leur « modernisation », ils ont conservé plusieurs habitudes absolument choquantes pour les étrangers imbus de strictes notions concernant l'hygiène et la propreté. Parmi celles-ci, je citerai l'habitude de cracher à tout moment, souvent avec un épouvantable bruit de gorge, de cracher partout : sur le plancher des trains, sur celui des chambres et à côté des tables, au restaurant. Dans les maisons bien tenues, des crachoirs sont dispersés, à profusion, à travers les appartements, afin de permettre aux visiteurs d'expectorer ailleurs que sur le carrelage ou sur le parquet. J'ai remarqué que la tendance actuelle, chez les gens appartenant aux classes sociales supérieures ou ayant eu une éducation semi-occidentale, est de dissimuler ces vases répugnants dans les encoignures des chambres. Au contraire, il fut un temps — et ceci se voit encore en de nombreuses maisons — où le crachoir, une importante pièce de porcelaine décorée, d'au moins cinquante centimètres de hauteur, figurait, bien en évidence, comme objet ornemental, au pied du divan et juste au milieu de celui-ci entre les deux places d'honneur, de sorte qu'un visiteur honorable se trouvait, tout au long d'une conversation, avoir ce réceptacle entre lui et son interlocuteur.

Que nous ne crachions qu'exceptionnellement semble bizarre à beaucoup de Chinois et quelques-uns de ceux-ci ont émis, devant moi, l'opinion que ce fait devait tenir, chez nous, à une malformation ou à une maladie.

Une autre habitude répugnante qui a existé en Occident, mais dont nous nous sommes heureusement défaits, est celle de ne pas se servir d'assiettes individuelles pour prendre ses repas, et de puiser, à même les plats, avec les baguettes ou les cuillères dont on s'est servi pour porter les aliments à sa bouche, lesquelles se sont, inévitablement, imprégnées de salive.

Les étrangers sont à blâmer pour la persistance de cette coutume malsaine parmi les Chinois qu'ils fréquentent ou qui sont leurs élèves. Très peu d'étrangers refusent les invitations aux dîners de style chinois, bien qu'entre eux, ils conviennent que cette manière de manger leur semble malpropre et de nature à propager des maladies. La plupart avouent ressentir un profond dégoût en se mettant à table pour de tels repas, mais s'efforcent, disent-ils, de le surmonter pour ne pas offenser les Chinois, ce en quoi faisant, ils leur rendent un très mauvais service.

Toutefois, c'était une autre particularité des mœurs chinoises qui m'empêchait de trouver une maison habitable.

Tandis que l'édilité pékinoise prenait à cœur d'embellir la ville, elle avait fâcheusement négligé les aménagements sanitaires et les habitants considéraient le fait avec une complète indifférence. Le plus grand nombre des rues se trouvaient encore dénuées d'égouts et, dans celles qui en étaient pourvues, les bouches de ceux-ci, encombrées d'immondices, répandaient des émanations pestilentielles dans tout le voisinage.

Très rares étaient les maisons possédant des w.-c. modernes. La grande majorité des Pékinois se contentaient de construire dans leur cour, souvent très exiguë, une cuvette en briques légèrement enfouie dans le sol et non surmontée d'un siège, qu'un vidangeur nettoyait *de temps en temps*. Beaucoup d'autres, soit parce que leurs demeures ne comprenaient pas de cour, soit par préférence, en restaient au système antique des « chaises », très souvent placées dans leur chambre à coucher et qu'on ne vidait qu'une fois par vingt-quatre heures. Des étrangers — je le sais par expérience — s'accommodent de ces arrangements ; je suis plus exigeante et c'est mon exigence, à ce sujet, qui m'empêchait de trouver un logis.

De guerre lasse, je me résignai à aménager, à mes frais, une petite maison chinoise. Ce fut une installation des plus simples, mais j'eus l'eau courante à la cuisine, à la salle de bain et au w.-c. Des fenêtres, pouvant s'ouvrir et pourvues de vitres, remplacèrent, aussi, les panneaux fixes, tendus de papier, qui ne laissent filtrer qu'une pâle lumière et trop peu d'air pour ventiler les appartements. Ceci fait, je meublai la maison sommairement et j'y fis venir, de Changhaï, où ils étaient arrivés par mer, les bagages que j'avais expédiés de France.

Dans un chapitre précédent, je me suis attardée assez longuement sur la sensation d'*irréalité* qui m'avait étreinte à mon départ pour le présent voyage. Je n'aime guère m'appesantir sur des impressions personnelles, dénuées d'intérêt pour autrui, pourtant l'état bizarre dans lequel je me trouvai, peu après mon arrivée à Pékin, mérite peut-être une mention.

Chaque fois que je sortais, je me sentais envahir par une inexprimable tristesse à laquelle je ne pouvais découvrir aucune cause. Ma santé était, comme d'habitude, excellente, ma situation matérielle ne me donnait aucun sujet d'inquiétude : il en était de même de ceux à qui je porte un intérêt spécial : parents et amis. Pourtant, cette incompréhensible tristesse augmentait chaque jour d'intensité. Bien que je ne pleure jamais, il me semblait, lorsque je parcourais la ville, en rickshaw, que les larmes allaient me venir aux yeux.

Les gens que je voyais circuler dans les rues prenaient, alors, un aspect insolite. Tout en les regardant marcher paisiblement et vaquer à leurs affaires, je découvrais, sous leurs visages, des figures différentes de celles qu'ils montraient et, derrière leurs gestes banals, j'en percevais d'autres qu'ils ne faisaient pas, ou ne faisaient que dans les profondeurs de leur subconscient. Les faces crispées par la fureur, les attitudes menaçantes évoquaient des visions de massacres et l'idée qui s'imposait à moi, quoi que je fisse, me gourmandant et me raillant pour la chasser, était que je contemplais une sorte d'ébauche de scènes en voie de formation qui se matérialiseraient dans l'avenir.

Rentrée chez moi, le cauchemar se dissipait pour reprendre, avec une force plus grande, à ma prochaine sortie. Dès que j'eus quitté Pékin, ces phénomènes cessèrent complètement.

Certains seront peut-être portés à voir, là, un pronostic des événements qui allaient survenir. J'inclinerais presque à le croire, bien que l'avertissement — s'il existait — me parût concerner un mouvement anti-étranger plutôt qu'une guerre mettant la Chine aux prises avec un autre pays de l'Orient. Mais, qui sait, j'écris ceci en terre tibétaine, plus de deux ans après mon séjour à Pékin et le drame chinois n'a pas encore dit son dernier mot.

Toute pénible qu'elle fût, l'étrange obsession à laquelle j'étais en proie n'enlevait rien à ma lucidité habituelle. A travers l'atmosphère de prospérité et de joie teintée d'arrogance, dans laquelle semblait baigner la ville aux palais rutilants, aux parcs fleuris et aux menues déesses affranchies, je distinguais des ombres de mauvais augure.

Les autorités avaient décrété une campagne contre la consommation de l'héroïne importée par les trafiquants japonais et les Chinois à leur solde. Les peines édictées contre les délinquants étaient d'une sévérité draconienne et, comme la plupart du temps en Orient — fréquemment ailleurs aussi — les rigueurs de la loi n'atteignaient que les petites gens, sans influence et sans appui. D'après ce code féroce, l'individu convaincu de faire usage d'héroïne était enfermé dans un hôpital et soumis à une cure de désintoxication. S'il recommençait, après sa libération, il était incarcéré une seconde fois et soumis à la même cure. A la troisième récidive, on le fusillait.

Ainsi arrivait-il que l'on rencontrât, conduit vers le lieu de son supplice, un malheureux dont le seul crime avait été de chercher, au moyen d'une drogue, à diminuer l'âpreté de son existence, à se procurer quelques heures de répit, ou, plus simplement encore, à obtenir la surexcitation momentanée qui lui était nécessaire pour accomplir sa besogne.

Toute exécution capitale est une infamie. Je l'ai dit ailleurs [1]. Le plus vil des criminels a du moins, pour lui, qu'en commettant son crime il risque sa propre vie en encourant la peine capitale [2]. Mais ceux qui le tuent, comme il a tué, ne courent aucun risque et l'espèce de bravoure, si brutale, si détestable soit-elle, qui anime l'assassin n'existe pas, en eux, pour excuser leur acte. Combien de ceux qui, à grand renfort d'éloquence et de gestes théâtraux, requièrent la peine de mort contre un accusé ligoté, gardé par des gendarmes, oseraient, seul à seul avec lui et s'il était libre de ses mouvements, lui reprocher son crime avec la même véhémence et tenter de le lui faire expier !

A Pékin, il ne s'agissait pas de criminels, mais de victimes d'un trafic qui enrichissait des personnages demeurant bien à l'abri de toute répression.

L'exécution de ces malheureux avait lieu sans aucune prétention à la solennité ; on les abattait, tout simplement. Un homme, armé d'un fusil, tirait sur le condamné. S'il ne le tuait pas du premier coup, il tirait de nouveau et autant de fois qu'il pouvait être nécessaire à un maladroit pour amener la mort.

Quelques mesquins colporteurs de drogues étaient parfois arrêtés, mais, le plus souvent, on se contentait de leur infliger une amende ou de les emprisonner.

On chuchotait, à Pékin, les noms de hauts fonctionnaires qui, disait-on, non seulement avaient des intérêts dans le commerce de l'opium, demeuré plus ou moins licite presque partout en Chine, mais aussi dans celui des drogues prohibées. De celles-ci, les Japonais étaient les grands fournisseurs. Ils se préparaient à répéter ce que d'autres avaient fait jadis pour l'opium, forçant l'entrée de la Chine à coups de canon, pour lui imposer l'achat de leur poison.

Les Japonais, entendais-je dire, veulent débiliter les Chinois, afin de s'emparer plus facilement de la Chine et

---

1. *Le Bouddhisme, ses Doctrines et ses Méthodes*, p. 131, (Plon, Paris.)

2. Ou le bagne à perpétuité dans les pays où la peine de mort a été abolie.

l'exploiter à leur profit. Ce n'est pas seulement un gain commercial qu'ils cherchent : l'héroïne, plus nocive que la pipe à opium, est, pour eux, une arme de guerre.

Pékin, disait-on encore, est vendu au Japon par ses magistrats. La plupart de ceux-ci font la cour aux Japonais dans l'espoir de bénéficier d'une scission qui instaurera une Chine du Nord, indépendante du gouvernement de Nankin et dont ils seront les chefs, sous le contrôle du Japon. Les quelques très anodines réformes que le gouvernement de Nankin a introduites dans la législation chinoise les gênent déjà, ils en redoutent d'autres qui amoindriraient davantage leur pouvoir... et leurs profits. Ils croient pouvoir s'entendre mieux avec les Japonais qui ont acheté un bon nombre d'entre eux.

Une grande école japonaise avait été établie à Pékin ; l'on y enseignait la langue japonaise. Les Nippons préparaient le terrain. Pendant ce temps, parmi les Chinois, les uns péroraient dans le vide, les autres, astucieusement, combinaient des plans pour se mettre du côté du manche et la foule des nigauds plébéiens, arrêtée devant le terrain de manœuvre qui borde la Légation du Japon, regardait placidement les soldats japonais s'exerçant avec des mitrailleuses, à l'ombre du drapeau au soleil couleur de sang.

Certaines gens paraissent être mystérieusement destinés à suivre une voie particulière, et quoi qu'ils fassent, volontairement ou non, pour s'en écarter, s'y trouvent toujours ramenés. Il en est ainsi pour moi en ce qui concerne les études tibétaines.

Lorsqu'en 1911, je suis retournée en Orient, mon plan de voyage comprenait un nouveau séjour dans l'Inde et la visite de la Birmanie. Je prévoyais une absence d'environ dix-huit mois. Or, je demeurai en Asie pendant quatorze années consécutives, passant la majeure partie de celles-ci en territoire tibétain où je n'avais jamais songé à me rendre. Quittant de nouveau la France, en 1936, j'avais surtout en vue des recherches concernant l'ancien taoïsme. Cependant, par un singulier concours de circonstances, dès les premières semaines de mon séjour à Pékin, j'entrai en relation avec plusieurs lamas tibétains qui y résidaient momentanément. A Pékin, habitait, aussi, le confident du Tachi Lama [1], l'homme qui avait préparé sa fuite du Tibet. Je l'avais connu à Jigatsé, au palais du Tachi Lama, vingt ans auparavant. Et voilà qu'ainsi, l'atmosphère tibétaine m'enveloppait de nouveau. Je ne prévoyais toutefois pas, à ce moment, qu'une guerre allait ravager la Chine et que, par son effet, je serais ramenée au Tibet ; aussi m'efforçai-je de profiter, de mon mieux, des rencontres que j'avais faites.

Parmi les lamas habitant Pékin se trouvait un *géchés* [2], originaire de Bathang, au pays de Kham. Pendant vingt-cinq ans, il avait étudié la littérature philosophique tibétaine au grand monastère de Drépung, près de Lhassa et conquis, dans les premiers rangs, son grade universitaire de *géchés*, correspondant à peu près au doctorat en philosophie dans les pays occidentaux.

Nous convînmes de nous réunir trois fois par semaine : le *géchés*, Yongden et moi, pour lire des textes tibétains et discuter sur leur sens. Ce furent de belles séances !

Les controverses s'accompagnent, au Tibet, d'un grand renfort d'exclamations rituelles et de gestes qui leur donnent, lorsqu'elles deviennent un peu vives, toutes les apparences d'un ballet. Tour à tour, les adversaires avancent l'un vers l'autre, reculent, frappent du pied, font claquer les paumes de leurs mains, retroussent leur toge monastique sur leurs bras, à la manière de nos avocats quand ils font des « effets de manches », puis, changeant d'attitude, s'y drapent avec une impérieuse majesté. Mon *géchés* et quelques-uns de ses collègues qui, l'un après l'autre, se joignirent à nous, étaient accoutumés à se livrer à cette gymnastique tandis qu'ils se lançaient mutuellement, à la tête, les questions, les réponses, les arguments usités dans les Universités lamaïstes. La chambre où je les recevais devenait bientôt trop exiguë pour l'ampleur de leurs évolutions, ils débordaient sur la véranda et, de là, dans la cour, toute leur érudition déchaînée se répandant en clameurs confinant aux rugissements.

Mes très lettrés amis étaient de robustes gaillards de haute stature, bruns de teint, avec de fulgurants yeux

---

1. Le Tachi ou Panchen Lama qui mourut à Jakyendo en novembre 1937.
2. Le g se prononce dur, comme *guéchés*.

noirs, plus propres à inspirer la crainte que la confiance. Le tapage qu'ils menaient intrigua mes voisins, des têtes apparurent au-dessus des murs de la cour et disparurent rapidement après avoir jeté un coup d'œil sur la danse incompréhensible de ces géants. L'agent de police stationné au coin de ma rue s'était ému, aussi, de voir fréquemment entrer, chez moi, ces hommes majestueux drapés en des robes rouge sombre. Des enquêteurs furent dépêchés pour éclaircir le mystère de mes fréquentations. Le règne de la suspicion avait déjà commencé, en Chine. Accueillis, à la porte, par un catégorique : « Je ne comprends pas le chinois », les sbires s'étaient rabattus sur mon propriétaire qui habitait la maison voisine. Celui-ci professait la géologie à l'Université et avait fait ses études à l'étranger. Il informa les curieux que sa locataire, ayant vécu au Tibet, connaissait des Tibétains et les recevait amicalement chez elle. L'explication était acceptable, mais pourquoi ces visites donnaient-elles lieu à des ébats si extraordinairement bruyants ? — L'honorable professeur n'en savait rien et je ne jugeai pas nécessaire de l'en informer. On finit par renoncer à l'interroger, mais pendant tout le temps de mon séjour à Pékin, un agent de police demeura en faction à quelques pas de ma porte.

Je quittai Pékin à la fin de juin, cinq mois, environ, après mon arrivée.

Depuis longtemps j'avais décidé de passer l'été à Wou tai chan, une des montagnes sacrées de la Chine où les circonstances ne m'avaient pas permis de me rendre, lors de mes précédents voyages.

Wou tai chan (la montagne aux cinq pics, en tibétain Riwo tsé nga) m'attirait à cause de la personnalité complexe du personnage qui, depuis des siècles, y est vénéré par une multitude de pèlerins dont certains viennent des extrémités lointaines du Tibet ou de la Mongolie. Mandjouçri est le nom sanscrit sous lequel il est connu par les Orientalistes de nos pays ; les Tibétains l'appellent Djampéyang. Il apparaît dans les soûtras apocryphes mahâyanistes comme un disciple du Bouddha, des traditions népalaises en font un général d'origine chinoise et les Tibétains ont toujours regardé les empereurs de Chine comme étant ses avatars successifs. Il est, aussi, le protecteur des Lettrés, une sorte de dieu de la science et de l'éloquence, jouant, dans le bouddhisme du Nord, le rôle dévolu à la déesse Saraswati chez les Hindous. Toutefois, Mandjouçri-Djampéyang est considéré comme un Bodhisatva, c'est-à-dire un être tout près d'atteindre l'illumination spirituelle complète des Bouddhas et, par conséquent, très supérieur à n'importe quel dieu.

Je désirais donc rendre visite à Djampéyang, *chez lui*, et voir quelle figure il y faisait dans les légendes locales et les anciennes chroniques conservées dans les monastères du lieu. De plus, je comptais, en quittant Wou tai chan, vers le mois de septembre, visiter le nord du Chansi et aller en Mongolie.

Plusieurs routes conduisent de Pékin à Wou tai chan. Celle qui passe par Tatung m'attirait comme étant la plus pittoresque, mais j'étais pourvue de lettres d'introduction pour le gouverneur du Chansi : le maréchal Yen Sie-san, et pour d'autres hauts fonctionnaires résidant à Taiyüan, que le ministre des Affaires tibétaines et mongoles avait chargés de me procurer un logis dans un des monastères de Wou tai chan. Il convenait que je visse ceux-ci et, d'autre part, je désirais leur exposer le programme du voyage à travers le Chansi que j'avais projeté pour l'automne suivant. Je décidai donc de prendre l'express d'Hankéou qui passe à Shih kia chwang [1] d'où part la ligne à voie étroite allant à Taiyüan.

Le train partait à six heures du matin. Arrivée à la gare bien avant le temps indiqué, je trouvai celle-ci occupée par une foule compacte. Ses anciens bâtiments venaient d'être démolis pour faire place à des constructions neuves, tout le terrain était transformé en chantiers ne laissant d'accessible aux voyageurs qu'un étroit terre-plein encombré par des montagnes de bagages.

Ayant obtenu des billets, après une longue attente, Yongden pensa qu'il pouvait diriger les porteurs et nos deux domestiques vers une bascule près de laquelle un employé paraissait être chargé de peser les colis et de les enregistrer. Mais lorsqu'il eut atteint celui-ci, il lui fut

---

1. *Shih kia chwang* est l'orthographe anglaise du nom de cet endroit ; celle que l'on rencontre le plus souvent. La prononciation correspond, en français, à *Chih kia tchuang*.

expliqué que *toutes* nos valises et nos caisses devaient être ouvertes et leur contenu examiné avant qu'il soit permis de les expédier hors de Pékin.

Je n'avais pas été informée de cette nouvelle exigence administrative dirigée, me fut-il dit par la suite, contre le trafic de l'opium et des drogues analogues. Il me paraissait trop répugnant pour que je puisse m'y résoudre, de déballer mes vêtements, mon linge et ma literie, par terre — il n'y avait pas de banquettes — parmi les hardes pouilleuses et les objets infects de toute nature que les inspecteurs tiraient des ballots de centaines de pauvres hères et jetaient, en tas, sur le quai. Et puis, l'habitude d'obtenir, en Orient, des égards et un traitement spécial est fortement ancrée chez les Blancs : je ne fais pas exception. En bien des cas, ce traitement spécial est, d'ailleurs, parfaitement justifié. Aucun étranger ne se plaindra d'être mêlé à des Chinois bien élevés et propres comme lui, mais il est naturel que le contact de la plèbe orientale, malodorante et couverte de vermine, répugne aux Occidentaux. Leur éviter cette désagréable promiscuité me paraît être un acte d'élémentaire courtoisie de la part des autorités du pays.

Je dois dire qu'après bon nombre d'allées et venues, Yongden parlementant avec divers fonctionnaires, mes bagages furent enregistrés sans avoir été ouverts. Toutefois, pendant ce temps, l'heure du départ du train était arrivée ; la locomotive siffla et le train démarra sans moi.

Un incident de ce genre ne compte pour rien en Orient. J'ai vu, dans l'Inde, des paysans demeurer pendant plusieurs jours campés dans une gare, manquant, régulièrement, les trains qui partaient devant eux, parce que... Je serais bien embarrassée de dire pourquoi, leurs motifs sont impénétrables pour tout autre que leurs congénères et, après tout, peut-être ne connaissaient-ils pas eux-mêmes les raisons de leur conduite. Ce que j'ai pu constater, c'est leur inébranlable placidité. Manquer un train, qu'importe ! Il en passera d'autres et que l'on atteigne sa destination demain, ou la semaine prochaine ou l'an prochain, au lieu d'aujourd'hui, ou, même, qu'on ne l'atteigne jamais, y a-t-il là sujet de s'alarmer ?

Il devait penser de la sorte, le brave Chinois qui me

versa, dans l'oreille, cette étonnante consolation : « Un autre express partira ce soir à neuf heures. »

Il était six heures du matin. Il n'existait, dans les baraquements servant de bureaux à la gare, aucun endroit où l'on acceptait des bagages en dépôt. Chez moi, tout avait été emballé et clos pour la durée de mon absence ; l'hôtel français se trouvait loin de la station... Qu'allions-nous devenir ?

Mon cuisinier, qui avait été aux renseignements, me rapporta qu'un train omnibus partirait à neuf heures du matin. Toutefois, il m'obligerait à coucher à Shih kia chwang pour y prendre, le lendemain matin, le train correspondant à l'express de nuit. Qu'à cela ne tienne, il valait mieux passer la journée dans une voiture, regardant défiler le paysage, que de se morfondre pendant quinze heures dans une gare, puis de voyager durant toute la nuit.

Ainsi, environ quatre heures après notre arrivée, extramatinale, à la station, nous réussîmes, enfin, à nous asseoir dans un compartiment.

Sur ce même quai de gare, Yongden et moi, nous étions partis, autrefois, en compagnie du Lama Gourong Tsang et de sa nombreuse suite, pour nous rendre, tout à l'extrémité de la Chine, dans les solitudes tibétaines qui avoisinent le grand Lac Bleu (le Koukou nor). Le rail, à cette époque, ne dépassait guère Honanfou et tout le reste du trajet s'effectuait, pittoresquement, en charrette.

Depuis longtemps, il avait été décidé que le chemin de fer desservirait Lantchéou, la capitale du Kansou, mais la Grande Guerre interrompit les travaux des sociétés françaises et belges qui en avaient entrepris la construction. Ensuite, des troubles locaux, la pénurie de fonds et, sans doute, l'incurie des gouvernants empêchèrent la continuation de la ligne. Un tronçon seulement a été achevé, amenant le train à Sian, la capitale du Chensi [1]. Il est maintenant question de prolonger la ligne vers le sud, jusqu'à Tchéngtou, la capitale du Szetchouan, puis, de là, à Yunnanfou, la capitale du Yunnan, où elle toucherait au chemin de fer français de l'Indochine et à celui qui va être construit, de la Birmanie à Yunnanfou.

Quant à Lantchéou, situé loin à l'ouest et très fortement

1. Ne pas confondre la province du *Chensi* avec celle du *Chansi*.

enveloppé par l'influence soviétique, il paraît un peu oublié, bien que les Chinois n'aient point renoncé à le relier à un réseau de voies ferrées. Si ces divers projets se réalisent et se complètent par la prolongation du chemin de fer russe de Sémipalatinsk à Ouroumtchi, la capitale du Sinkiang, et, de là, à Lantchéou, l'Indochine se trouvera singulièrement rapprochée de Moscou.

De grands changements se produiront, certainement, en Asie au cours des cinquante prochaines années.

J'imaginais ceux-ci tandis que le train roulait à travers les plaines chinoises, mais j'évoquais, surtout, les souvenirs du voyage d'autrefois [1], avec cette horde de Tibétains, mi-barbares, du pays des herbes, que leurs compatriotes de Lhassa dénomment dédaigneusement des *thapas* (gens des extrémités du pays) ou pire encore, des *lalos* (sauvages).

Gourong Tsang habitait près de Kweiteh, au sud du cours du haut Fleuve Jaune ; sans être un véritable chef de tribu, il exerçait une assez grande influence sur les Tibétains de sa région. Le gouvernement chinois, qui le ménageait, le convoyait gratuitement, lui et sa suite, et un wagon-salon avait été attaché au train pour son usage. Gourong Tsang, qui me tenait en estime à cause de mes relations amicales avec le Grand Lama de Tashilhumpo, nous avait offert, à Yongden et à moi, de prendre place dans ce salon avec lui et un autre invité : un jeune lama *tulkou* du monastère de Gomi, en Amdo. De cette manière confortable débutait un voyage mouvementé à travers des régions où sévissaient la peste pulmonaire et la guerre civile. Le trajet — depuis le point terminus du chemin de fer, jusqu'à Sining — qui, normalement, à cette époque, aurait dû être effectué en vingt-huit ou trente jours, nous prit cinq mois.

Je regrettais ce temps d'aventures, tandis que le train roulait sagement, de gare en gare, tout pareil à ses congénères de l'Occident.

Je me rappelais les véhicules cahotants qui m'avaient emmenée vers l'Asie centrale, par des routes où, parfois, des bouquets de têtes coupées, pendant aux arbres, témoignaient de la répression du brigandage, faisant, aussi,

1. Voir des notes, concernant ce voyage, dans *Parmi les Mystiques et les Magiciens du Tibet*, p. 88.

penser aux nombreux confrères des exécutés qui continuaient à battre le pays et que l'on pouvait, d'un moment à l'autre, rencontrer sur sa route. Je songeais au crépitement des balles sur le toit de ma chambre pendant le siège de Tungchow et à cent autres incidents de ce genre. Décidément, mon présent voyage manquait, tout à fait, de piquant et j'en ressentais, ma foi, un véritable désappointement. J'imagine que les petits dieux chinois, aux mines si malicieuses, devaient bien rire de moi, dans les multiples temples en ruine que le train rencontrait sur sa route. « Cette folle étrangère ! chuchotaient-ils, probablement, entre eux. La Chine lui réserve encore bien d'autres aventures. Plus qu'elle n'en souhaite, assurément. »

J'arrivai à Shih kia chwang sous la pluie, vers la fin de l'après-midi. Le train pour Taiyüan ne partant que le lendemain, je me rendis à l'hôtel situé près de la gare.

La ligne de Shih kia chwang à Taiyüan a été construite par une compagnie française qui l'a, tout d'abord, exploitée. Celle-ci avait aménagé, à la manière occidentale, les dépendances du chemin de fer. De coquettes villas entourées de jardins servaient de logis au personnel et deux hôtels, comprenant des chambres confortables, recevaient les voyageurs aux deux gares terminus : Shih kia chwang et Taiyüan. Depuis, les Chinois ont racheté la ligne et tout ce qui en dépendait. Les effets du changement de direction ne se sont point fait attendre. Je trouvai l'hôtel délabré, l'ameublement en partie brisé : poussière accumulée partout, malpropreté. Les prix, néanmoins, étaient absurdement élevés, dépassant ceux des grands hôtels étrangers de Pékin.

« — Mauvais présages », marmottait Yongden, bougon. Il venait, en descendant du train, de heurter son poignet contre la rampe en fer du marchepied et avait cassé le verre de sa montre-bracelet. Pour ne pas être en reste, sans doute, j'avais laissé tomber mon parapluie dont le manche s'était fendu.

Le train partit de bonne heure, le lendemain matin. Le temps s'était remis au beau et je me sentais tout heureuse de m'en aller vers les montagnes. Sans offrir rien de particulièrement remarquable, le paysage que l'on découvre le long de la voie est assez joli et l'impression agréable que je resentais s'accentuait à mesure que le petit train gravissait les pentes et que l'air devenait plus vif. Il fallut que, précisément à ce moment, je fisse connaissance avec la nouvelle phobie chinoise, celle qu'un médecin français de mes amis a baptisée « l'espionnite ».

Dans le compartiment où j'avais pris place avec Yongden, un officier chinois, voyageur comme nous, était venu s'asseoir. A l'un des arrêts, il quitta la voiture pendant un moment et, bientôt après, arrivèrent trois Chinois en uniforme qui nous demandèrent nos cartes de visite. Nous les leur donnâmes et ils se retirèrent. Quelques minutes plus tard ils revinrent.

« — C'est *votre* carte de visite ? » demanda l'un d'eux, au lama, en montrant le petit carton qui lui avait été remis.

« — Oui », répondit Yongden.

Sa carte, pareille à celle de tous les étrangers résidant en Chine, portait d'un côté, son nom : Albert Yongden-David, écrit en caractères romains et, de l'autre, l'équivalent phonétique de Yongden en caractères chinois. En plus, selon l'usage, sa nationalité était mentionnée dans le coin gauche du bas de la carte.

Le lama Yongden est né dans un petit Etat tibétain de l'Himalaya où sa famille, originaire du sud du Tibet, s'était fixée bien avant sa naissance. Ce minuscule royaume ayant été conquis par les Anglais est devenu territoire britannique. Il en résulte que, du fait de sa naissance, le lama se trouve être sujet britannique, ce qui, en chinois, nc peut se traduire que par le mot « anglais ». Sa carte porte donc la mention : Angleterre (Yinkuo) comme sur la mienne, se lit : France (Fakuo). Mais si ma physionomie répond à la nationalité que ma carte me donne, celle de mon fils adoptif n'a rien de britannique. Le Chinois galonné s'étonna.

« — Vous êtes Anglais ? » demanda-t-il de nouveau.

« — Je suis Anglais », répondit imperturbablement le lama que la mine ahurie du questionneur amusait.

« — Montrez-moi votre passeport. »

Yongden l'exhiba. Le Chinois ne pouvait pas lire ce qui y était inscrit, mais il reconnut le visa du Consulat de Chine à Marseille et les armes d'Angleterre imprimées en or sur la couverture du livret. Il se retourna vers ses collègues demeurés dans le couloir et leur montra le document.

« — Véritablement, c'est un Anglais. »

Deux autres têtes apparurent à la porte du compartiment pour examiner de nouveau, cet extraordinaire Anglais. L'un des curieux hasarda, en me regardant :

« — Vous voyagez avec cette dame ? »

« — C'est ma mère », déclara mon pince-sans-rire, avec une gravité respectueuse.

C'était plus d'étonnement que les Chinois ne pouvaient supporter.

Le lama et moi sommes tous deux de petite taille tendant vers un certain embonpoint, mais là s'arrêtent nos traits de ressemblance et, pour comble, nos passeports en faisaient foi, nos nationalités étaient différentes.

Les trois policiers s'en allèrent fortement intrigués. J'aurais eu plaisir à connaître les termes du rapport qu'ils rédigèrent à notre sujet.

L'officier qui avait, probablement, cru accomplir un acte important et méritoire, en signalant notre présence dans le train, descendit à une gare où nous nous arrêtâmes un peu plus tard.

Il n'y avait pas de wagon-restaurant attaché au train omnibus dans lequel nous nous trouvions, mais on y servait des repas dans les compartiments. Une sorte de maître d'hôtel vint nous demander si nous désirions manger, et ce que nous voulions manger. Oui, nous désirions manger ; mais quant à désigner des plats chinois, notre vocabulaire du langage des Célestes n'était pas assez riche pour nous le permettre. Avec un aimable sourire, le restaurateur trancha la difficulté.

« — Combien de plats différents voulez-vous ? Deux plats, trois plats, quatre plats ? »

Il semblait que quatre plats constituaient un menu maximum, dans ce train.

« — Va donc pour quatre plats et, surtout, qu'ils soient bons. »

Le maître d'hôtel hocha la tête d'un air entendu et nous quitta.

Une demi-heure plus tard, il revenait accompagné de deux garçons apportant le repas : riz à discrétion, œufs, poisson, deux sortes de viande en ragoût et de la soupe *pour terminer*. Le tout, sans être de grand style, me parut fort bon et je fis honneur à chaque plat, avec grand appétit.

Le train grimpait lentement les fortes rampes du parcours et s'attardait longuement à toutes les gares qu'il rencontrait. Il était plus de quatre heures de l'après-midi quand nous arrivâmes à Taiyüan ; nous avions quitté Shih kia chwang avant sept heures du matin.

En face de la gare, au-delà d'un maigre jardinet public, se dressait le Grand Hôtel du Chansi. S'il ne méritait pas tout à fait le qualificatif de « grand », l'hôtel construit par la Compagnie française du chemin de fer avait, néanmoins, très bon aspect. Les voyageurs ne sont guère habitués à trouver pareil gîte dans les provinces chinoises. Mais, hélas ! à Taiyüan, comme à Shih kia chwang, le laisser-aller oriental, la négligence régnant depuis le départ des administrateurs français avaient fait leur œuvre : la baignoire de ma salle de bain était fêlée et coulait ; le mur de ma chambre, sillonné par une longue crevasse, pourvoyait à la ventilation d'une manière non prévue par l'architecte autour du plan de la maison et, lorsque je voulus fermer les volets, un de ceux-ci manifesta un si violent désir de liberté que j'eus tout juste le temps de le retenir, à deux mains, pour l'empêcher de choir dans la rue.

Le même soir, un banquet avait lieu dans l'hôtel. Les vieux écrivains chinois, ont-ils donc menti sciemment, ou bien est-ce nous qui les comprenons mal, lorsque, d'après leurs descriptions, nous nous représentons les invités des agapes chinoises comme des personnages gravement cérémonieux, attentifs à l'observation des rites d'une étiquette minutieuse et rigide ? Et, si ces bonshommes en longues robes, aux attitudes compassées, dont les anciens peintres chinois nous ont légué les images, ont jamais existé, quelle profonde transformation leurs descendants n'ont-ils pas subie !

A mesure que la soirée s'avançait ce n'étaient plus, seulement, des conversations bruyantes ou des rires, dont les échos montaient de la salle du festin vers les étages supérieurs, mais des vociférations, des rugissements, des cris inhumains, comme si toute une ménagerie eût été enfermée dans l'hôtel. L'alcool, évidemment, contribuait à la furia des dîneurs. Tous, me dit-on, le lendemain, appartenaient à l'élite de la ville.

Je passai dix jours à Taiyüan, non pas qu'il y eût des choses intéressantes à y voir, mais parce que j'avais des visites à rendre, mon voyage à Wou tai chan à organiser et que ce qui peut être réglé en quelques heures, en Occident, demande des journées en Orient.

Le gouverneur de la province, le maréchal Yen Sie-san, était malade et se claquemurait chez lui. Maladie diplomatique, disaient les méchantes langues : le maréchal avait été appelé à Nankin pour s'y expliquer au sujet de sa gestion financière de la province et ne tenait pas à s'y rendre. Certains lui reprochaient d'avoir ramassé tout l'argent monnayé et de l'avoir, de son chef, remplacé par du papier-monnaie. Semblable opération avait été faite dans toute l'étendue de la Chine ; pourquoi en faisait-on un grief au gouverneur du Chansi ? — La raison pouvait être qu'il l'avait effectuée à son profit, au lieu d'en offrir le bénéfice à la caisse de Nankin. Que sait-on !

On racontait aussi, qu'un mandataire du gouvernement central avait fait saisir un convoi transportant, était-il dit, des caisses de biscuits destinées aux troupes, tandis qu'en réalité, ces caisses contenaient de l'or que le maréchal envoyait déposer en lieu sûr.

Depuis longtemps, le nom de Yen Sie-san m'était familier. Lorsque j'habitais le Kansou, la province du Chansi demeurant en paix, tandis que la guerre civile désolait une grande partie de la Chine, était citée en exemple et l'on donnait couramment, au maréchal (je crois qu'il n'était que général à cette époque) le titre de gouverneur modèle. Il avait ouvert des écoles, construit des routes et un chemin de fer [1] desservant le sud du Chansi jusqu'au fleuve Jaune, son armée était nombreuse et disciplinée. Les éloges pleuvaient sur la tête du grand Yen. D'après ce que j'entendis à Taiyüan, il semblait que peu de chose subsistait de cette gloire. Impôts excessifs, murmurait-on ; le gouverneur veut être *tout*, dans le pays : il a des banques, des magasins, il a même une exploitation agricole où il fabrique du beurre et le domaine qu'il possède dans son village natal est

1. Une ligne distincte de celle construite par la Compagnie française, de Shih kia chwang à Taiyüan.

princier. Il y avait peut-être eu exagération dans les éloges prodigués, autrefois, au grand Yen ; il devait y en avoir, aussi, une bonne part dans les blâmes dont il était devenu l'objet. Quoi qu'il en fût, le maréchal ne se montrait pas et je n'eus pas le plaisir de le voir.

Par contre, j'eus une intéressante entrevue avec M. Tchao, le maire de la ville, un érudit très versé en philosophie bouddhiste. Je vis aussi M. Kia qui portait le titre singulier de « commissaire à la Pacification du Chansi ». Quelle pacification ? — la province était en paix. M. Kia était délégué par le gouvernement de Nankin. Par toute la Chine l'on voyait, ainsi, deux classes de fonctionnaires — ceux dépendant directement de Nankin et ceux appartenant à l'administration provinciale — coexistant, s'immisçant dans les affaires les uns des autres, se jalousant, s'espionnant, se tendant des pièges. Il en est encore de même, actuellement dans la Chine en guerre, rongée par le Japon. On doit le répéter à tout propos, l'unité que les Chinois proclament n'est qu'une unité factice, toute de façade ; ceux qui habitent les provinces de l'intérieur en savent quelque chose.

M. Kia, dont le fils avait fait ses études en Amérique, était un homme aimable et intelligent. Il me promit son aide la plus complète pour le voyage que je voulais faire à travers le Chansi, après mon séjour à Wou tai chan. A un dîner qu'il donna en mon honneur, je fis la connaissance de plusieurs Chinoises intéressantes, toutes ex-étudiantes d'universités américaines.

Vers la fin de mon séjour, à Taiyüan, je revis aussi une Française mariée à un Chinois, conseiller du gouverneur, que j'avais déjà rencontrée à Pékin. Plût aux dieux que cette charmante femme ne se fût jamais trouvée sur mon chemin ; elle devait, par la suite, attirer sur moi une véritable catastrophe.

Un certain nombre d'étrangers habitaient Taiyüan, la plupart d'entre eux étant des missionnaires, soit catholiques, soit protestants. Les catholiques étaient des Italiens, moines franciscains, me dit-on. Leur clientèle étrangère, en dehors de quelques religieuses, se composait d'un Français, de deux Françaises épouses de Chinois et des enfants de ces deux ménages. Tous considéraient l'assistance à la messe dominicale, comme œuvre ardue de pénitence, à cause de la puanteur asphyxiante qu'exhalaient les coolies chinois, seules ouailles des Révérends Pères.

Chaque dimanche, me raconta mon compatriote, un des missionnaires prêchait. Il prêchait avec l'emphase et l'abondance de gestes propres aux Méridionaux et, naturellement, il prêchait en chinois, mais son langage se trouvait, souvent, être le dialecte d'une autre province : celle où il avait habité précédemment, ou celle où il avait appris le chinois. Peut-être, aussi, sa prononciation était-elle défectueuse. Toujours est-il que les fidèles ne comprenaient jamais un mot de ce qui était clamé par leur guide spirituel. De son enseignement, ou de ses pieux avis les portefaix, ouvriers, ou autres membres du prolétariat jaune, assemblés dans l'église, n'avaient d'ailleurs aucun souci. Tandis que le digne fils de saint François et de la chaleureuse Italie gesticulait et s'époumonait, ils bavardaient entre eux de leurs petites affaires ou des nouvelles du jour. Certains faisaient un somme et d'autres comme je l'ai, aussi, vu ailleurs, occupaient utilement le temps en épouillant leurs hardes ou la chevelure de leurs enfants. Quoique bon sinologue, le Français avait aussi complètement renoncé à écouter le sermon. Il lui arrivait, parfois, de questionner un des gueux baptisés accroupi près de lui :

« — Qu'est-ce qu'il dit ? »

D'un mouvement de tête il désignait l'apôtre pérorant.

« — Sais pas... J'écoute pas. »

Un certain degré d'intelligence et de culture est nécessaire pour découvrir de l'intérêt aux doctrines religieuses. L'immense majorité des sectateurs nominaux de tous les cultes s'en tient à la pratique machinale de rites que leurs ancêtres ont pratiqués avec une égale irréflexion et dont une longue habitude a créé, en eux, le besoin.

Quant aux « convertis » chinois, j'en ai entendu, plus d'une fois, discuter, entre eux, la valeur utilitaire, à leur point de vue, de la religion de *Issou* (Jésus), le protestantisme et de celle du *Maître du Ciel* : le catholicisme. Qu'est-ce qui était le plus *profitable* ? — se demandaient-ils gravement, être protestant ou être catholique ? — Et la réponse variait suivant que, dans l'endroit où elle était posée, c'était la mission protestante ou la mission catholique qui possédait les plus beaux bâtiments, les missionnaires d'apparence la plus cossue et distribuait le plus de largesses.

Une après-midi, j'allai à la gare attendre l'arrivée de la dame française que j'ai mentionnée plus haut : elle rentrait chez elle après un bref séjour à Pékin. Une foule de gens très animés, beaucoup tenant en main de petits drapeaux portant des inscriptions, encombraient le quai. Qui donc allait arriver ? — A qui cette enthousiaste réception s'adressait-elle ? — J'inclinais à penser qu'il s'agissait d'un général en renom ou d'un célèbre chef politique.

Le train entra en gare, salué par des acclamations. Un visage de joli poupon se montra, pendant un instant à l'une des fenêtres, puis, un Chinois fluet, correctement vêtu d'habits européens, descendit de la voiture. Des saluts empressés l'accueillirent, un cortège se forma et, accompagné par les porteurs de drapeaux, le svelte voyageur fut conduit au Grand Hôtel du Chensi.

Je venais de voir la seconde célébrité théâtrale de la Chine : M. Tchen ; la première étoile mâle de la scène chinoise étant M. Mei Lan Fan.

Je parle d'étoiles mâles, je ne sais trop si le terme convient car si, à la ville, ces artistes sont des hommes, c'est sous une apparence féminine qu'ils ont conquis la flatteuse réputation artistique dont ils jouissent. Les deux acteurs que je viens de nommer, comme un bon nombre de leurs confrères moins appréciés par le public, ne jouent, en effet, que des rôles de femmes et, plus spécialement, des rôles d'amoureuses.

Les dilettanti chinois éprouvent, paraît-il, une jouissance artistique toute particulière à voir ces hommes parés d'atours féminins et fardés à outrance, évoluer sur la scène en minaudant et déclamant ou chantant, dans le style de l'ancien théâtre, avec des gloussements et des roucoulements extraordinaires qui passent, tour à tour, du registre supra-aigu à de rauques sons de gorge.

D'autre part, j'ai vu des femmes tenir des rôles d'hommes et même de guerriers. Dans une pièce jouée au théâtre d'Hankéou, une mignonne Chinoise personnifiait un général batailleur et colérique, tandis que son « épouse » était représentée par un homme de haute taille. Le contraste grotesque de cette anomalie, dans une violente scène de jalousie que la petite actrice-général faisait au grand diable d'acteur attifé en dame noble des siècles passés, ne choquait aucun des spectateurs, nul n'en remarquait l'aspect comique et ne songeait à en rire.

Quant à M. Tchen, je l'avais vu à Pékin, jouant un rôle d'amoureuse coquette, dans lequel, de l'avis des connaisseurs, il était merveilleux. Le titre passablement singulier de cette pièce, était *Faisant la cour sur un toit*. Il évoquait irrésistiblement, pour moi et pour quelques-uns des spectateurs étrangers mes voisins, l'idée d'amours félines et, de fait, les vocalises du protagoniste de la pièce et de son confrère nous rappelaient bien, aussi, celles des matous énamourés sérénadant leurs belles, sur nos toits.

Naturellement, je ne reconnus pas M. Tchen sous les habits de son sexe. Je le revis, ensuite, dans l'hôtel : une fois, sur le palier, reconduisant des visiteurs qui se confondaient en salutations et, une autre fois, au salon où il causait avec plusieurs messieurs. Il paraissait jeune ; peut-être ses joues devaient-elles à un soupçon de fard la teinte rosée qui lui conférait cette jeunesse. C'est bien probable, il faut des années pour atteindre à une notoriété pareille à la sienne. Mei Lan Fan, dont il est l'émule, a, m'a-t-on dit, dépassé la quarantaine, mais sur la scène, il est toujours une jeune amoureuse passionnée attisant les désirs sensuels.

On raconte, en Chine, que ces « actrices » mâles inspirent des passions brûlantes et causent autant de ruines que les grandes courtisanes et le jeu national, le mah-jong. La vie privée des célébrités du monde théâtral chinois m'est, bien entendu, inconnue, mais les amours masculines sont de tous les pays. Les anciens Grecs les ont exaltées, considérant ceux qui s'y adonnaient comme possédant une nature plus virile que ceux qui recherchaient les femmes.

Je doute que les Chinois qui y prennent plaisir, s'inspirent de considérations de ce genre. On a prétendu que les mœurs de l'ancienne Chine, en excluant les femmes des relations sociales, ont porté à leur substituer des éphèbes. Les règles de la bienséance n'admettaient pas, autrefois — et n'admettent guère encore, dans l'intérieur de la Chine — qu'un homme se montrât en public avec des femmes, quelles qu'elles fussent : épouses légitimes, concubines ou hétaïres. Les dîners, les fêtes, n'assemblaient que des hommes et, pour égayer leurs réunions, les Chinois opulents avaient coutume de faire appel à des jeunes gens : comédiens, apprentis comédiens ou simplement, jolis garçons tenant un rôle « d'amuseur » à peu près semblable à celui des *geishas* japonaises. La pente était glissante, d'autant plus qu'aucune réprobation ne s'attachait à ces amoureuses liaisons.

Certains croient que la liberté plus grande dont les femmes commencent à jouir, en Chine, contribuera à modifier ces mœurs. L'homme, disent-ils, qui pourra emmener sa maîtresse souper au restaurant ou la faire asseoir dans sa loge au théâtre, sera moins enclin à désirer, en ces occasions, la société d'un jeune garçon. Je ne sais quelle valeur il faut attribuer à cette opinion.

Ces considérations m'ont menée loin de Taiyüan ; j'y reviens.

Au moment de partir pour la montagne, il me parut que la quantité de bagages que j'avais apportée de Pékin me serait une gêne en cours de route. En prévision d'un voyage à travers le Chansi, puis d'un séjour en Mongolie, je m'étais munie d'un équipement d'hiver et de matériel de campement qui me seraient inutiles à Wou tai chan. Je priai donc ma compatriote habitant Taiyüan de bien vouloir garder, chez elle, un certain nombre de mes valises, caisses, etc., que je reprendrais plus tard. Si je note ce fait banal, c'est qu'il devait avoir, comme on le verra, des conséquences imprévues et très fâcheuses pour moi.

Une auto militaire, gracieusement mise à ma disposition, me conduisit de Taiyüan jusqu'à l'extrémité de la route carrossable. Mes deux domestiques avaient voyagé dans l'autobus public.

On trouve, maintenant, de ces omnibus dans toutes les parties de la Chine, non seulement dans les provinces du Nord, depuis longtemps pourvues de routes praticables aux charrettes, mais dans celles — comme le Szetchouan — où l'on ne pouvait voyager qu'à cheval ou en chaise à porteurs et où des routes pour les automobiles ont été construites.

Que ce soit, là, un progrès et que les Chinois y trouvent avantage, on ne peut le nier ; mais le voyageur étranger a plus d'une raison de regretter l'ancien système. J'entends celui qui aime parcourir le pays à loisir, s'arrêtant à son gré pour contempler un site pittoresque, un monument intéressant ou bien pour observer les diverses manifestations de la vie indigène. Le voyageur ne disposant que d'un budget modeste mais à qui le contact des foules malpropres répugne, celui qui estime de son devoir de ne pas amoindrir l'ombre de prestige dont les Blancs jouissent encore, en se prêtant à une promiscuité que le décorum chinois réprouve, s'accommode mal, aussi, de l'établissement des services publics.

Il y a vingt ans, l'étranger se trouvant dans ces conditions, achetait ou louait, pour un prix minime, une ou deux charrettes et quelques mules. Accompagné par trois ou quatre serviteurs, il pouvait, ainsi, parcourir toutes les routes carrossables sans déroger. En d'autres régions, les porteurs de chaises se contentaient d'un salaire modique et, si le voyageur possédait des bêtes et voulait faire route à cheval, une fois l'achat des animaux soldé, leur entretien dans les auberges lui coûtait peu. Je parle par expérience ayant, pendant des années, parcouru la Chine de ces différentes manières.

Aujourd'hui, les charrettes ont presque disparu des provinces septentrionales, étant remplacées par les autobus. Dans les régions nouvellement pourvues de routes carrossables on n'en a pas construit parce que des services automobiles ont été immédiatement établis. Il en résulte que l'étranger, désirant voyager seul, doit louer une auto particulière. Celles-ci sont peu nombreuses et les garagistes qui en possèdent font payer leurs services un prix exorbitant. Quant à acheter une auto pour parcourir la Chine, la chose n'est guère pratique actuellement. Le ravitaillement d'essence n'est pas organisé le long des routes et le réseau de celles-ci est loin d'être continu.

Dès mon départ de Taiyüan, j'observai de nouveaux signes du changement d'attitude des Chinois envers les étrangers. Il m'avait toujours suffi, autrefois, d'avancer mon nez pointu d'Aryenne hors de la capote de ma charrette, pour voir les agents des douanes intérieures [1] se retirer sans rien demander. Les choses n'en vont plus de même. Par deux fois, après la sortie de Taiyüan, des com-

1. *Li Chin* existant aux portes des villes et de maints villages.

mis préposés à l'inspection des marchandises se précipitèrent à la tête de l'auto. Le soldat-chauffeur et son compagnon leur expliquèrent que je voyageais comme hôte d'un grand fonctionnaire et, cela seul, les décida, après de longs pourparlers, à me laisser passer sans visiter mes bagages. Il semblait, aussi, que les étrangers ne pouvaient plus circuler, sur les routes, sans autorisations spéciales. Je dus exhiber des papiers et donner plusieurs exemplaires de ma carte de visite avant de pouvoir continuer ma route.

Après trois heures de voyage sur une route passable, le chauffeur s'engagea sur une piste non encore aménagée où nous nous livrâmes, pendant longtemps, à des exercices convenant plutôt à des tanks qu'à notre modeste voiture. Enfin, nous atteignîmes un village.

Mes domestiques, partis de Taiyüan avant le lever du jour, y étaient déjà arrivés avec mes bagages et erraient, de-ci, de-là, comme de véritables idiots, sans s'occuper, le moins du monde, des moyens nécessaires pour continuer notre route. J'avais engagé ces deux hommes peu avant mon départ de Pékin, me fiant pour l'un — un Mongol appelé Hortche — aux recommandations de Tibétains habitant le temple des Lamas et, pour l'autre, à celle du cuisinier de mon amie Mme H..., qui me l'avait vanté comme étant honnête, capable et, possédant, en outre, d'autres nombreuses qualités. Peut-être, en effet, l'un et l'autre eussent-ils pu s'acquitter, à peu près convenablement, du service d'un maître sédentaire, habitant une ville, mais paresseux, poltrons, manquant absolument d'initiative, l'un d'eux invétéré fumeur d'opium, ils me furent, pendant plusieurs mois, une perpétuelle cause d'ennuis.

Quant à Yongden, il s'était soudainement esquivé. Il avait faim et, quand un Tibétain a faim, il n'y a rien à en tirer, il faut d'abord qu'il se repaisse. Dix années de séjour en Europe n'ont pas suffi pour guérir mon fils adoptif de cette faiblesse et j'aurais mauvaise grâce à l'en blâmer car j'y suis, moi-même, sujette. Tous deux nous avons su jeûner stoïquement, pendant des jours, au cours de nos explorations [1] alors que, nos provisions se trouvant

---

1. Voir notamment *Voyage d'une Parisienne à Lhassa*, pp. 184 et suiv.

être épuisées, rien de mangeable ne s'offrait à notre portée ; mais lorsque, notre estomac criant famine, nous apercevons de quoi le satisfaire, il nous est difficile de résister à la tentation. Or, nous nous étions précisément arrêtés dans une rue que bordaient, dans toute sa longueur, deux files d'auberges, de restaurants, de marchands de nourriture qui étalaient, bien en vue, tous les produits de l'art culinaire prolétarien chinois. Ceux-ci sont, généralement, très mangeables et, parfois même excellents.

Après avoir inspecté une demi-douzaine de restaurants bondés de consommateurs, je découvris le lama attablé, seul, dans une chambre d'auberge. A mes véhémentes remontrances concernant le temps gaspillé, la longueur de l'étape que nous avions à parcourir, il répondit simplement qu'il avait eu faim, argument sans réplique chez lui.

Heureusement, de Taiyüan, un fonctionnaire avait envoyé des ordres télégraphiques à mon sujet et je vis arriver des mules, deux litières et une charrette. En même temps, surgissait un agent de police qui demandait ma carte de visite, s'enquérait de mon âge, du but de mon voyage, de sa durée probable et d'autres choses encore.

Je lui fis don de ma carte et déclarai que j'avais quatre-vingt-dix ans et que j'allais conférer de choses qui dépassaient son entendement, avec le divin *Wan-son pou-sa*[1] à Wou tai chan.

Ces brefs renseignements laissèrent le policier bouche bée. Le soldat-chauffeur qui m'avait amenée le rejoignit et lui parla. Probablement lui expliqua-t-il que l'auto dans laquelle j'étais venue m'avait été fournie par le « grand chef » Kia qui, par conséquent, devait me tenir en particulière estime. Quoi qu'il pût lui avoir dit, l'autre n'insista pas.

Les litières qui m'attendaient étaient de l'espèce la plus rustique, propres à passer par des régions accidentées. Ces litières se composent de deux forts et longs brancards dont les extrémités reposent sur les selles de deux mules, l'une placée à l'avant et l'autre à l'arrière. Aux brancards sont suspendues des cordes soutenant les bagages sur lesquels on place des coussins, des sacs ou un matelas pour servir de siège ou, plus exactement, de

1. Nom chinois de Mandjouçri.

couche au voyageur. Il lui est, en effet, difficile de se tenir assis dans le véhicule. Une natte attachée aux brancards forme, au-dessus de sa tête, une voûte longue et très basse qui l'abrite du soleil et de la pluie, mais l'oblige à se tenir à peu près couché et ne lui permet de voir, du paysage, que ce qu'en encadre l'ouverture du tunnel dans lequel il est enfermé. Encore, bien souvent, le muletier s'assied-il sur l'un des brancards et obstrue-t-il cette ouverture. La plupart des Chinois que l'on rencontre se déplaçant dans ces sortes de cercueils, y sont allongés et dorment, bercés par le balancement de la litière. Toutefois, comme je réserve le sommeil pour la nuit et tiens à voir les pays que je traverse, j'ai toujours évité ce moyen de transport.

Cette fois, encore, je choisis la charrette qui me remettait en mémoire de bienheureuses randonnées au Kansou et au Gobi. Si je me rappelais exactement le charme de celles-ci, j'avais, toutefois, quelque peu oublié les inconfortables cahots de mon véhicule favori et je n'oserais pas affirmer que le trajet, par des pistes raboteuses et parsemées d'ornières, me fut une occasion de plaisir sans mélange.

Wou tai hsien, où nous arrivâmes dans la soirée, est une petite ville, entourée comme la plupart des villes chinoises, par des murailles crénelées surmontées de tours de garde. L'on accède, par une rampe à pente raide, à la porte d'entrée donnant dans une rue très étroite, véritable couloir bordé de boutiques, coupée par des ruelles encore plus resserrées. L'auberge où nous entrâmes n'était pas trop répugnante. Je commandai à mon cuisinier de me préparer un souper ; la perspective de devoir sortir pour acheter des provisions, retirer des ustensiles de cuisine de leur caisse et allumer du feu parut le consterner. Quant au Mongol, qui ne possédait rien de la vigueur habituelle des gens de sa race, il s'était déjà étendu dans une chambre avec sa lampe et sa pipe à opium.

Sur ces entrefaites, un homme en uniforme entra chez moi. Il venait me demander ma carte de visite, mon âge et désirait me faire remplir un questionnaire imprimé en chinois. Je lui répondis que je ne savais pas lire le chinois. Il s'offrit, alors, à me traduire les questions inscrites sur l'imprimé et à inscrire mes réponses. Je ne me prête pas à ces combinaisons. Il est possible que je pousse la défiance trop loin, mais je me suis fait une règle de n'apposer ma signature qu'au bas d'écrits dont j'ai parfaitement compris la portée. Certains, que je connais, se sont fort mal trouvés de s'être départis de cette sage circonspection.

Le policier parut passablement contrarié par mon refus de m'en rapporter à lui. Le nom de M. Kia et une lettre, adressée au chef du détachement militaire de la place, que je lui montrai, ne produisirent aucun effet. Pourtant il s'en alla.

Après lui, se présenta le chef du détachement à qui j'avais fait porter la lettre que son supérieur hiérarchique de Taiyüan m'avait donnée pour lui. Il venait simplement me saluer et m'offrir ses services. Je ne sais pas quels services il aurait pu me rendre ; son autorité ne paraissait pas bien grande.

Je le mis au courant de ce qui m'avait été demandé et le priai de faire dire à ceux que cela concernait, que j'étais connue de M. Kia et recommandée par lui au Grand Lama de Wou tai chan où je me rendais.

L'officier m'assura qu'il arrangerait les choses.

Cependant, à la nuit tombée, l'agent de la police revint avec sa longue formule imprimée. Yongden qui l'aperçut dans la cour de l'auberge, lui dit que j'étais déjà couchée et qu'il ne pouvait pas me voir. Il n'insista pas.

Le lendemain matin, comme je terminais ma toilette sommaire, prête à me remettre en route, le même individu survint de nouveau mais, cette fois, accompagné du chef de la police. Celui-ci se fit annoncer suivant les règles de l'étiquette chinoise, en m'envoyant sa carte de visite. Il fut courtois mais sec. Le questionnaire devait être rempli. J'objectai, encore une fois, que je ne savais pas lire le chinois. Peu importait, répondit-il, son subordonné inscrirait mes réponses.

Mais l'officier qui était venu me saluer, la veille, ne lui avait-il pas expliqué ?... D'un geste, mon visiteur coupa ma phrase et voici ce qu'il m'apprit.

Etant à Taiyüan, j'avais omis de rendre visite au chef de la police de la province, tandis que j'étais allée : *primo* chez M. Pan, conseiller du gouverneur, *secundo* chez M. Tchao le maire de la ville et *tertio* chez M. Kia le commissaire à la Pacification du Chansi, et ledit chef de la police, dont j'ignorais totalement l'existence, s'était vengé en télégraphiant à son sous-ordre de Wou tai hsien de me voir à mon passage et de me faire subir un interrogatoire en règle.

Puis, comme je recommençais à m'étonner qu'il ne suffît pas que je fusse bien connue à Taiyüan, la capitale de la province et pourvue de lettres de recommandation de ses hauts fonctionnaires, la réponse vint immédiate, typique, peignant exactement l'état politique intérieur de la Chine.

« — Taiyüan est Taiyüan et, *ici*, nous sommes à Wou tai hsien. »

C'est-à-dire qu'à une distance de quelques kilomètres, l'ordre d'un grand chef perdait toute efficacité et qu'en chaque sous-préfecture, en chaque bourgade, régnait un petit potentat, jaloux de son autorité et de son indépendance, véritable autocrate dans l'étendue ridiculement étroite de son territoire à la lisière duquel il se heurtait à la souveraineté impérieuse d'un autre tyranneau de son espèce.

M'ayant, croyait-il, suffisamment démontré l'autonomie de la police de Wou tai hsien, le bonhomme me salua et me laissa avec son humble subalterne qui, je le devinais à sa mine, aurait préféré être ailleurs qu'en ma compagnie.

« — Quel est votre nom ? », commença-t-il.

« — Il est écrit sur ma carte de visite. »

En effet, des caractères chinois choisis par un lettré de mes amis sont *censés* reproduire mon nom. Mais les noms chinois doivent, m'a-t-on expliqué, être exprimés en deux ou trois caractères correspondant au même nombre de syllabes. J'ai oublié les raisons qui m'ont été données à ce sujet, vers 1918, lors de la rédaction de ma carte de visite. Je ne me rappelle plus bien, non plus, pourquoi l'ordre de mes noms a été interverti, ni pourquoi Neel est devenu Nilo. Toujours est-il que, Nilo faisant deux syllabes, il n'en restait plus qu'une de disponible. David a donc été coupé en deux ; Da s'est transformé en Ta, ce qui fait que je m'appelle Nilota.

Tous les étrangers résidant en Chine ont un nom chinois plus ou moins baroque. Un missionnaire de ma connaissance est ainsi victime d'une plaisanterie qui satisfait les sentiments, à son égard, de ceux qu'il dénomme « les païens ». Son nom chinois, mal choisi, est Ko, et Ko, écrit d'une certaine manière et prononcé sur un certain ton, signifie « chien ». Evidemment, le pauvre étranger se sert d'un *autre* caractère pour écrire son nom et a grand soin de le prononcer sur un *autre* ton, ce qui lui donne un sens différent, mais la masse des petites gens de l'endroit se délecte à l'appeler M. Chien ou, plus malhonnêtement « le chien ».

Les Chinois appartenant aux classes sociales supérieures ont, toutefois, pris l'habitude d'appeler les étrangers par leur véritable nom.

Ayant donc inscrit, en s'aidant de ma carte, que j'étais Mme Nilota et Française, le policier s'enquit, naturellement, de mon âge. Les quatre-vingt-dix ans que je m'étais attribués l'avant-veille, paraissaient, probablement, trop ambitieux à Yongden, mais ne voulant tout de même pas renoncer à la plaisanterie, il se hâta de déclarer :

« — Soixante-dix-neuf ans. »

Le pauvre policier était trop pressé d'en finir pour se donner le temps de s'étonner ou d'émettre une réflexion. Il continua :

« — Vous allez à Wou tai chan ? Dans quel but ? »

Ici, Yongden esquissa, en silence, des simulacres de prosternations.

« — Vous allez adorer sur la montagne ? »

« Adorer sur la montagne », me rappela le langage des Prophètes admonestant les Hébreux lorsqu'ils abandonnaient le culte de Jéhovah pour celui de dieux rivaux à qui ils érigeaient des autels sur les cimes : « les Hauts lieux ».

Mon fils recommença sa gesticulation et je l'accompagnai discrètement.

Et, ainsi se poursuivit cette burlesque comédie.

Quand il eut fini d'écrire, l'homme de la police me demanda de signer la feuille.

« — Jamais de la vie, je ne sais pas ce qui est imprimé sur ce papier et je ne puis pas lire, non plus, ce que vous avez écrit. »

« — J'ai écrit ce que vous m'avez dit. »

« — Peut-être que non. Nous parlons très mal le chinois, ce monsieur (Yongden) et moi, vous pouvez nous avoir mal compris. »

Je demeurai obstinée dans mon refus et le pauvre Chinois dut s'en aller sans ma signature. Probablement courut-il, en hâte, rapporter notre entretien à son chef, mais, de mon côté, je pressai fortement mon départ, de manière à ne plus être à l'auberge s'il prenait fantaisie à celui-ci d'y revenir.

Il aurait pu me rejoindre, s'il en avait eu envie ; les litières avancent très lentement — et cette fois, je voyageais en litière, les sentiers de la montagne n'étant pas praticables pour les véhicules à roues — mais il ne le fit pas. J'avais bien compris qu'interrogatoires et paperasses n'avaient rien de sérieux. Le chef de la police locale connaissait tous les détails susceptibles de l'intéresser, concernant ma personne et le but de mon voyage. Ils lui avaient été communiqués par son supérieur de Taiyüan qui, bien que je ne lui eusse pas rendu visite, n'en ignorait rien. Il s'agissait simplement d'une petite vengeance et de démontrer que les Chinois ne craignent plus les étrangers et, dorénavant, ne les admettent chez eux que « par grâce ».

La route à travers des plaines caillouteuses, jusqu'au pied des montagnes, n'offrait rien d'intéressant. L'approche des premiers sommets me causa, toutefois, une véritable joie ; enfin, je m'échappais des plaines monotones et, surtout, de la prison que toute ville est pour moi. Le soir venu, nous couchâmes dans un petit hameau composé de quatre habitations. Le lendemain, je découvris que mon nonchalant cuisinier savait être alerte et éveillé lorsque ses intérêts étaient en jeu.

De grand matin, Yongden, passant dans la cour, contre la fenêtre de la cuisine, surprit une conversation entre notre homme et l'aubergiste.

« — Faites-leur payer un bon prix », disait le fripon, « ce sont des gens riches. Comptez-leur aussi tout ce que les muletiers ont dépensé pour eux et pour leurs bêtes. Et vous me donnerez une commission pour me remercier de mon bon avis. »

Puis, se tournant vers le chef des muletiers qui déjeunait dans la cuisine, il s'adressa à lui :

« — Tu vois que je suis bon pour toi », lui fit-il remarquer. « Sans moi tu aurais dû payer ta dépense. Tu vas faire une forte économie. Il faut m'être reconnaissant et me donner une part de ton profit. »

« — C'est juste », acquiescèrent le muletier et l'aubergiste.

Le marché était, en effet, tout à fait conforme aux usages chinois.

Malheureusement pour les intéressés, leur colloque avait été surpris et Yongden vint, en riant, m'en faire part. Il préparait un tour à notre coquin.

Au moment du départ, il appela le patron de l'auberge.

« — Voyons le compte », lui demanda-t-il. « Nous avons occupé deux chambres et nos domestiques une chambre ; nous avons brûlé deux fagots de bois pour faire la cuisine, vous nous avez fourni de l'eau. Procédons par ordre : Combien pour les chambres ? »

« — Tout ensemble... » commença le Chinois.

« — Non, pas *tout ensemble* », interrompit Yongden.

Et il força le bonhomme à énumérer les chiffres se rapportant à chaque article, les réduisant au taux du tarif normal lorsque l'aubergiste tentait de les exagérer. Celui-ci acceptait, d'ailleurs, ces réductions de bonne grâce. S'il ne pouvait pas recevoir, de nous, autant qu'il l'avait escompté, il lui était, par contre, loisible de faire payer leur écot aux muletiers et de se dispenser de la commission exigée par le cuisinier. Ayant reçu son dû il s'en alla en souriant malicieusement, s'amusant d'avance de la déconvenue de notre trop rusé domestique quand il lui raconterait comment le lama avait ruiné ses espérances.

La journée se passa à escalader et à descendre, tour à tour, des pentes invraisemblablement raides, par des sentiers rocailleux ; j'admirais l'extraordinaire sûreté de pied des mules qui circulaient, sans broncher, sans buter ni glisser, sur les éboulis de pierres croulantes. Une route était en construction qui permettrait d'aller de Taiyüan jusqu'à Wou tai chan en automobile, puis, de Wou tai chan, continuerait vers le Nord. J'en entrevis un tronçon qui dominait une rivière dont nous suivions le lit en partie desséché ; de nombreux soldats y travaillaient.

Vers la fin de la matinée, nous avions commencé à rencontrer des monastères. Dans l'un de ceux-ci, nous nous arrêtâmes pour prendre notre repas avec les provisions que nous avions apportées : du pain, du beurre, des œufs, des fruits — il n'est pas permis de manger de la viande chez les religieux bouddhistes chinois qui sont de stricts végétariens. Eux-mêmes ne font usage ni d'œufs ni de laitage, mais ils les tolèrent chez un hôte de passage. Ce monastère avait belle et riche apparence, les appartements, d'une propreté exquise, étaient ornés de jolies peintures. Les moines nous offrirent d'y passer la nuit, mais je préférai arriver le jour même à Wou tai chan.

Plus tard, nous entrâmes dans une vallée parcourue par une bonne route montant insensiblement ; nous étions arrivés sur le territoire de l'antique thébaïde sino-mongole de Wou tai chan. Les monastères devinrent nombreux et nous passâmes au pied du palais-forteresse du Grand Lama Tchankya Rolpa Dordji. Ce lama est considéré comme la réincarnation d'un célèbre érudit originaire de Tchankya, dans la province de Kham, au Tibet, que l'empereur chinois Kienlong appela à Pékin et qu'il plaça à la tête des bouddhistes lamaïstes de toute la Chine, vers 1770. Le Tchankya Rolpa Dordji actuel est le seigneur nominal de Wou tai chan, mais, en fait, il n'y exerce aucune autorité et se contente d'être un opulent personnage désireux de jouer un rôle dans les sphères gouvernementales. Physiquement, c'est un homme de taille moyenne, très corpulent. Il est passablement mondain, semble-t-il ; on l'a vu assister, à Pékin, à des représentations du théâtre chinois, ce qui n'est pas la coutume des dignitaires ecclésiastiques lamaïstes. Il a quitté Wou tai chan longtemps avant l'occupation japonaise et s'est réfugié, successivement, à Hankéou, puis à Tchéngtou, où il se trouvait encore, pendant mon séjour dans cette ville [1].

Comme l'après-midi touchait à sa fin, nous traversâmes, successivement, deux villages et arrivâmes au cœur de l'agglomération. Trois vallées convergeaient à cet endroit et, sur un éperon de montagne pointant parmi elles, se dressait, tout en haut d'un monumental escalier blanc, un temple flanqué de multiples pavillons, peints en vert et

1. Tchankya Rolpa Dordji est, par ordre de préséance, le cinquième des Grands Dignitaires du lamaïsme. Ceux-ci étant : 1° le Dalaï-Lama ; 2° le Panchen Lama ; 3° une femme lama : Dordji Phagmo ; 4° Jétsun Dampa Taranatha, réincarnation de l'historien de ce nom et Grand Lama d'Ourga, en Mongolie ; 5° Tchankya Rolpa Dordji.

en rouge, dont les toits couverts de tuiles jaunes vernissées et surmontés d'ornements dorés, rutilaient sous les derniers rayons du soleil couchant. On eût dit un palais de contes de fées.

Tout de suite, il me parut être une résidence éminemment désirable. Se pouvait-il que, là, se trouvât le logis qui m'était réservé ? — Au fur et à mesure que nous nous en approchions, mon espoir croissait, mais lorsque nous fûmes arrivés presque au pied du haut escalier blanc, les muletiers tournèrent à droite, laissant derrière nous, le temple prestigieux. Hélas !...

Nous nous retrouvions parmi des champs, longeant un petit cours d'eau ; le traversant, sur un pont de pierres, nous gravîmes une rampe qui nous conduisit sur une arête divisant deux vallées. Là, les muletiers s'arrêtèrent à la porte d'un monastère. Il faisait presque nuit. Il y eut de longues explications d'où il résulta que nous avions fait fausse route. Nous devions redescendre jusqu'au village, à moins que nous n'ayons l'audace de nous engager sous les arbres, suivant un sentier de chèvre qui coupait en ligne droite le flanc de la montagne.

« — J'irai à pied », dis-je à l'homme qui conduisait ma litière.

Il ne me répondit pas et avança de quelques pas sur le sentier pour l'examiner. Evidemment, refaire un long bout de chemin pour regagner le village, puis recommencer la montée d'un autre côté ne l'enchantait pas. Quant à moi, je ne me souciais pas d'accomplir des exploits dans la demi-obscurité et préférais me fier à mes pieds qu'à ceux des mules portant l'édifice branlant d'une lourde litière.

Je me disposais donc à descendre lorsque le muletier, revenant vers ses bêtes, saisit brusquement la bride de celle qui marchait en tête et l'entraîna. Il ne m'était plus possible de descendre, je ne pouvais que laisser aller les choses, et tout se passa le mieux du monde. Nous arrivâmes à une large porte, les braves mules la franchirent et je mis pied à terre dans une vaste cour entourée de bâtiments.

Le *nierpa* (intendant) du monastère accourut pour me recevoir. Conduite par lui, je gravis de nombreux escaliers, traversai des cours et des portiques, puis, mon guide ayant ouvert une dernière porte massive, je me trouvai dans une cour privée où deux corps de logis se faisaient face, à la manière des habitations chinoises. Dans le plus grand de ceux-ci, comprenant les trois pièces habituelles de ce genre de maison, je demeurerais avec Yongden ; les domestiques s'installeraient en face de nous, dans le petit bâtiment. Une cuisine, située près de la porte, complétait notre résidence estivale. J'étais ravie de me trouver si bien logée, oubliant de regretter le joli temple qui m'était apparu au coucher du soleil.

Après avoir passé une bonne nuit, je me levai de grand matin pour inspecter les lieux, hors de mon enclos. Sortant de celui-ci, j'arrivai immédiatement dans une cour entourant deux temples abrités par de très vieux arbres. Leurs toits étaient couverts de tuiles jaunes et vernissées, et des ornements dorés les surmontaient. Je continuai, franchis un portique et... miracle !... je débouchai sur une terrasse d'où partait un long escalier en pierres blanches qui descendait vers la vallée. Au fond de celle-ci, j'aperçus la route que j'avais suivie la veille, les villages que j'avais traversés et des douzaines de monastères dispersés dans la plaine ou juchés, de-ci, de-là, sur les montagnes. J'étais dans le palais de contes de fées qui avait excité mes désirs. J'étais à *Pou-sa ting*, bâti par l'empereur Kienlong et je venais de dormir dans l'appartement que ce célèbre monarque avait occupé.

CHAPITRE IV

UNE THÉBAIDE SINO-MONGOLE : WOU TAI CHAN
LA GUERRE ÉCLATE

Pou-sa ting est un monastère lamaïste. J'y retrouvai, avec émotion, un logis de cénobite tibétain : l'estrade, couverte de tapis, servant de siège et de lit, où l'on s'assied, les jambes croisées, pour la lecture et la méditation et l'odeur toute spéciale — émanations mêlées des bâtons d'encens et des lampes d'autel, brûlant du beurre fondu — qu'exhalent les temples, les cellules et les habits des moines, au Pays des Neiges.

Les mugissements des conches appelant les religieux à l'assemblée matinale me réveillèrent, avant l'aube, le lendemain de mon arrivée et le bruit sourd des tambours, martelés en cadence, scandant la récitation rythmée des livres saints, me reporta à dix-sept années en arrière, au temps où j'habitais au grand monastère des Cent Mille Images (Koum Boum) en Amdo.

Peut-être était-ce la dernière fois, dans ma vie présente, que je demeurerais dans une *gompa* (monastère tibétain). Cette idée m'impressionnait. M'observant, vaguement railleuse, je me trouvais pareille à une femme jouissant gloutonnement et tristement des joies d'une liaison amoureuse près d'être rompue, alors que son âge lui interdit l'espoir d'en goûter encore de semblables.

J'étais arrivée à Wou tai chan à un moment intéressant, celui du grand festival religieux annuel ; plusieurs centaines de pèlerins se trouvaient déjà réunis dans la vallée et leur nombre s'accrut encore les jours suivants. Les individus composant cette foule venaient de régions diverses, très distantes les unes des autres, et présentaient une grande variété de types, de costumes et de caractères curieux à observer, mais l'expression de leur piété n'offrait rien de particulièrement inusité.

Les manifestations de la dévotion populaire se ressemblent dans tous les pays du monde. Les figures des statues vénérées sont différentes, comme différents, aussi, sont les rites du culte, mais l'esprit qui anime les fidèles est identique : il s'agit toujours, pour eux, d'*obtenir* quelque chose. L'un désire la guérison des maux dont il souffre, un autre souhaite la prospérité de ses affaires, il aspire à la richesse ; d'autres encore sont travaillés par l'ambition : ils veulent des situations sociales éminentes, la célébrité, ou de hauts postes officiels comportant, à la fois, considération et profits. Et presque tous, effrayés à l'idée de quitter ce monde, sollicitent le don d'une longue vie.

Pour se faire accorder ce qu'ils convoitent, ces êtres vénaux ne conçoivent rien de mieux que de trafiquer avec leurs dieux qu'ils imaginent vénaux à leur image. Ils les cajolent insidieusement, multipliant les marques de respect, les prosternations et les offrandes, brûlant des parfums en leur honneur et illuminant leurs autels. Ils les harcèlent avec des prières qui, chez certains, deviennent presque comminatoires, ou cherchent à les tenter par des promesses. Dans leurs supplications, ils incorporent tous les arguments que leur suggèrent leurs pauvres cervelles, pour établir la justesse de leurs revendications, leur *droit* même d'être exaucés. Il est imprimé, en des livres de prières, d'effarantes formules de demande, et que serait-ce si l'on pouvait entendre les requêtes que présentent, en silence, les dévots de toutes les confessions ?

Commerce et commerce avoué est la religion du grand nombre. Un très aimable évêque de ma connaissance n'en faisait pas mystère. Un jour, dînant avec lui, je lui dis :

« — Monseigneur, si vous cherchez à gagner quelque chose au moyen de vos prières, de vos bonnes œuvres, de vos austérités et, même, si ce quelque chose est la béatitude, au Paradis, vous faites du commerce. »

« — Certes ! et un très profitable commerce ! » s'écria

spontanément le prélat avec l'accent d'une ferme conviction.

Une déclaration analogue me vint de bouddhistes cinghalais. J'avais publié, dans un de leurs journaux, un article où je faisais ressortir le côté mesquin, et même vil, de la pratique des vertus, en vue d'en retirer un avantage.

Celui, disais-je, qui donne à manger à un pauvre, souffrant de la faim, doit éprouver de la satisfaction en pensant que l'homme qu'il a secouru ne souffre plus. Pourquoi, sans presque accorder d'attention à cet excellent résultat de son acte, escompte-t-il que le morceau de pain qu'il a donné lui procurera la santé, le succès ou de l'argent dans l'avenir ? — Pourquoi ne se contente-t-il pas de penser que, par la répétition d'actes charitables, il modifie ses inclinations à l'égoïsme, il développe, en lui, les sentiments de bienveillance, s'améliore moralement et se rend capable de soulager de plus en plus de souffrances ? — Pourquoi ne se réjouit-il pas de progresser, ainsi, vers la perfection spirituelle ? — La compte-t-il pour de si médiocre importance qu'il tourne toutes ses pensées vers un profit matériel dans cette vie, la réalisation de ses rêves d'ambition et d'opulence dans sa vie suivante, ou bien un long bail de jouissances dans l'un des Paradis ? Les réponses ne tardèrent pas. Nulle d'entre elles ne déniait la supériorité de la conduite que je préconisais, mais la plupart concluaient dans une note pessimiste : « La grande majorité des hommes », me disait-on, « n'accompliraient jamais un acte de vertu ou de piété s'ils n'espéraient pas en tirer un profit [1]. »

---

1. Saint Thomas d'Aquin paraît avoir partagé cette façon de voir lorsqu'il déclara qu'une communication d'avantages (de biens) est requise pour qu'il y ait amitié, bienveillance. Commentant cette déclaration, Mgr Garge nous dit qu'une bienveillance excluant positivement tout désir de notre propre bien « répugnerait à la nature humaine ». D'où il résulte, d'après lui, qu'accomplir des actes bons, sans en attendre de récompense, ne peut pas être « un état normal et habituel » chez l'homme. (*Cours de Philosophie scolastique*, t. II, pp. 100 et 442.) L'on peut admettre que cette opinion pessimiste est, peut-être, justifiée par les sentiments d'un grand nombre de nos semblables. Toutefois, les actes de charité, de dévouement, d'héroïsme accomplis par de nombreux matérialistes athées, qui n'espèrent rien en retour, nous montrent que ce mercantilisme n'est pas universel et, qu'à tout prendre, l'humanité n'est pas si laide, moralement, que certains l'imaginent.

Des protestants se récrieront peut-être. Nous, déclareront-ils, nous ne croyons pas que la béatitude éternelle puisse être *gagnée* et, probablement, en est-il de même d'autres biens inférieurs à elle. Tout est don *gratuit* de Dieu.

Eh ! ce thème m'est connu. Il y a plus de deux siècles, au temps du Roi-Soleil, certains de mes ancêtres ont souffert le martyre pour rester fidèle à cette foi. Mais le don est-il vraiment *gratuit* ? — Il semble qu'ici, les rôles soient changés et que ce soit la Divinité que l'on imagine comme proposant un marché : « Si tu crois ceci, ton salut est assuré ; si tu refuses, la géhenne sera ton lot. »

Encore, est-il toujours possible, à l'homme, d'accepter ce marché ? Hélas ! non, nous disent saint Paul [1], saint Augustin, Calvin et d'autres, car, pour des raisons connues de lui seul et dont nous ne pouvons lui demander compte, le Créateur a destiné certaines de ses créatures à la perdition. Et n'est-ce pas un reflet de cette doctrine, que j'ai aperçu, l'autre jour, dans une phrase d'un livre, très moderne, de méditation catholique [2] mentionnant « ...celui qui ouvre et qui ferme souverainement, sans rendre de compte à personne. »

Qu'un Dieu soit dépourvu de caprices, que, possesseur de tous les biens, il les prodigue sans condition, est une idée trop éloignée de celle de la majorité des humains pour pouvoir surgir dans leurs esprits.

Dans l'Inde, des adorateurs de Vichnou m'ont dit : L'amour ne se raisonne pas. On aime parce que l'on ne peut pas s'empêcher d'aimer ; c'est un sentiment instinctif, spontané. Nous aimons Dieu, non point parce qu'il nous aime, ou parce qu'il nous rendra heureux ; de cela nous ne savons rien et ne cherchons pas à le savoir. Tout ce que nous imaginerions, à ce sujet, serait vain, notre pensée ne peut atteindre Dieu et ses voies. Mais, alors même qu'il nous plongerait en des tourments éternels, nous l'aimerions encore [3] et nous nous réjouirions de souffrir

1. Epître aux Romains, XI, 9 et suivants.
2. *La Prière de toutes les Heures*, par Pierre CHARLES, S. J.
3. Sainte Thérèse d'Avila, la Réformatrice du Carmel, pense presque de même à certains moments ! Elle écrit à propos du troisième degré d'oraison : « Dieu veut-il emporter l'âme au ciel, qu'elle y aille ; en enfer, elle y va sans peine, étant avec son souverain bien. »

puisque, s'il nous l'inflige, ce doit être que notre supplice lui est agréable. Quel que soit le prix dont il paie la satisfaction de l'être aimé, celui qui aime, véritablement, ne peut qu'éprouver une indicible joie à la lui procurer.

Je ne partage pas la foi des Vaichnavas, mais je m'incline devant ces « païens » qui se sont libérés du mercantilisme religieux.

Ainsi songeais-je en regardant les pèlerins se livrer à leurs dévotions, dans les sanctuaires de Wou tai chan.

Les monastères lamaïstes diffèrent les uns des autres autant par l'architecture de leurs bâtiments que par leur tenue et la conduite de leurs hôtes. Pou-sa ting, ancien palais impérial, était bâti en pur style chinois. Ses temples, en bois, ornés de sculptures et profusément dorés, occupaient une vaste terrasse où croissaient des arbres dont l'aspect, singulièrement contourné, dénotait un âge se chiffrant, peut-être, par siècles. De nombreuses stèles de pierre, portant des inscriptions, et d'antiques brûle-parfums en bronze, hauts de trois à quatre mètres, se dressaient autour des sanctuaires.

Ceux-ci, qui eussent pu être imposants, se trouvaient, malheureusement, encombrés par une foule de statues, de tableaux et d'objets divers — quelques-uns précieux et rares et beaucoup d'autres de mauvais goût — dont le grand nombre les transformait en bazars poussiéreux.

Le temple principal s'enorgueillissait d'un miracle. Certains jours, par les temps les plus secs, le sommet de son toit émettait une rosée qui coulait le long des tuiles et tombait, lentement, goutte à goutte, sur les marches conduisant au péristyle. D'après les moines de l'endroit, c'était là un signe de la bénédiction que Mandjouçri (Djampéyang, en tibétain ; Wan-sou pou-sa en chinois) accordait à Pou-sa ting.

Allongés sur les degrés du temple, les fidèles regardaient

Ceci, du reste, côtoie l'hérésie. On ne peut pas aimer Dieu en enfer ni y être avec lui en union spirituelle, parce que, dès lors, l'enfer cesserait d'être l'enfer, la peine du *dam* (privation de la vue de Dieu) n'existant pas. — Il est à remarquer que ces paroxysmes d'amour divin se rencontrent presque uniquement dans les mysticismes fortement teintés de sensualité. La lecture des auteurs mystiques catholiques, Soufis, Vaichnavas et autres est intéressante à ce sujet.

s'emplir, peu à peu, des tasses qu'ils avaient déposées aux endroits où tombaient les gouttelettes miraculeuses. L'eau recueillie était, ensuite, transvasée dans des fioles, puis emportée au loin, en Mongolie ou au Tibet, pour la guérison des malades. D'autres croyants déposaient de petits tas de farine d'orge sur les pierres et les laissaient s'imbiber. Avec cette farine ils feraient des pilules de longue vie, ou s'en serviraient comme de médicament.

La discipline paraissait être très relâchée à Pou-sa ting. Sans parler des dignitaires, des lamas du monastère, et des fonctionnaires préposés au soin des affaires temporelles, qui ne participent qu'exceptionnellement à la célébration des rites, les moines ordinaires, eux-mêmes, s'y dispensaient d'y prendre part.

La procession biquotidienne ne réunissait que des gamins novices. Affublés de hardes disparates, mi-monastiques, mi-laïques, également loqueteuses, ces petits sacripants, munis d'instruments de musique, dont ils n'avaient jamais appris à jouer, y soufflaient de toute la force de leurs juvéniles poumons, tapaient à tour de bras sur les tambours et entrechoquaient furieusement les cymbales, tandis qu'au pas de course, trébuchant sur le morceau de guenille qui leur servait de toge, ils faisaient trois fois le tour du temple, sous le péristyle. Puis, au galop, la bande en dégringolait les marches et, au pied de celles-ci, se prosternait trois fois en récitant une formule d'hommage. Ceci terminé, les galopins se dispersaient, retournant à leurs jeux, à leur travail chez leur maître, parfois, peut-être, aussi, à quelque vague étude.

La statue de Djampéyang, trônant dans le sanctuaire autour duquel se faisait ce tintamarre, passe pour jouir de la faculté de parler. Quand le défunt Panchen Lama visita Wou tai chan, elle lui adressa la parole et, dit-on, prophétisa la présente guerre sino-japonaise. Instruite de ces détails, je m'étonnais que, puisqu'il lui était possible de se faire entendre, le Djampéyang demeurât muet sur son autel et ne protestât pas contre le charivari qu'on lui infligeait.

Le festival était, heureusement, l'occasion de manifestations musicales plus agréables. Un bon nombre de moines lamaïstes résidant soit à Wou tai chan, soit à Pou-sa ting, soit en d'autres monastères éparpillés dans les alentours, sont d'origine mongole et la musique mongole, si elle n'a pas la majesté puissante de celle du Tibet [1], est un délice pour l'oreille. Flûtes jouant en tierces et en quintes, timbres argentins, cymbales harmonieuses, discrètes timbales, cette musique bucolique crée, autour d'elle, l'atmosphère innocente de l'âge d'or. Je m'en délectais voluptueusement, en incorrigible dilettante ; mais voyez combien il s'en faut que les sons produisent, chez tous, des réactions identiques. Un soir que, sur la terrasse dominant la vallée, je m'abandonnais au charme ensorcelant de ces airs angéliques, un pèlerin mongol des Ordos qui parlait le tibétain me dit :

« — Vous écoutez les musiciens... C'est sur ces airs-là que marchaient les troupes de Gengis khan. »

Et son regard erra au loin, comme s'il discernait, à travers les brumes qui commençaient à couvrir les montagnes, l'avant-garde du « Peuple des Cavaliers » que le terrible héros, réincarné, ramenait pour de nouveaux massacres.

L'âge d'or... hélas !... Ce n'étaient pas Gengis khan et ses cavaliers qui devaient venir, mais, trois semaines plus tard, les Japonais et leurs avions.

Sans eux, je serais allée à Etchin Orta [2], au pays des Ordos, l'un des lieux où s'affirme la dévotion persistante des Mongols, au Grand Khan et j'y aurais vu la châsse d'argent qui, d'après certains, contient, ou a contenu, ses restes.

D'après l'histoire — ou la légende — courante, la tombe du célèbre conquérant mongol a été cachée avec un luxe atroce de précautions destinées à empêcher qu'elle fût

1. La musique religieuse tibétaine, toute monotone qu'elle soit et, précisément, peut-être, à cause de sa monotonie, de l'insistance des leitmotive, est émouvante à un suprême degré, lorsqu'elle est exécutée par de vrais artistes. Je n'oublierai jamais celle que j'ai entendue dans certains monastères de l'Himalaya ; elle reste gravée dans ma mémoire et, parfois, le soir, parmi les montagnes, ou dans le silence de mon cabinet de travail, il me semble entendre, encore, résonner les phrases lentes et poignantes pareilles aux plaintes désespérées d'êtres en détresse.

2. Cet endroit est, parfois, appelé *Yiking-holor*.

jamais découverte. Afin qu'aucun témoin ne demeurât qui pût indiquer son emplacement, tous ceux qui avaient participé au transport de la dépouille du chef, tous ceux qui s'étaient trouvés sur le passage du cortège funèbre auraient été massacrés. Peut-être faut-il faire large part à l'exagération dans les traditions de ce genre, cependant, lorsque l'on songe aux mœurs de l'époque et à la façon dont le défunt Khan avait conduit ses conquêtes, livrant des populations entières aux sabres de ses guerriers, le doute, quant à la véracité de celle-ci, s'atténue fortement.

Quoi qu'il en soit, le culte de celui qui s'intitulait le « Maître de la Terre » s'accommodait mal de ce manque d'endroit consacré, où ses dévots pussent lui apporter le tribut de leurs fidèles hommages. Les Mongols ont, probablement, aussi, toujours entretenu une vague croyance en la continuité de la vie de leur grand héros parti pour un « ailleurs » indéfini et qui réapparaîtrait, un jour, parmi eux. Après leur conversion au bouddhisme, ces idées ont pu recevoir une nouvelle force de la doctrine bouddhique des renaissances, populairement — mais faussement — conçues comme des réincarnations d'un principe personnel et permanent. Ce qui est certain, c'est que, dans les temps modernes, la foi au retour prochain de guerriers tels que Gengis khan, Guésar de Ling le héros de l'épopée nationale tibétaine et de plusieurs autres s'est fortement accrue en Asie, où elle est intimement liée aux rêves de relèvement des Orientaux.

Donc, à Etchin Orta, dans une tente surmontée d'une coupole dorée, l'on conservait une châsse, en argent, que certains croyaient contenir les restes de Gengis khan, tandis que d'autres se contentaient de penser que, jadis, le corps du chef y avait été momentanément déposé. Devant celle-ci, chaque année, défilaient et se prosternaient des milliers de Mongols. L'affluence était, surtout, considérable à l'époque du grand pèlerinage, durant le troisième mois de l'ancien calendrier chinois (correspondant à avril-mai). De dix à quinze mille pèlerins se trouvaient, alors, rassemblés à Etchin Orta.

En juin 1939, le gouvernement chinois fut averti que le prince Teh, qui gouverne la Mongolie intérieure, sous le contrôle des Japonais, avait l'intention d'ouvrir les *deux* châsses (généralement on n'en mentionnait qu'une seule) existant à Yiking-holor (*alias* Etchin Orta) pour en retirer les trésors (?) qu'elles renfermaient ou, peut-être, pour transporter en territoire occupé par les Japonais, les reliques de Gengis khan. Il pouvait y avoir, là, une manœuvre politique tendant à attirer les pèlerins mongols pour en faire des instruments de propagande japonaise dans toute l'étendue de la Mongolie. Quoi qu'il en soit, le gouvernement chinois ordonna le transfert des châsses en lieu sûr. Ceci fut accompli en grande pompe avec la participation des autorités civiles et militaires et un concours considérable de population. Le cortège passa à Sian, la capitale du Chensi, puis, les châsses furent dirigées vers une destination tenue secrète.

Il est fort peu probable — même, tout à fait improbable — que les châsses, ou l'une d'elles, contiennent les restes du Khan. On a insinué qu'il s'agit de ceux d'un grand dignitaire mongol des siècles passés. Peut-être, comme quelques-uns le pensent, les châsses ne contiennent-elles les ossements de personne, mais ce détail est sans importance, du point de vue politique qui a présidé à leur translation.

Il n'est pas de relique qui ne soit miraculeuse. La châsse d'Etchin Orta était dite s'entr'ouvrir spontanément, en certaines occasions, pronostiquant, ainsi, le retour prochain de Gengis khan.

En d'autres tentes l'on conservait divers objets : selles, brides, etc., dont le Khan, disait-on, s'était servi. Près de là, se voyaient, aussi, des chevaux et des chameaux considérés comme des réincarnations d'animaux qui lui avaient appartenu. Il n'a pas été dit que ceux-ci ont suivi les châsses à leur nouvelle résidence. Sont-ils restés à Etchin Orta où les pèlerins leur donnaient une place accessoire dans le culte rendu à leur vénéré ancien maître, ou bien ont-ils été, de leur côté, transférés en un autre lieu ? — Entre Etchin Orta et l'endroit où j'habite, présentement, s'étend toute la vaste Chine et les difficultés, créées par la distance, s'augmentant de celles dues à l'état de guerre, ne me permettent pas de me renseigner à ce sujet.

Un Mongol, de passage, à qui je parlais de la translation des châsses et du sort des objets secondaires offerts à la vénération des pèlerins, à Etchin Orta, émit l'idée que les restes de Gengis khan — ou ce que l'on tenait pour tel —

ainsi que les animaux « réincarnés » et les autres reliques avaient probablement été transportés dans un endroit reculé de la Mongolie, avant l'arrivée des envoyés chinois chargés de prendre possession des châsses. Il est peu vraisemblable, disait-il, que les Mongols se soient laissé déposséder de reliques, vraies ou supposées, de leur grand héros. Les Chinois n'en ont sans doute emporté que des imitations. Sont-ils dupes ? — Peut-être que non. Mais il suffit, à leur politique, que cette comédie de la translation ait été jouée.

Bien entendu, le Mongol n'était pas mieux renseigné que moi quant aux dessous de la question. Il exprimait, simplement, l'opinion que sa connaissance du caractère de ses compatriotes lui suggérait. Elle peut se trouver exacte et un jour venir où des « restes » de Gengis khan seront redécouverts quelque part, bien que, presque certainement, il soit avéré que nul ne connaît le lieu de sa sépulture.

Etchin Orta n'est point, paraît-il, l'unique endroit où la mémoire de Djin Dji (le nom du Khan, comme le prononcent les Mongols) est vénérée et des reliques, de lui, montrées à ses dévots. Un lama bouriate, résidant à Wou tai chan, avec qui je m'entretenais d'Etchin Orta avait entendu parler de certains autres lieux de pèlerinage analogues.

Comme je manifestais, devant lui, des doutes au sujet de l'authenticité de la châsse (lui aussi en parlait au singulier) et des réincarnations, depuis sept cents ans, des coursiers et des chameaux du Khan [1], il conclut avec une assurance superbe :

« — Qu'importent ces détails ; l'esprit de Djin Dji est là. On le sent planer au-dessus de la foule et le jour est proche où il se manifestera dans toute sa force, comme autrefois. »

J'avais déjà entendu exprimer des espérances semblables au sujet de Guésar de Ling : le « Justicier » [2].

Ce Bouriate s'était enfui de son pays dans les années troublées qui avaient succédé, en Sibérie, à la Révolution

---

1. Gengis Khan 1155 ou 1162-1227.
2. Voir ma traduction de l'épopée de Guésar, *la Vie surhumaine de Guésar de Ling*. (Ed. Adyar, Paris. Réédité en 1978 par les Editions du Rocher.)

russe. Le supérieur et deux cents moines de son monastère avaient été tués, racontait-il.

Les Rouges, rapportait-il naïvement, disent que tous doivent travailler et qu'à celui qui ne travaille pas, il ne faut pas donner à manger.

Je ne pouvais pas dire, à mon Bouriate, que saint Paul partageait cette manière de voir [1]. Saint Paul ne faisait pas autorité pour lui, il n'en avait jamais entendu parler. Quant à se considérer comme un paresseux, un être inutile dans le monde, il en était loin. Il était lettré, à la façon de son pays qui est celle de notre scolastique moyen âge, et qu'on prétendît lui imposer un travail manuel, lui paraissait une folie criminelle. Sans nul doute, ses frères en religion, de la Transbaïkalie, pensaient comme lui et ceux d'entre eux qui étaient tombés sous les balles des Rouges avaient, probablement, voulu défendre leur *droit* d'intellectuels d'être nourris par la plèbe imbécile. Qu'ils l'eussent fait, le fusil en main, je n'en doutais pas. Je connaissais trop bien leur race pour imaginer qu'ils s'étaient laissé massacrer comme des agneaux et le vigoureux gaillard, qui me narrait ces faits, eut un singulier sourire quand je le questionnai à ce sujet.

Ce Sibérien m'apprit, aussi, la mort, survenue deux ans auparavant, disait-il, d'un curieux personnage de son pays qui joua un grand rôle politique, au Tibet. C'était un lama bouriate nommé Dordji, il avait russifié son nom, en en faisant Dordjieff. Suffisamment érudit, il avait été le précepteur du défunt Dalaï-Lama : Ngawang Lobzang Thubden Gyatzo, mort le 17 décembre 1933. L'on racontait que c'était grâce à sa vigilance et à ses judicieux conseils, que celui-ci devait de n'être pas mort enfant, ou dans sa prime jeunesse, comme plusieurs de ses prédécesseurs à qui des régents intéressés à voir continuer une lignée de souverains mineurs, incapables d'exercer le pouvoir, avaient fait administrer, discrètement, quelque pilule de « longue vie » savamment préparée ou un thé particulier qui les transportait dans un autre monde, en attendant leur renaissance dans le nôtre. Quoi qu'il en fût, le Dalaï-Lama

1. « Quand nous étions avec vous, nous vous avons prescrit que si quelqu'un ne travaillait pas il ne devrait pas, non plus, manger. » (Deuxième épître aux Thessaloniciens, III, 10.)

témoignait une grande amitié à son ex-précepteur et avait pleine confiance en lui.

Dordjieff prit avantage de la situation qu'il occupait au Tibet, pour servir les intérêts de la Russie. Il réussit à obtenir que des relations diplomatiques seraient établies entre les deux pays. Un membre de la famille impériale deviendrait ambassadeur-résident à Lhassa et un haut dignitaire tibétain représenterait le Dalaï-Lama à Saint-Pétersbourg. C'est vers cette époque qu'un monastère lamaïste fut construit dans la capitale des tsars, ce qui fit jeter les hauts cris au clergé orthodoxe et à ses fidèles. Je me souviens d'avoir lu, alors, des articles, parus dans des journaux russes, qui prédisaient les pires châtiments au tsar et d'épouvantables catastrophes à son empire, pour avoir laissé ériger un temple « païen » dans sa capitale. Peut-être, quelques-uns de ceux qui se lamentèrent ainsi, pensent-ils, aujourd'hui, que la fin tragique de leur empereur et l'avènement du bolchévisme sont la réponse des Puissances Célestes à la construction de la lamaserie de Saint-Pétersbourg.

Celle-ci existe toujours. Du moins elle existait encore, il y a peu d'années. Mon très regretté ami, le savant sanscritiste, professeur au Collège de France : Sylvain Lévi, la visita, tandis qu'il se trouvait à Léningrad, participant à un congrès d'orientalistes et il me raconta qu'il y avait rencontré des lamas bouriates et des lamas mongols.

A Londres, où l'on ne désirait pas voir l'influence russe s'étendre vers les frontières de l'Inde, l'on trouva que les choses allaient trop loin. L'expédition britannique au Tibet eut lieu (1904-1905). Ses troupes entrèrent à Lhassa, la Ville Sainte interdite et paradèrent devant le Potala. Dordjieff ne les avait pas attendues. Il s'était empressé de quitter le Tibet, tandis que, de son côté, le Dalaï-Lama se réfugiait en Chine.

Les années passèrent, vint la révolution russe. Dordjieff, chef d'un important monastère situé en Mongolie, entre Ourga et Kiakta, se fit une place dans les conseils soviétiques. J'eus la surprise d'entendre, un jour, parler de lui, comme d'un « vénérable vieillard », par un membre de l'ambassade soviétique à Paris. Il continuait probablement, au service d'autres patrons, l'œuvre qu'il avait entreprise sous les tsars et travaillait à l'extension de l'influence bolchévique en Asie. D'après ce que j'ai pu déduire de faits qui m'ont été rapportés, le travail occulte qu'il dirigeait, de loin, n'a pas été sans effets.

Je ne manquais pas de visiteurs à Pou-sa ting et souvent, ceux-ci étaient intéressants, mais j'étais venue à Wou tai chan pour travailler, de sorte que je dus, souvent, leur fermer ma porte tandis que, Yongden et moi, nous nous plongions dans la lecture des chroniques qu'il empruntait aux bibliothèques des divers monastères. Bientôt nous fûmes complètement immergés dans cette captivante atmosphère, mi-historique, mi-légendaire que les auteurs orientaux sont si habiles à créer.

L'origine de Wou tai chan, comme lieu saint, est très ancienne. Elle remonte à une époque antérieure à l'introduction du bouddhisme, en Chine, par les missionnaires hindous qui, au premier siècle de notre ère, arrivèrent à Loyang (actuellement Honan-fou) conduisant un cheval blanc chargé de livres bouddhiques. — Soit dit en passant que, près de Honan-fou, il existe un temple nommé Pé-ma-sse (monastère du Cheval blanc) où, d'après la tradition, ce cheval a son tombeau. — Les chroniques tibétaines de Wou tai chan dénomment ces Hindous Matang Kipa et le lettré (pandit) Vaharana. Le roi qui les accueillit s'appelait Ming ti de la dynastie Heou-Han [1]. Au cours des entrevues qu'ils eurent avec lui et dans lesquelles ils lui exposèrent leur doctrine, le souverain demanda aux Hindous : « N'y a-t-il pas, dans mon pays, de saints Bodhisatvas [2] comme il en existe dans l'Inde ? » — « Certainement », répondit Vaharana, « il y en a à Wou tai chan » [3].

---

1. Je cite ces noms tels qu'ils sont donnés dans les chroniques tibétaines. Le règne de la dynastie des Han est dit, par les auteurs chinois, s'être étendu de 206 avant Jésus-Christ à 220 après Jésus-Christ.

2. Un Bodhisatva est, d'après les bouddhistes, un individu très parfait, capable de devenir un bouddha, dans sa prochaine renaissance. La caractéristique du Bodhisatva est sa charité et son amour illimité des êtres qui ne recule devant aucun sacrifice pour assurer leur bonheur.

3. Je rappelle que j'ai toujours employé le nom chinois Wou tai chan comme étant le mieux connu. Les auteurs tibétains dénomment ce massif Ri-wo tsé nga, ce qui est une traduction exacte de Wou tai chan ou Montagne aux cinq pics.

Le massif montagneux de Wou tai chan, complètement déboisé de nos jours, était, à cette époque, couvert de forêts ; on y chassait le léopard et même le tigre. Ces solitudes, comme cela est commun en Orient, avaient paru, à quelques ermites, très convenables pour s'y livrer à la méditation. A quelle religion appartenaient ces anachorètes ? — Il nous est dit qu'ils étaient des Böns, des sectateurs d'une religion apparentée au chamanisme, dans ses manifestations populaires [1], qui était aussi celle des Tibétains avant l'introduction du bouddhisme dans leur pays, vers le septième siècle. Les livres tibétains que je consultai à Wou tai chan les confondaient avec les Tao-sses.

C'est parmi ces ermites que les légendes placent le singulier personnage qui est, présentement, vénéré à Wou tai chan. Voici ce qu'elles rapportent :

A l'est du pays avoisinant la frontière du nord-ouest, dans une ville fortifiée dont les remparts avaient dix ailes, Djampéyang naquit, au cours de l'année « souris de bois » [2], en sortant du crâne d'une femme. — Ce genre de naissance miraculeuse est fréquent dans les légendes asiatiques. Guésar de Ling naquit de la même manière [3]. — L'enfant était beau. Dès qu'il fut né, il s'envola et, traversant l'air, il arriva au mont central de Wou tai chan. —

1. Les anciens Böns avaient une doctrine philosophique, difficile à retrouver de nos jours, tant elle a été déformée par les superstitions. Il y a apparence que le Tantrisme du Népal et de l'Inde lui ait emprunté certaines de ses doctrines.

2. Il s'agit du calendrier tibétain — semblable à l'ancien calendrier chinois — où chaque année est désignée par le nom d'un « élément » et celui d'un animal. En 1939 nous sommes dans l'année du lièvre de terre femelle. Les « éléments » sont : terre, fer, eau, bois, feu. Le même élément se répète deux années de suite, étant mâle la première année et femelle, la seconde. Les animaux sont : souris, bœuf, tigre, lièvre, dragon, serpent, cheval, mouton, singe, oiseau, chien, porc. Le nom de l'animal change chaque année. Un cycle de soixante ans est ainsi formé. Au bout de ce temps, le même animal se trouve, de nouveau, réuni au même élément qualifié par le même sexe et le cycle (appelé *lo hgor* « révolution des années ») recommence. Comme ces cycles ne sont point numérotés il est souvent très difficile, et même impossible, de déterminer exactement les dates de certains événements, surtout quand des faits mythologiques y sont mêlés.

3. Voir ma traduction de l'épopée du héros national tibétain : *la Vie surhumaine de Guésar de Ling.* (Editions Adyar, Paris. Réédité en 1978 par les Editions du Rocher.)

Ce mont central devait être celui sur lequel Pou-sa ting a été construit plus tard.

A cet endroit, se trouvait, alors, un temple dénommé Lohousi et, près de celui-ci, était un gros arbre. L'enfant miraculeux se posa sur une de ses branches, léger comme un oiseau. Des rayons de lumière de différentes couleurs l'entouraient continuellement. Il accomplit de nombreux prodiges et, par là, attira, autour de lui, une foule d'hommes et de jeunes garçons avec qui il conversait et se promenait à travers les montagnes. Les dieux locaux et les gens du pays jouirent agréablement de sa compagnie, s'amusant à divers jeux avec lui, jusqu'à ce qu'il eût atteint l'âge de cent ans. Alors, ayant accompli son œuvre, il « fit semblant de mourir » et s'en alla dans la Région du Calme. Ses restes existent encore, dit la légende, à Lohousi.

Mais quant à préciser où se trouvait l'antique Lohousi, personne, à Wou tai chan, n'en paraissait capable. De plus, beaucoup niaient que le Djampéyang original eût laissé une dépouille et ils fondaient leur opinion sur d'autres versions de la légende donnant au héros l'aspect d'un génie ou d'un dieu plutôt que celui d'un humain.

Voici une de ces légendes :

Une tente faite de rayons lumineux de diverses couleurs descendit du ciel, à Wou tai chan et, de cette tente, sortit un jeune garçon. Il était vêtu d'une robe blanche sur laquelle pendaient, comme ornements, des rubans de différentes teintes. Ses cheveux étaient partagés et liés de façon à former cinq touffes (un genre de coiffure d'enfant, fréquent en Chine). Cet étrange enfant n'était pas constamment visible ; il apparaissait de temps en temps, tantôt seul, tantôt entouré de petits garçons avec qui il jouait. Des villageois qui l'aperçurent, tentèrent souvent de s'approcher de lui mais il disparaissait toujours quand ils s'avançaient.

Comme il a déjà été dit, à cette époque le massif montagneux de Wou tai chan était couvert d'épaisses forêts repaires de bêtes sauvages dangereuses et personne ne s'y aventurait. Cependant, lorsque le bruit se répandit des apparitions bizarres que l'on y contemplait, les villageois des régions voisines commencèrent à fréquenter les endroits où celles-ci avaient eu lieu.

Il arrivait, aussi, que l'on vît jaillir, au-dessus des crêtes des montagnes, des rayons de lumière diversement colorés et, pendant la nuit, certains apercevaient des lampes d'autel brûlant sur les sommets.

Ce que la légende rapporte au sujet de ces lumières doit être causé par des phénomènes naturels, comme les apparitions à Omi chan, une autre montagne sacrée de la Chine.

Pendant mon séjour à Taiyüan, un fonctionnaire chinois lettré, ayant fait ses études en Amérique, homme sérieux, d'âge mûr, libre penseur, peu enclin à voir des miracles, m'avait déjà parlé des lumières singulières que l'on apercevait à Wou tai chan et qu'il y avait observées.

Il m'arriva, de les voir, soudainement, alors que je pensais à tout autre chose. Le fait se produisit deux fois. La première fois, les jets de lumière verdâtre, rouge et jaune avaient un très vif éclat et s'élevaient droit dans le ciel ; le phénomène ne dura que quelques minutes. La seconde fois, il fut moins brillant. Des langues de feu couleur d'or pâle, émergeaient de-ci, de-là, des plus hautes cimes ; elles demeurèrent visibles pendant assez longtemps puis, tout à coup, s'éteignirent.

D'après les chroniques tibétaines, vraisemblablement basées sur de plus anciens documents chinois, les apparitions du jeune garçon se produisirent avec l'introduction du Bouddhisme en Chine, donc avant le premier siècle de notre ère. Le Bouddhisme et les personnages semi-mythologiques incorporés dans les livres apocryphes du Mahâyâna n'étant pas encore connus, en Chine, à cette époque, il est impossible que l'enfant miraculeux ait été, d'emblée, reconnu comme étant Djampéyang (*alias* Mandjouçri, *alias* Wan-sou pou-sa). Ce n'est, probablement, que beaucoup plus tard que fut inventée la légende d'un avatar de Mandjouçri, disciple du Bouddha, venu miraculeusement, de l'Inde à Wou tai chan et s'y étant établi. La croyance courante, à Wou tai chan, est que d'autres avatars de Djampéyang existent dans le monde et se manifestent en différents endroits.

Au temps des apparitions, Wou tai chan était aux mains d'une secte particulière des Böns ou des Tao-sses (les chroniques les tiennent pour identiques). Des ermites de cette secte, il nous est dit que « leur esprit demeurait dans l'essence naturelle, l'essence innée des choses » et, encore « qu'ils vivaient dans l'Etre en soi, éternel et non produit par des causes », toutes expressions qui ont une forte saveur taoïste.

Ces Böns, ou Tao-sses, avertis des apparitions qui se produisaient dans leur voisinage, ou, peut-être, en ayant été témoins, supposèrent que « leur Maître » se manifestait sous la forme de cet enfant. De quel « Maître » s'agit-il ? — Les ouvrages que j'ai pu consulter, à Wou tai chan, ne le disent pas. Ils nous apprennent, seulement, que le titre de « Précieux Jouvenceau, Maître de la Doctrine dans la Chine orientale » fut attribué au garçon miraculeux.

Comme je viens de le dire, plus tard, les bouddhistes incorporèrent l'enfant de Wou tai chan dans leur panthéon mahâyâniste et en firent un *pou-sa* (terme chinois équivalent à Bodhisatva). Un roi, que les textes tibétains appellent Mohau Wang, construisit un temple en son honneur et y plaça une statue représentant un jeune garçon.

Ainsi, j'avais fait connaissance avec un Mandjouçri d'origine chamaniste, complètement inconnu des bouddhistes de l'Inde, de Ceylan, de Birmanie et de toute l'Ecole du Sud. C'était un premier pas de fait dans le champ de mes recherches.

Dès que l'on sut que je passais mes journées à lire l'histoire de Djampéyang, les bonnes âmes du lieu et les pèlerins qui l'entendirent raconter, ne doutèrent point que je fusse muée par la plus ardente des dévotions et, quoi que je fisse pour les écarter, les visiteurs devinrent encore plus nombreux que précédemment. Chacun d'eux tenait à me conter une ou plusieurs légendes dont, immanquablement, il se vantait d'être seul à connaître tous les détails. Presque sans exception, ces histoires se rapportaient à des prodiges opérés par Djampéyang ou à certaines de ses manifestations surnaturelles. J'entendis ainsi maints contes ridicules, naïfs ou même quelque peu scabreux, du point de vue de notre Occident. Le Djampéyang de Wou tai chan paraissait avoir été un singulier personnage et ne se montrait pas toujours comme un innocent chérubin. A titre d'échantillon, voici l'histoire saugrenue qui est attachée à la statue de « Djampéyang mort ».

Un roi chassant dans les montagnes, à Wou tai chan, aperçut un couple se livrant, avec ardeur, à des jeux érotiques sur le bord d'un lac sacré. — Une variante du conte dit qu'ils se trouvaient *sur* le lac même, dont l'eau les supportait comme aurait pu le faire la terre ferme. — Le roi n'en pouvait croire ses yeux ; une telle profanation d'un endroit saint lui paraissait impossible. Cependant la représentation continuait. — Je passe le détail des étranges acrobaties que le prince contempla. — Force lui fut de se rendre à l'évidence ; outré, il décocha une flèche à l'impudent sacrilège. Il existe différentes versions touchant l'endroit du corps où la flèche s'implanta et les commentaires, joints à celles-ci, ne manquent ni de saveur ni d'humour, mais je ne crois pas pouvoir me permettre de les rapporter. La tradition officielle, à l'usage des pèlerins, dit, pudiquement, que la flèche s'enfonça dans le flanc de l'impie.

A l'instant même où celui-ci fut frappé, le groupe — l'homme et la femme — disparut. De plus en plus étonné, le roi s'avança vers le lac et découvrit une traînée de gouttes de sang. Suivant ces traces, il arriva à Pou-sa ting devant l'un des temples où se trouvait une statue de Djampéyang et voici que la flèche qu'il avait tirée se trouvait fichée dans cette statue. Tous les efforts faits pour la retirer échouèrent. Le roi comprit, alors, que celui qu'il avait vu, près du lac, était Djampéyang lui-même et que, par son acte brutal, il avait encouru sa colère. Un savant lama fut mandé pour célébrer des rites expiatoires, le roi fit aussi de généreuses offrandes aux différents monastères de Wou tai chan et, finalement, le lama put retirer la flèche. Mais cette statue est tenue, maintenant, pour avoir perdu la vie qui l'animait et elle est dénommée « le Djampéyang mort ».

Ce Djampéyang défunt siège dans un tout petit temple, sorte d'antre enténébré et poussiéreux, situé dans la première cour de Pou-sa ting, celle que l'on rencontre immédiatement après avoir traversé le palier supérieur du grand escalier blanc ; ses dévots sont nombreux. La statue, comme il convient d'après les exploits qu'on lui attribue, est celle d'un homme et non d'un petit garçon, son rôle principal paraît être de présider aux consultations d'ordre divinatoire. Agenouillés sur les degrés de son autel, les croyants secouent un vase contenant des bâtonnets portant des inscriptions — c'est la méthode courante dans tous les temples chinois. — Le gardien du temple recueille celui ou ceux des petits bâtons qui sautent hors du vase, lit ce qui y est inscrit et interprète l'oracle.

Un après-midi, j'entrai, là, pour examiner la statue et le sacristain ne manqua pas de me narrer son histoire, y compris l'épisode de la blessure au flanc.

« — Mais », remarqua Yongden, pris de l'envie de taquiner le bonhomme, « certains ne prétendent-ils pas que... »

Il n'eut pas le loisir d'en dire plus long, le sacristain le voyait venir.

« — Offrez vos lampes », commanda-t-il impérativement en nous mettant en main de volumineuses lampes d'autel qu'il venait d'allumer.

Il ne nous restait qu'à saluer le Djampéyang mort et à déposer à ses pieds, en même temps que nos deux lampes, le prix de celles-ci : quatre dollars chinois [1].

Le serviteur clérical de cette statue « défunte » nous avait traités en personnages de marque se devant d'illuminer libéralement les autels des Déités, d'où la grosseur des lampes pleines de beurre... et le prix en rapport. Je gage que nous ne fûmes pas sitôt hors de vue qu'il les éteignit afin de les faire offrir, de nouveau, par d'autres visiteurs et d'en empocher, encore une fois, le prix. C'est là une pratique habituelle de ces messieurs.

Tandis que j'étais submergée par l'abondance des miracles que mes visiteurs me racontaient à l'envi, il advint, par un singulier hasard, qu'un « prodige » opéré par moi, bien des années auparavant, fut remis en lumière.

Des groupes nombreux de pèlerins tibétains venus d'Amdo et du Koukou nor, séjournaient en ce moment à Wou tai chan, logeant dans les monastères bâtis au fond de la vallée. Yongden les découvrit et lia conversation avec eux. Leur ayant dit qu'il avait séjourné, pendant plusieurs années dans le monastère de Koum Boum, avec la Révérende Dame étrangère [2], ils se souvinrent, immédiatement, avoir entendu parler de moi. Un de leurs compagnons, qu'ils appelèrent, m'avait vue et reconnut Yongden. Par

---

1. Au cours du moment, environ 26 francs.
2. *Jétsunma*, le titre habituel que les Tibétains me donnent.

la suite, ces gens vinrent fréquemment à Pou-sa ting, causer avec mon fils ou avec moi, en buvant du thé beurré.

Or, un jour que quelques-uns d'entre eux se trouvaient dans ma chambre, un autre visiteur arriva. Celui-ci, après avoir énuméré, pour l'édification de tous, divers miracles dus à Djampéyang et décrit plusieurs endroits remarquables des environs, mentionna que, dans un certain repli d'une haute vallée, s'ouvrait une crevasse donnant accès à un passage souterrain le long duquel *ceux qui avaient le cœur pur* pouvaient gagner Lhassa en peu de jours [1]. Un *chörten* (monument religieux) avait été construit devant cette crevasse, la masquant et en fermant complètement l'entrée. Pour quelle raison celle-ci avait été obstruée, le narrateur l'ignorait.

Il avait à peine terminé qu'un des naturels du Koukounor s'écria :

« — Quel dommage que l'ouverture ait été bouchée ! La Révérende Dame aurait pu prendre ce chemin pour aller à Lhassa, comme elle l'a fait, autrefois, dans mon pays. »

« — Comment ? »

« — Qu'a-t-elle fait ? » interrogèrent mes autres visiteurs, très intrigués.

Alors, l'ingénu pasteur des hauts alpages tibétains leur raconta, à sa façon, une histoire extraordinaire dont je préfère donner, simplement, ma propre version.

C'était pendant l'un de mes séjours dans les immenses solitudes herbeuses qui s'étendent des confins du Kansou et du Sinkiang, au Tibet central ; une région singulière tout enveloppée de mystère, objet d'innombrables légendes. A chacun des lacs aux eaux d'azur, dont le pays est parsemé, à de multiples rocs, aux cimes de maintes montagnes, se rattachent des histoires fantastiques auxquelles des phénomènes, naturels, sans aucun doute, mais inexpliqués, confèrent un semblant de réalité. Parmi les endroits réputés comme sites de prodiges se trouvait être une crevasse longitudinale occupant le fond d'un repli de montagne. Les pasteurs des environs s'y rendaient quel-

1. La même chose est dite de plusieurs endroits dans les régions du nord et de l'est du Tibet et, en général, la croyance à des passages souterrains conduisant à des lieux saints est assez répandue.

quefois pour offrir leurs hommages à un dieu local qui était dit y habiter. Toutefois, la célébrité dont jouissait cette ouverture venait de ce que les bonnes gens la tenaient pour constituer l'entrée d'un couloir souterrain qui se prolongeait jusqu'à Lhassa. Seuls, racontait-on, ceux dont le cœur et l'esprit étaient parfaitement purs, pouvaient parcourir cet étroit corridor et, alors, atteignaient, miraculeusement, Lhassa en cinq jours [1]. Quant aux pécheurs, ou bien ils ne parvenaient pas à se glisser entre ses parois resserrées, ou bien ils étaient attaqués et dévorés par les démons gardiens du passage.

Peu nombreux semblaient être les audacieux désireux d'effectuer ce merveilleux voyage en affrontant les risques qu'il comportait. Ceci témoignait d'une raisonnable modestie de la part des pasteurs du voisinage et de l'opinion modérée qu'ils avaient de leur vertu. Plus encore, sauf aux époques où ils allaient y déposer des offrandes, les Tibétains préféraient se tenir éloignés des abords de la crevasse et ne parlaient, du mystérieux chemin, qu'à mots couverts, se gardant bien d'en montrer l'entrée aux voyageurs passant dans le pays. En fait, je n'appris son existence qu'après plusieurs séjours dans ses parages.

Une après-midi, je partis pour explorer cet endroit. Connaissant la crainte superstitieuse qu'il inspirait à mes domestiques, je leur avais dit qu'aucun d'entre eux ne m'était nécessaire et qu'ils pouvaient demeurer près des tentes. J'emportai seulement, avec moi, quelques paquets de ces mèches enduites de cire, dénommées « rat de cave » pareilles à celles qui, enroulées autour d'un bâton, servent à allumer les cierges dans les églises catholiques [2], quand un de mes hommes me supplia de prendre, aussi, comme provision de voyage, un petit sac rempli de *tsampa* (farine d'orge grillée). Son idée me fit rire. Je ne comptais pas être absente plus de deux ou trois heures et n'avais nulle intention de goûter en cours de route. Cependant, il insista

---

1. Un bon cavalier, pourvu d'une robuste monture mettrait environ deux mois pour aller, de cet endroit, à Lhassa.
2. Je crois inutile de dire que l'on n'est pas pourvu de lampes électriques dans les voyages de longue durée quand il est impossible de renouveler ses provisions de piles.

de façon si pressante que, pour ne pas le contrarier, je glissai le petit sac dans mon *amphag*[1].

Des « offrandes de pierres » (dotcheud), petites pyramides de cailloux ou de fragments de roc, construites par les dévots, encombraient les abords de l'ouverture et obstruaient partiellement celle-ci. J'en fis tomber quelques-unes me promettant de les réédifier à ma sortie et je pénétrai dans le couloir. Tout étroit qu'il fût, une personne pouvait y marcher à l'aise. Bientôt cette galerie tourna vers la droite et le peu de lumière qu'elle recevait de l'extérieur cessa de l'éclairer ; j'allumai l'extrémité d'une de mes cordes-bougies et continuai ma route. Le boyau dans lequel je me trouvais n'offrait aucun intérêt, l'air y était rare, sentait le moisi et, bientôt, des obstacles se présentèrent : le couloir se resserrait, rendant le passage difficile ou s'encombrait d'amas de terre et de pierres, ou bien encore, la voûte s'abaissait, m'obligeant à marcher à quatre pattes. Plusieurs fois, l'envie me vint de retourner sur mes pas, mais un reste du curiosité me retint. Cette galerie, beaucoup plus longue que je ne l'avais supposée, conduisait, peut-être, quelque part ; non pas, certes, à Lhassa, mais à une autre ouverture dans la montagne. Depuis plus d'une heure que je m'y traînais, lentement, montant et descendant, j'avais perdu toute notion du niveau d'où j'étais partie. Aucune autre galerie ne coupait celle que j'avais suivie, ce qui me garantissait contre le risque de m'égarer à mon retour. Continuant encore, j'arrivai à un endroit que ses petites dimensions m'empêchent d'appeler une « salle », ce n'était qu'un élargissement subit du couloir dont la voûte s'élevait en même temps. En face de moi, je le voyais se rétrécir de nouveau. Allais-je poursuivre plus avant, ou m'en retourner ? — Le chemin que j'avais suivi m'avait procuré peu d'agrément et je remarquai que la galerie que j'apercevais paraissait monter ; continuait-elle dans cette direction ? — Je décidai de m'en assurer. Quel que pût être le niveau où je me trouvais, en montant j'avais des chances de déboucher à l'extérieur. L'espoir de trouver une sortie, sans avoir à refaire le

1. La poche que forme, sur la poitrine, la large robe tibétaine serrée par une ceinture. Je portais toujours le costume indigène.

long trajet sous terre que je venais d'effectuer, me poussa vers la montée.

Il ne se passa pas longtemps avant que j'eusse à le regretter. La galerie dans laquelle je m'étais engagée était d'un parcours beaucoup plus difficile que celle que j'avais quittée, présentant, ce que les alpinistes appellent des « cheminées », le long desquelles j'eus grand-peine à me hisser. J'étais exténuée, quand j'entrevis une faible clarté devant moi. J'approchais, donc, du terme de ma pénible et peu intéressante exploration.

Une sortie, en effet, était là, mais elle consistait en un trou étroit au sommet d'un éboulis malaisé à gravir. La patience supplée à bien des talents. Après bon nombre d'efforts, j'émergeai de sous la terre, très heureuse de respirer à l'air libre.

Ma joie fut de courte durée. Un regard jeté autour de moi me montra que j'avais abouti à une petite terrasse encastrée dans le flanc de la montagne entre deux murs de roc à pic.

Qu'allais-je faire ? — Je ne voyais aucune possibilité, ni de descendre de cette aire d'aigle, ni de monter au-dessus d'elle. Quant à recommencer ma promenade souterraine, je ne m'en sentais ni le courage ni la force. Je m'assis regardant machinalement le paysage.

Le crépuscule bleuissait déjà les crêtes ondulées des montagnes lointaines et des ombres s'allongeaient sur le plateau s'étendant au-dessous de moi. Le délassement que j'éprouvais à rester étendue me portait à dormir. Pourquoi ne pas demeurer là ? — C'était en été, la nuit ne pouvait pas être très froide et ma robe de grosse laine valait une couverture... Le lendemain, au jour, j'aviserais au moyen de me tirer de là. Oui... le lendemain... plus tard... La lassitude dominait, en moi, le raisonnement ; avant que j'aie pu examiner davantage ce qu'il convenait que je fisse, je m'étais endormie.

Il faisait grand jour quand je me réveillai. Complètement reposée par un long somme, je me sentais tout à fait alerte. La fatigue et la nuit tombante ne troublaient plus la netteté de ma vue, je me rendis mieux compte de l'endroit où je me trouvais. La descente vers le pied de la montagne était impossible, mais je pouvais tenter d'escalader le mur rocheux qui s'élevait derrière moi ; il n'était pas très haut et offrait suffisamment de creux et de saillies pouvant servir de marches. Plus haut existait, vraisemblablement, un sommet arrondi et herbeux, comme celui de toutes les montagnes de la région. Une fois là, je trouverais le moyen de gagner une vallée par une pente moins abrupte que celle que je dominais.

Mes prévisions se réalisèrent, l'escalade me conduisit sur un large plateau gazonné, d'où il me fut facile de descendre.

Les gnomes du passage souterrain avaient témoigné beaucoup d'indulgence pour mes humbles vertus. Je n'étais pas, il est vrai, arrivée à Lhassa, mais, je n'avais, non plus, été ni dévorée, ni molestée. Nul doute, cependant, que ces petits êtres malicieux ne se divertissaient à m'épier pour voir comment je prendrais la suite de mon aventure.

Après avoir heureusement quitté la petite terrasse où j'avais passé la nuit, j'avais dû faire un long bout de chemin sur le plateau qui la dominait, avant d'atteindre la tête de la vallée par où j'étais descendue. L'extrémité inférieure de celle-ci touchait à la plaine que j'avais contemplée, de haut, la veille au soir et à mon réveil. Je me rendais compte que pour regagner mon camp, il me faudrait contourner tout un côté de la montagne. Je n'avais pas envisagé une aussi longue excursion et cette issue inattendue de mon « exploration » me causa un accès d'hilarité qui dut mortifier les petits génies malicieux s'apprêtant à rire de ma mine déconfite.

Je riais, mais j'étais affamée ; depuis la veille, je n'avais rien mangé. Bien qu'il me fût impossible d'estimer, exactement, la distance que j'allais avoir à parcourir, j'étais, pourtant, certaine de ne pas m'égarer en ne m'écartant pas du pied de la montagne et, marcher en plaine n'offrait pas de difficulté. N'ayant, donc, aucun sujet d'inquiétude, rien ne m'empêchait de m'arrêter pour me restaurer. Les « provisions de route » dont mon domestique m'avait munie allaient me venir à point. Ouvrant le petit sac, j'eus le plaisir de constater que mon prévoyant Tibétain avait mis un gros morceau de beurre au milieu de la farine d'orge grillée (tsampa). Je possédais, ainsi, les éléments d'un repas substantiel qu'arroserait l'eau claire de la rivière gazouillant à mes pieds, parmi les galets.

Rassasiée, je me remis en route sans hâte. Le temps

était superbe et flâner, seule, dans la solitude, est un de mes plus grands plaisirs.

Il semblait que le couloir souterrain que j'avais suivi traversait la montagne à un endroit où sa largeur était peu considérable ; tout au contraire, elle s'étalait en de multiples festons du côté où je la côtoyais. L'après-midi toucha à sa fin sans que j'eusse atteint mon camp.

Toute reposée que je me fusse sentie, à mon réveil, la fatigue de la veille m'avait laissé une courbature que la marche faisait reparaître. Et puis, je songeais que le sommeil m'ayant terrassée à ma sortie du souterrain, je n'avais pas goûté le charme de la nuit précédente passée, seule, sous les étoiles, tandis que je pourrais jouir, à loisir, de la nuit qui venait... Les tentations de ce genre durent peu, chez moi ; j'y cède rapidement.

Mon petit sac contenait encore un peu de *tsampa*, de quoi souper, en réservant une ou deux bouchées pour mon déjeuner du lendemain. Je cherchai un repli bien abrité et y passai une nuit agréable.

Le lendemain, vers le milieu de la matinée, j'arrivai à mon camp.

Des exclamations me saluèrent, mes domestiques se prosternèrent devant moi, avec une ferveur inaccoutumée, tout en échangeant, entre eux, des regards d'intelligence.

« — Faites du thé et préparez-moi un bon repas », commandai-je ; et j'entrai dans ma tente.

Cependant, sans que je m'en doutasse, les nigauds à mon service, la tête farcie de superstitions et de miracles, avaient rapproché mon absence de la croyance au chemin souterrain conduisant à Lhassa et, tout bonnement, en avaient conclu que j'avais effectué le voyage merveilleux, battant tous les records puisqu'au lieu de mettre cinq jours pour atteindre Lhassa, le trajet, aller et retour, ne m'avait pas même pris deux jours entiers.

Ils ne manquèrent pas de publier le prodige dans tous les campements de pasteurs où nous nous arrêtâmes au cours de l'été et ceux qui en entendirent le récit le rapportèrent à d'autres. C'est ainsi que, quinze ans plus tard, bien loin des lieux où elle était née, l'extraordinaire fable dont j'étais l'héroïne, se rappelait à mon souvenir.

Dix jours plus tard, je recevais une lettre d'une Américaine de mes amies que j'avais laissée à Pékin, où elle se proposait de faire un long séjour.

« Avec grand regret », écrivait-elle, « je quitte la Chine. La plupart des étrangères qui habitaient la pension de Mme X... se sont déjà embarquées, les autres se hâtent de faire leurs préparatifs de départ. J'espère que vous serez à l'abri où vous êtes, et tout à fait à l'écart des combats. »

Quels combats ?... Que se passait-il ?...

Sur ma montagne, tout occupée des prouesses bizarres de Djampéyang, je n'avais aucune idée des événements survenant dans le monde. Les moines de Pou-sa ting n'étaient pas mieux informés que moi. Yongden descendit au village ; les boutiquiers ne purent lui fournir aucun renseignement.

Le 19 juillet, des rumeurs commencèrent à circuler. Des avions japonais, disait-on, avaient bombardé Pékin. Le général, maire de la ville, rassemblait des troupes pour défendre la place. Les trains ne circulaient plus entre Pékin et Paoting fou, au sud, ni entre Pékin et Tatoung, au nord-ouest. Peut-être cela signifiait-il que tous les trains étaient réservés aux transports militaires ? Peut-être cela signifiait-il que l'on se battait de ces côtés...

Les jours passaient ; le service postal vers Pékin était interrompu, même entre Taiyüan et Wou tai chan, les courriers ne circulaient plus régulièrement : aucune nouvelle ne nous parvenait.

Ce n'était pas la première fois que les Japonais attaquaient la Chine et l'impression de tous, pendant mon séjour à Pékin, était qu'ils tâcheraient, encore, d'en arracher un morceau. Probablement allions-nous apprendre que la chose s'était faite, puis, comme précédemment, le calme reviendrait.

Je retournai aux chroniques et à Djampéyang.

L'été se montrait anormalement pluvieux ; les sentiers boueux ne se prêtaient pas aux excursions. Je demeurais la plupart du temps chez moi et continuais à recevoir des visiteurs. Il me fallait écouter, avec patience, beaucoup de bavardages futiles pour recueillir, à de longs intervalles, des informations intéressantes.

Les ermites qui avaient habité Wou tai chan, avant l'arrivée de l'enfant miraculeux, excitaient ma curiosité.

Quelle doctrine professaient-ils ? — Quel but poursuivaient-ils ? — J'avais déjà posé beaucoup de questions à leur sujet sans obtenir de réponses satisfaisantes.

Un jour, un lama gyarongpa [1] de naissance, mais établi depuis longtemps à la frontière mongole, vint me voir. Un *trapa* (moine), à la fois disciple et serviteur, l'accompagnait. Tous deux parlaient couramment le tibétain. Le lama était instruit, je lui fis part de l'intérêt que ces anciens anachorètes m'inspiraient.

Il n'hésita pas : « Ces ermites cherchaient le moyen de se rendre immortels », me dit-il. « Depuis des milliers d'années, des solitaires ont poursuivi cette recherche : des Tao-sses [2], certains Böns, aussi, et d'autres avant eux. »

« — Avez-vous lu des livres sur ce sujet ? » demandai-je.

« — Non, mais j'en ai entendu parler par des gens initiés à ces connaissances. Comme lama, je ne lis que les livres bouddhistes. A quoi bon perdre son temps à lire les autres, ce qui y est écrit est faux. »

Je m'abstins de contredire mon visiteur pour ne pas le fâcher et interrompre la conversation.

« — Et que disaient les gens que vous avez entendus ? »

« — Ils disaient que les savants Tao-sses et les grands Böns étaient, autrefois, capables de transformer la substance matérielle de leur personne en une substance impérissable. Cette transformation s'opérait lentement, par des moyens très particuliers, et entièrement spirituels, que

1. On appelle de ce nom des tribus tibétaines établies, de longue date, dans les vallées de l'extrême ouest de la Chine (gya = Chine — rong = vallée) actuellement comprises dans la province du Szet-chouan.

2. Les recherches des Tao-sses chinois, à ce sujet, et la fabrication de breuvages d'immortalité, à laquelle ils se livraient sont des faits historiques bien connus. Leur parenté avec l'alchimie de notre moyen âge paraît probable. Les raisons ne manquent pas de soupçonner que la « pierre philosophale » était un terme imagé, à l'usage des initiés, se rapportant, non pas tant à la transmutation de substances communes en or, qu'à une transmutation d'ordre plus subtil, visant à rendre immortelle notre propre substance. Rechercher les théories ésotériques des anciens Tao-sses, concernant les moyens de se rendre immortel et les comparer avec celles des mystiques et des occultistes tibétains figurait au programme de mon nouveau séjour en Chine.

leurs Maîtres avaient appris de Maîtres encore plus anciens.

« L'enfant miraculeux de Wou tai chan a pu être un de ces immortels qui se rajeunissent à volonté. Et, s'il était, vraiment, un avatar de Djampéyang, celui-ci ne possède-t-il pas la clef de toutes les sciences ?...

« Les Tao-sses et les Böns vulgaires fabriquent des médecines, des élixirs, des pilules qu'ils donnent comme étant propres à rendre immortels ceux qui les ingèrent, ou, tout au moins, à leur assurer une longévité très supérieure à celle que les hommes peuvent atteindre naturellement.

« La composition de ces boissons et de ces pilules est tenue très secrète. L'on dit qu'elles contiennent des poisons et, parfois, du sang humain soutiré à des individus jeunes et robustes. J'ai entendu raconter que certains Böns avaient imaginé de faire dissoudre des hommes vivants en les plongeant dans une cuve pleine de médecines. De temps en temps, ils remettaient de nouvelles victimes dans la cuve, avec les restes de leurs prédécesseurs. »

Je sursautai. Plusieurs années auparavant, une histoire de ce genre m'avait été racontée, avec d'amples détails, par un homme qui avait vu ce qu'il rapportait et l'horreur de ces descriptions était telle que, parfois, j'hésitais à croire à leur réalité. Etait-il donc vraiment possible que de telles pratiques aient jamais existé, qu'elles existassent peut-être encore ?

« — Où cela se passait-il ? » demandai-je.

« — Je n'en sais rien. J'ai ouï dire qu'un *riteu* (groupe d'ermitages) de Böns noirs avait été brûlé par les villageois de la région, parce que les sorciers qui y vivaient, capturaient des hommes qui leur servaient à fabriquer un breuvage d'immortalité. Mais cela s'était passé loin de chez moi. Des pèlerins de passage le racontaient... »

« — C'est moi qui les avais introduits auprès de vous, *kouchog* (monsieur). Ils demandaient que vous leur fassiez l'aumône de provisions de voyage. Je me rappelle très bien ce qu'ils racontaient », dit le *trapa*, désireux de se donner de l'importance en paraissant bien renseigné.

Le lama fit un geste marquant l'indifférence, le sujet ne l'intéressait pas.

Il ne s'agissait, peut-être, que de racontars. Tous les

pays ont leurs histoires de sorciers immolant de jeunes garçons. Il s'en faut que tous les Chinois aient renoncé à croire que les étrangers emploient des yeux d'enfants pour fabriquer leurs médicaments. Il y a quelques jours, la supérieure d'une communauté de l'ordre des Franciscaines Missionnaires de Marie me racontait qu'en 1937, à Wanhsien [1], le bruit courut que les religieuses arrachaient les yeux aux fillettes de l'orphelinat. Un certain nombre de celles-ci étant mortes au cours d'une épidémie, on exhuma leurs corps afin de vérifier si les yeux s'y trouvaient encore. Pendant ce temps, les Sœurs avaient été arrêtées et détenues, pendant vingt-quatre heures, par les autorités.

Quelles sont les propriétés de ces médicaments dans la composition desquels entrent des yeux d'enfants ? — Elles sont diverses, disent les indigènes, mais l'une d'elles consiste à rendre capable de voir sous la terre et, ainsi, de découvrir les trésors minéraux qu'elle cache.

Les pratiques macabres visant à l'obtention de pouvoirs extraordinaires ont, d'ailleurs, existé chez la plupart des peuples, sinon chez tous. Faut-il même parler, entièrement, au passé ?

Dans un tiroir du bureau sur lequel j'écris ceci, dans les Marches tibétaines, j'ai des pilules qui contiennent de la chair humaine empruntée au cadavre d'un de ces solitaires que les Tibétains considèrent comme des surhommes. Celui qui me les a données : Nam tso Tulkou, un lama dont la résidence se trouve dans les environs de Dao, a cru me faire un cadeau d'un prix inestimable. D'après lui, ces pilules peuvent m'immuniser contre toutes les maladies, m'assurer une longue vie et d'autres avantages précieux. Pour ne pas désobliger ce brave homme, j'ai dû en avaler une devant lui.

La foi en l'efficacité de la destruction, du sang répandu, pour produire de la vie, s'attarde encore en bien des points du monde barbare. Il n'y a pas si longtemps que, dans les montagnes de l'Inde, les indigènes des tribus Khound élevaient des jeunes filles qu'ils nommaient des *mériah* pour les sacrifier, rituellement, au-dessus d'une fosse. Leur sang coulant dans celle-ci et pénétrant dans

1. Une ville importante, avec port sur le Yangtsé.

la terre, devait, pensaient-ils, la fertiliser et assurer la croissance de récoltes abondantes.

Dans l'ancien Mexique, chez les Aztèques, c'étaient des hommes que l'on retenait, ainsi, pendant plusieurs années, dans une demi-captivité comme prélude au rite au cours duquel on leur ouvrirait la poitrine pour en arracher leur cœur.

De tels rites dont le but, plus ou moins ouvertement exprimé, était toujours de stimuler la fécondité de la terre, donc de produire de la vie, ont existé presque en tous pays.

Si l'agonie des hommes, plongés vivants dans les cuves macabres, dont le lama parlait, était plus dramatique, celle des victimes hindoues, ou mexicaines, se prolongeant pendant des années dans l'attente de l'immolation inéluctable, n'était pas moins terrible.

Quant à la manducation de la chair d'un être puissant ou vénérable, afin d'assimiler une partie de sa substance matérielle, avec les qualités physiques et psychiques qui y sont attachées, le fait n'est pas exceptionnel [1].

Manger le cœur du lion tué à la chasse, ou celui d'un vaillant ennemi, pour faire passer, en soi, la force et la bravoure du mort a été — et est toujours — pratiqué. Il y a une vingtaine d'années, lors d'une expédition chinoise, contre les Tibétains, ceux-ci racontaient que les soldats chinois mangeaient le cœur des combattants ennemis, tués dans les batailles.

Des effets particuliers ont, aussi, été attribués à l'ingestion de sperme considéré comme véhicule d'énergie vitale [2].

Je viens de mentionner les pilules contenant de la chair d'une personnalité exceptionnelle par sa sainteté, sa sagesse ou ses pouvoirs magiques ; évidemment, celles-ci ne se vendent pas chez les pharmaciens orientaux. Elles sont passées, de main en main, secrètement, ou, tout au moins, discrètement, mais elles ne constituent pas, absolument, une rareté et l'on en attend, précisément, des effets analogues à ceux que les Böns, dont on m'a narré les sinistres

---

1. Voir à ce sujet, *Parmi les Mystiques et les Magiciens du Tibet :* Le cadavre miraculeux, p. 160.
2. Voir *Initiations lamaïques*, p. 41. (Editions Adyar, Paris.)

pratiques, attendaient de leur infernal élixir d'immortalité.

Certains, plus raffinés, ont éliminé la partie crûment réaliste des rites de manducation, en même temps qu'ils élevaient, en dignité, l'être dont le participant à la communion ingérait la substance. Chez les Aztèques, ce n'était pas un simple humain, mais un dieu qui était offert comme nourriture. Lors d'un certain festival, les prêtres de Vitzilipuztli façonnaient une idole en pâte qui représentait ce dieu. Au cours de cérémonies tenant de la magie, celui-ci était amené à s'incorporer dans l'idole. — C'est là, un genre de rite courant au Tibet, avec cette différence qu'on n'y construit pas l'idole dans ce dessein ; un simple gâteau de pâte (torma) en tenant lieu. — Le dernier acte du festival consistait à mettre en pièces la statue de Vitzilipuztli et à en distribuer les morceaux au peuple qui les mangeait dévotement, disant manger la chair et les os du dieu, considérés comme un aliment de vie.

Nos contemporains des sociétés civilisées n'ont nullement renoncé à ingérer la substance matérielle d'un être divin. Bien que l'horreur d'une manducation effective de chair sanglante soit épargnée à leurs nerfs plus délicats, c'est pourtant un article de foi, parmi les catholiques, que celui qui communie ingère la chair et le sang de Jésus, aussi bien que les principes subtils de sa personnalité : son âme et sa divinité.

Certains écrivains religieux insistent même fortement sur le caractère de *nourriture* du sacrement eucharistique. Evidemment, ceux à qui ils s'adressent, interprètent leurs discours dans un sens spirituel. La *nourriture* qu'ils absorbent doit sustenter leur âme et c'est à l'immortalité de celle-ci qu'ils pensent, plutôt qu'à la longévité ou à l'immortalité de leur corps. Il n'en est pas moins certain que la réalité du repas sanglant — quoique déguisé par les espèces du pain et du vin — est affirmée et quiconque nie que de la chair et du sang véritables sont ingérés par le fidèle, est frappé d'anathème par les Eglises romaine et grecque.

En me remémorant les formes diverses affectées par l'idée, si fortement ancrée dans l'esprit humain, d'emprunter des éléments de vie à un être vivant, j'en arrivai à conclure à la vraisemblance du fait horrible qui m'avait été narré et dont je venais d'obtenir la confirmation indirecte. Il devait se rapporter à une épouvantable opération d'alchimie primitive.

Ainsi cessèrent les hésitations que j'avais éprouvées jusqu'alors, à écrire l'histoire dramatique de l'ancien chef de brigands qui, au cours de ses aventures, avait vu pratiquer cette alchimie d'une manière qui laisse loin, derrière elle, toutes les imaginations de Dante, concernant l'Enfer [1].

Bien que très absorbée par mon travail, je sentais pourtant le changement qui se produisait dans l'atmosphère morale de Wou tai chan. A l'indifférence avec laquelle les premières nouvelles d'une attaque japonaise avaient été accueillies, succédait une vague inquiétude. Inquiétude irraisonnée, chez les boutiquiers des villages et les moines des monastères car aucun d'eux n'imaginait que le calme de Wou tai chan pût être troublé. Cette agglomération, en majorité monastique, leur paraissait être trop profondément enfoncée au cœur des montagnes pour avoir à craindre quelque chose de l'agitation du monde [2]. Pourtant, le malaise qui les oppressait croissait de jour en jour.

Il se confirmait que les Chinois se battaient contre les Japonais, mais où ? et quel était le résultat de ces combats ? — Nul n'en savait rien.

Un jour, l'on annonça que la grande gare de Pékin — celle d'où partent les trains allant vers le nord — avait été incendiée. Puis, le bruit se répandit que le général, maire de Pékin, avait ouvert les portes de la ville à l'ennemi. On ajoutait que les ambassadeurs des nations étrangères avaient *défendu* que l'on se battît dans Pékin. Les belligérants devaient vider leur querelle hors des murailles. Cela paraissait réglé comme un match de football et, en entendant ces propos, l'on concevait, naturellement, l'idée que les événements n'avaient rien de très sérieux. Les ambassadeurs étrangers « qui avaient *défendu* » aux mauvais

---

1. Voir *Magie d'Amour et Magie Noire.* (Plon, Paris.)
2. L'année suivante, la région de Wou tai chan devint le quartier général de l'armée communiste qui y tint longtemps les Japonais en échec avant de devoir battre en retraite.

garçons de se battre dans Pékin, allaient promptement mettre fin à leur turbulence... Nous sommes loin de ces imaginations aujourd'hui et, pour n'avoir pas été capables de « défendre » avec autorité quant il l'aurait fallu, nous avons ruiné notre prestige moral et nos intérêts matériels en Orient.

Un autre matin, le facteur nous rapporta que les rumeurs qui avaient couru étaient bien fondées. Pékin était véritablement isolé, les trains n'y arrivaient plus, les Chinois avaient détruit un grand pont. Quel pont ? — Tout le monde l'ignorait.

Cela n'empêcha pas mon cuisinier de prendre des airs de matamore et, entre la préparation de mes repas, de clamer à qui voulait l'entendre : « Nous allons reprendre la Mandchourie !... Tous les Chinois marcheront contre les Japonais !... »

« — Et toi », lui dis-je, une après-midi où ses rodomontades m'avaient particulièrement agacée, « tu vas, naturellement, t'engager dans l'armée ! »

« — Moi, je ne puis pas », me répondit-il, l'air étonné de ce que je pusse supposer une chose aussi absurde. « Je suis nécessaire à ma famille. »

On allait entendre pareille déclaration tout au long de la guerre. « Le premier devoir d'un homme est envers sa famille », répétaient des millions de Chinois et, ceci proclamé avec assurance, ils restaient chez eux : derrière le comptoir de leur boutique, assis à leur bureau ou vaquant, d'une autre manière, à leurs affaires privées. Se battre, c'était l'affaire de la plèbe, des coolies, des « sans famille ».

La primauté du devoir envers sa famille était une thèse défendable, surtout en un pays où la famille qui dépendait, pour sa subsistance, des gains de son chef, n'avait aucune compensation à espérer si celui-ci venait à être tué à la guerre ou estropié de façon à ne plus pouvoir exercer aucune profession.

De son côté, le misérable débardeur, portefaix ou « homme-cheval » traîneur de rickshaw pouvait arguer que peiner sous ses compatriotes ou peiner sous les Japonais, c'était tout un pour lui et qu'il n'avait pas besoin d'exposer sa misérable vie à de plus grands risques, alors qu'aucune espérance ne lui était permise d'améliorer son sort. Cette opinion, aussi, était défendable.

D'autres thèses encore, toutes parfaitement logiques, pouvaient être mises en avant. Néanmoins, ces raisonnements, quelque excellents qu'ils soient, sont susceptibles, étant mis en pratique, d'amener la mort d'une nation.

Est-il donc absolument inévitable qu'il y ait antagonisme entre l'intérêt de l'individu et celui de la collectivité ? — Probablement que non. Mais l'on peut, aussi, se demander, pourquoi notre terre, qui pourrait être un séjour passablement agréable, pour des êtres intelligents, est transformée en enfer, par la stupidité de ses habitants.

Par la suite, j'allais entendre des étudiants s'excuser de ne pas se joindre aux combattants en alléguant qu'ils devaient achever leurs études. D'autres disaient, d'un air sagace : « Je me réserve et me prépare pour la prochaine guerre. » Un jeune homme, très conscient de son importance, déclarait : « Je contribue à soutenir le moral des troupes en composant des poésies patriotiques. » Enfin, une partie de la jeunesse riche des grandes villes : Changhaï, Hankéou, ne prenait pas la peine de chercher des raisons à son abstention du devoir patriotique ; elle se contentait de s'amuser dans les dancings ou les tripots.

Mais je ne vis ces choses et n'entendis ces propos qu'après avoir quitté Wou tai chan. Là, les humbles boutiquiers des villages avouaient seulement à Yongden : « J'ai peur. » Quant aux lamas, aux trapas [1], aux bonzes, une guerre nationale, pensaient-ils, ne les concernait pas. Pourvu que leurs monastères respectifs, et les biens de ceux-ci, demeurassent saufs, que les fidèles continuassent à y apporter des offrandes, le régime politique en vigueur, ou la nationalité des gouvernants leur importait peu. Pour d'autres motifs, leur conclusion ressemblait à celle des misérables coolies. Ce n'était pas là une attitude à opposer à celle de patriotes fanatiques tels que les Japonais.

1. Membres du clergé lamaïste inférieur.

CHAPITRE V

RÉPERCUSSION DE LA GUERRE A WOU TAI CHAN. — LA PREMIÈRE LIGNE DES COMBATS S'EN RAPPROCHE. — PREMIER VOL DES AVIONS ENNEMIS AU-DESSUS DE LA MONTAGNE.

Le 15 août 1937 une certaine agitation se produisit à Wou tai chan. Le bruit courait que trente avions japonais, en reconnaissance, avaient survolé Taiyüan. Dans la crainte de prochains bombardements, les autorités conseillaient, à tous ceux que des affaires impérieuses ne retenaient pas, de quitter la ville. L'évacuation de Taiyüan pour les femmes et les enfants allait être rendue obligatoire.

Le lendemain arrivèrent des bandes de Mongols terrifiés. Les femmes portaient des bébés dans leurs bras, les hommes ployaient sous le poids de fardeaux de hardes, et d'ustensiles domestiques ; j'en vis deux transportant, chacun, une charrue. Quelques autres conduisaient des chevaux chargés de bagages sur lesquels des enfants étaient attachés. Ces malheureux me fournirent le premier échantillon du lamentable spectacle que j'allais contempler pendant des mois.

Les nouvelles apportées par ces fugitifs étaient navrantes. Kalgan avait été plusieurs fois bombardé, ainsi que des villages environnants. Les victimes étaient nombreuses. Chinois et Japonais se battaient entre Pékin et le Chahar ; les voyageurs se dirigeant vers Pékin trouvaient les routes barrées et devaient rebrousser chemin.

S'agissait-il donc de quelque chose de plus sérieux que

les précédents « incidents » ? — Je me le demandais, sans, toutefois, croire que les hostilités s'étendraient au-delà d'une zone relativement limitée, entre Pékin et le nord de la Chine.

Sur ce, une dame allemande, habitant Taiyüan, qui possédait un appareil de radio, m'envoya un résumé des nouvelles qu'elle avait entendues. De grands combats s'étaient livrés entre Pékin et Tientsin. Les pertes des Chinois avaient été si considérables que, pendant trois jours, ils avaient emporté leurs morts et leurs blessés par pleines charretées, puis, finalement, comme il en demeurait encore beaucoup plus sur le terrain, ils avaient renoncé à les transporter.

Plus tard, un médecin français résidant à Pékin me confirma ces détails. Un grand nombre de ceux qui avaient été grièvement blessés, m'écrivit-il, étaient morts sur place après être demeurés plusieurs jours sans secours.

Ma correspondante mentionnait, aussi, de vastes incendies : la partie indigène de la ville de Tientsin avait été réduite en cendres, rapportait-on.

Quelques jours après la réception de cette lettre, l'officier commandant le poste militaire de Wou tai hsien arriva à Wou tai chan. Il nous annonça que Pékin et Tientsin avaient été cédés aux Japonais. Le bruit courait aussi que les Japonais attaquaient Changhaï.

Une activité inaccoutumée commença à se manifester parmi les troupes stationnées dans plusieurs des monastères de la vallée.

Dans les provinces, les Chinois ne s'étaient pas mis en peine de construire des casernes ; presque partout, les troupes occupaient les temples bouddhistes ou taoïstes, ce qui achevait leur dégradation.

Immédiatement au-dessous de l'éperon de montagne sur lequel s'élevait Pou-sa ting, quelques centaines de soldats logeaient dans un vaste monastère. Ceux-ci commencèrent à exécuter, quotidiennement, des exercices gymnastiques à la barre fixe. L'entraînement des clairons dut, aussi, avoir été ordonné. Dès le lever du jour, on les entendait déjà, montant et descendant des gammes, ou essayant des sonneries. Par deux, par trois, isolés, de-ci de-là, parmi des bouquets d'arbres, ou bien entre les rochers, ces apprentis musiciens jetaient, interminablement, aux échos, des sons dolents dont la sempiternelle répétition éveillait, en moi, une envie canine de hurler.

Une plus violente démonstration d'activité nous fut donnée un matin. Les soldats montèrent plusieurs caisses de grenades à Pou-sa ting et, prenant position à l'une des portes de l'enceinte, ils précipitèrent leurs grenades, une à une, dans la vallée. Le fracas, causé par les explosions, dura pendant plusieurs heures, puis, remportant les caisses vides, les soldats redescendirent, gaiement, le grand escalier blanc aux cent huit marches, qui menait vers leurs cantonnements. Ils paraissaient s'être « bien amusés » ; ils avaient également conscience d'avoir touché à quelque chose d'important. Les Orientaux en sont encore à jouir des inventions de la « civilisation » et à s'enorgueillir de les manier. Les Japonais, non plus, dans la guerre actuelle, ne sont pas encore revenus de la surprise enchantée qu'ils éprouvent à piloter des avions, à lancer des bombes et à humilier les Blancs. L'exaltation que ce sentiment produit en eux est pour beaucoup dans la bravoure et la ténacité qu'ils manifestent.

Le vacarme des explosions jeta la panique parmi les moineaux familiers et les pigeons sauvages que j'avais apprivoisés au point de les faire manger dans ma main, perchés sur mes bras. Ils disparurent de Pou-sa ting. Je ne discernai aucun autre résultat de ce gaspillage de munitions. Au nord de Wou tai chan, les Japonais continuaient leurs massacres.

Une grande pitié me venait à regarder les fluets soldats chinois, très jeunes, pour la plupart, sans entraînement militaire. Qu'allaient-ils devenir en face de troupes bien armées et préparées, de longue date, à la besogne qu'on en attendait ?

Quelques jours plus tard, la rumeur se propagea que les soldats stationnés à Wou tai chan partiraient le surlendemain pour Suiyuan et, de fait, ils s'en allèrent nuitamment, en grand silence. Tout ce que je perçus fut le bruit lointain des sonnailles d'un convoi de mules passant dans la vallée.

Plusieurs milliers d'hommes vont, incessamment, suivre ceux-ci, disait-on dans le village. Je ne vis point ces « milliers », ils durent prendre un autre chemin. Tout ce que j'aperçus furent de petits groupes qui passaient sur la route, comme en flânant, tantôt trois ou quatre hommes ensemble, tantôt, davantage, mais, au plus, une dizaine. Haute stratégie, déclaraient les boutiquiers. De crainte d'être vus par des avions ennemis, les soldats marchent pendant la nuit et se cachent lorsque le jour vient, ou bien, ils n'avancent que très peu nombreux à la fois. Euh ! je n'étais pas convaincue.

Pourtant, un soir, au crépuscule, revenant d'une promenade, je rencontrai un petit convoi serpentant dans la vallée étroite et boisée, bordée par de très vieux cimetières, qui s'étend au pied de Pou-sa ting. Les animaux : chevaux, mules, des ânes, même, avaient été réquisitionnés, des paysans les conduisaient ; une demi-douzaine de soldats servaient d'escorte. Je comptai les bêtes, au passage ; il y en avait un peu plus d'une centaine. Elles portaient des caissettes qui paraissaient contenir des cartouches, des sacs de farine, de minables couvertures et l'ustensile que la Chine paraît juger le plus indispensable, des cuvettes en fer émaillé servant plus spécialement à contenir l'eau chaude des ablutions, mais faisant aussi bien office de plats ou de casseroles, quand les circonstances le demandent.

De ce convoi cheminant entre ces tombes vétustes, dans la clarté grisâtre du jour tombant, émanait une mélancolie poignante. Depuis le début de la guerre, tout paraissait, d'ailleurs, s'envelopper de tristesse ; une indicible angoisse planait sur les êtres et sur les choses qui semblaient dans l'attente de quelque inéluctable horreur.

Avec la peur qui s'infiltrait dans les esprits, les sentiments ataviques de religiosité se réveillaient. Les dévots devenaient plus nombreux à Pou-sa ting. Des soldats, le képi à la main, ou même des officiers, visiblement gênés de se trouver, en posture de suppliants, au pied des autels, faisaient fumer des bâtons d'encens devant la statue de Djampéyang ou consultaient le sort en secouant les baguettes divinatoires.

Une après-midi, je vis s'agenouiller devant le « Djampéyang mort », un soldat qui plaça devant lui, sur les marches de l'autel, le képi galonné d'un officier. Celui-là agissait par procuration. Son chef ou l'un ou l'autre des proches de celui-ci : sa femme ou sa mère, l'avait envoyé avec cette coiffure représentant celui dont on voulait connaître le destin et les moyens de parer à ce qu'il pouvait comporter de menaces.

Je vis l'homme agiter le vase en bambou contenant les baguettes ; l'une d'elles en sauta, effleura le haut du képi et tomba à côté de lui. Le gardien du temple la ramassa, lut l'inscription gravée sur elle, consulta le livre d'oracles, puis, chuchota, pendant quelques instants, près du délégué. Celui-ci déposa alors une offrande sur l'autel, empaqueta soigneusement le couvre-chef galonné dans une serviette et s'en alla.

Que lui avait-on dit ? — Qu'allait-il rapporter à celui ou à celle qui l'avait envoyé ? — Un consolant message d'espoir, ou de sombres prophéties ?...

Un autre jour, la vallée s'emplit du bruit des pétards saluant l'arrivée d'un général [1]. Il allait partir pour le front et, sous prétexte d'inspecter on ne sait quoi, il faisait un pèlerinage, passant d'un temple à l'autre. Je vis un homme d'âge moyen, courtaud, pourvu d'un bedon important, monter les degrés du temple principal ; celui dans lequel Djampéyang chevauche un lion blanc. Il parut se recueillir un instant devant l'autel, chapeau bas, s'inclina profondément et continua le cours de ses visites.

Par la suite, ce général fut le triste héros d'une assez grotesque aventure. Voici comment elle me fut rapportée. Etant sur le front avec ses troupes, il se concerta avec le maréchal Yen Sie-san, gouverneur du Chansi au sujet d'une attaque que tous deux devaient effectuer, contre les Japonais, à un moment déterminé. Tout étant convenu, au jour et à l'heure dits, le maréchal lança ses soldats sur l'ennemi, convaincu que le général faisait de même, de son côté, mais ce dernier n'arriva que deux heures plus tard sur le lieu du combat, alors que les troupes du maréchal, à demi anéanties, battaient en retraite.

« — Je veux votre tête ! » hurla le maréchal, furieux, lorsqu'il revit son subordonné.

Quelles excuses celui-ci lui fournit-il, je n'en sais rien, mais il paraît que le maréchal lui accorda trois jours de

---

1. Les salves de pétards sont en grand honneur en Chine. Elles servent à tout propos : comme salut à l'arrivée d'une personnalité de marque ou à son départ ; comme signe de réjouissance à l'occasion des fêtes civiques, familiales ou religieuses. Elles accompagnent les offrandes faites aux déités, etc., etc.

grâce. Au bout de ce temps, ou il aurait battu les Japonais, ou il serait exécuté.

« — Trois jours ne me suffisent pas pour préparer une attaque qui puisse être couronnée de succès ; accordez-m'en dix », plaida le coupable. Le maréchal céda encore.

Avant que les dix jours soient écoulés, le général passa à l'ennemi, emmenant avec lui sa concubine et, probablement, la plus forte partie de sa fortune liquide. A Taiyüan, demeuraient, abandonnés, son épouse légitime et ses enfants.

Des nouvelles confuses continuaient à être colportées sous le manteau. Certains disaient que les autorités avaient défendu de parler de la guerre, ce qui était, je crois, pure imagination dans les cervelles des boutiquiers poltrons. Ceux-ci montraient, alternativement, des physionomies exultantes et des faces désolées, mais toujours également empreintes de mystère.

Chaque fois qu'il revenait du marché, mon belliqueux cuisinier me faisait part d'un « secret » qu'il avait surpris. Les Russes, racontait-il, attaquaient les Japonais. Puis, tandis que ces derniers survolaient Nankin, les Chinois avaient abattu dix de leurs avions, sans, eux-mêmes, essuyer de pertes. Hélas ! la correction se faisait peu après. C'étaient dix avions chinois, sur trente ayant pris part au combat, qui avaient été descendus. Les Japonais n'en avaient perdu que cinq. Quant aux Russes, ils ne bougeaient pas.

L'on annonçait, aussi, que Chiang Kai-shek avait demandé aux étrangers d'évacuer Changhaï pour lui laisser les mains libres, les Japonais se servant de leur concession comme de base et de lieu de retraite pour leurs troupes. Ceux-ci, disait-on, essayaient en vain de prendre pied fermement à Changhaï. Les Chinois les rejetaient hors du rivage après chacune de leurs tentatives de débarquement et, chaque fois, ils remportaient, sur leurs vaisseaux, un nombre considérable de morts et de blessés.

Entre temps, les nouvelles plus certaines des endroits voisins devenaient franchement mauvaises. Kalgan était aux mains de l'ennemi dont les avions survolaient fréquemment Taiyüan qu'une grande partie de ses habitants avaient évacué. Des négociants tibétains habitant Pékin, venus en pèlerinage à Wou tai chan, essayèrent de retourner chez eux. Ils ne purent franchir les lignes des combattants et revinrent à Wou tai chan.

Il semblait que je fusse bloquée et ceci m'inquiétait. J'avais laissé pas mal de bagages dans ma maison, à Pékin. Escomptant un très long séjour en Chine, j'avais emporté, de France, une véritable bibliothèque. Qu'est-ce que tout cela allait devenir ?... Peut-être, même, fallait-il dire : qu'est-ce que tout cela était devenu ?... Je me le deman dais avec une anxiété croissante au fur et à mesure que la certitude de ne pouvoir regagner Pékin s'imposait à moi.

Le froid et la neige venaient tôt dans ces montagnes dont l'altitude dépassait 2 000 mètres et, d'après ce que me disaient les hôtes de Pou-sa ting, les hivers y étaient rudes. Ceci ne m'aurait pas empêché d'accepter l'invitation des lamas qui m'engageaient à rester dans mon logis, mais l'argent que j'avais emporté pour un bref séjour estival s'épuisait rapidement et je ne voyais aucun moyen d'en faire venir de Pékin où j'avais des fonds en banque. La Poste avait cessé son service dans cette direction et il m'était impossible de communiquer avec mes banquiers.

Alors, pour m'achever, un matin, en revenant du marché, le cuisinier m'annonça qu'on avait refusé un billet de la banque de Chahar qu'il présentait en paiement. Jusque-là, ceux-ci avaient toujours été acceptés. Dans l'après-midi, Yongden descendit prendre des informations, au village. Ce qu'il apprit équivalait, pour moi, à un désastre. A cause de l'occupation du Chahar, par les Japonais, les billets de cette banque avaient perdu toute valeur. Il m'en restait pour deux cent quarante-cinq dollars chinois. En d'autres temps, cette perte, bien que regrettable, ne m'aurait pas désolée, mais isolée sur cette montagne dont le front des batailles se rapprochait de semaine en semaine, j'avais besoin d'argent pour fuir, ou pour me terrer en quelque coin isolé, avec une provision de combustible et de vivres suffisant à mon hivernage. — Je ne doutais pas, à ce moment, que la guerre ne fût terminée au printemps.

Les bombardements continuant, dans les environs, la police locale fit afficher une proclamation, évidemment copiée sur celle de Taiyüan ou d'une autre ville, enjoignant aux habitants de « descendre dans leurs caves dès que des avions seraient signalés ». Seulement, à Wou tai chan, aucune habitation n'avait de cave. L'absurdité de la recommandation qui leur était faite ne frappa personne, nul ne songea à en rire : la frayeur croissait.

Cependant, aucun bruit, plus spécialement alarmant, n'était parvenu à Wou tai chan ; en vérité, nous y étions, soudain, devenus comme séparés du monde, sans la moindre nouvelle de ce qui s'y passait. Les vagues de sentiments contraires qui avaient agité les villages étaient tombées, un calme plat régnait, le silence enveloppait les monastères, coupé seulement par les *dong don* assourdis des tambours martelés en cadence. Dans tous les temples, les lamas avaient commencé à célébrer les rites spéciaux qui doivent écarter les démons et les « démons » qu'ils visaient à chasser étaient les Japonais.

Dans cette tranquilité insolite on sentait la démence envahir les esprits. Des cas d'hallucination collective se produisirent. Un soir, comme je revenais d'une promenade aux alentours, on m'annonça que plusieurs bombes avaient été jetées sur le village le plus proche de Pou-sa ting. Le fait m'étonna ; je ne m'étais pas beaucoup éloignée et, d'où je me trouvais, j'aurais dû entendre le bruit des explosions, or, je n'avais rien entendu. Cependant, l'on assurait que des trous produits, dans le sol, par les bombes, se voyaient en plusieurs endroits. Je me rendis sur les lieux, me livrai à une inspection minutieuse dans un rayon assez étendu et ne découvris aucune trace d'explosion. Nombre de Chinois continuaient, pourtant, à affirmer qu'ils avaient *entendu* les bombes éclater et *vu* les dégâts qu'elles avaient causé. La preuve palpable qu'aucun dégât n'était visible ne les convainquait pas ; bien au contraire, semblait-il. Le nombre, d'abord très restreint des témoins du bombardement augmentait à mesure que s'avérait l'inanité de leurs racontars. Ils se répandaient en explications et en arguments saugrenus et contradictoires, s'apostrophant, renchérissant de détails sur ce qui n'avait pas existé ; chacun d'eux en avait vu plus que son voisin. Ils finirent par se quereller et s'invectiver avec l'ample richesse d'expressions que fournit leur langage et je rentrai chez moi.

La pluie n'avait pas cessé de tomber, chaque jour, pendant tout l'été ; les sentiers étaient invraisemblablement boueux et les moindres ruisseaux coulant au fond des vallées roulaient d'énormes eaux torrentielles. Ce mauvais temps ajoutait encore à la tristesse des circonstances. Mon agenda se remplissait de notes mélancoliques, trop semblables pour que je les transcrive toutes.

Le 22 août, j'écrivais : « Toujours pas de nouvelles. L'on éprouve un singulier malaise à se sentir aussi isolé, sachant qu'il se passe, ailleurs, des événements tragiques et que, peut-être, la tourmente s'approche, sans que l'on puisse ni deviner d'où elle vient ni se prémunir contre elle.

« Ce matin, j'ai vu un groupe d'une dizaine de soldats sortir du temple du « Djampéyang mort ». Ils ont allumé des lampes sur son autel, fait brûler des bâtons d'encens et salué... qui ?... Ils ne savent, probablement, rien du personnage que cette statue est censée représenter. Mais, que leur importe ; elle est une chose que l'on vénère et ils sont venus, le cœur en détresse, tenter d'obtenir protection, parce qu'ils partent pour la guerre.

« Ils appartiennent à un corps de troupe comprenant, dit-on, trois mille hommes, qui vient d'arriver, venant de quelque endroit du Chansi dont on n'a pu me répéter clairement le nom. Ils occupent plusieurs des monastères de la vallée et doivent repartir demain.

« Ils sont si frêles, ils paraissent si jeunets, ces soldats chinois ! Une grande pitié me vient en songeant qu'avant longtemps, beaucoup d'entre eux seront étendus, cadavres pourrissant dans la boue des champs. Tous sont des mercenaires, de pauvres hères qui se sont engagés pour être nourris, toucher, de temps en temps, un peu d'argent et avoir une vie un peu moins dure que celle des coolies et des mendiants. Ici, au Chansi, beaucoup s'étaient faits soldats, croyant que leur besogne consisterait à travailler aux routes que le gouverneur construit en employant de la main-d'œuvre militaire. L'idée qu'ils pourraient être appelés à se battre ne leur était pas venue et voici que, pris au piège, on les envoie à la tuerie.

« C'est, aujourd'hui, le lendemain du jour de la pleine lune. Il a encore plu jusqu'au soir. Maintenant, Pou-sa ting et les montagnes environnantes baignent dans un brouillard bleuâtre, éclairé par la lune invisible. Une poignante impression de désespérance émane de ce paysage fantastique.

« Dormiront-ils, ces garçons arrivés tout à l'heure et qui doivent repartir avant le lever du jour ? — A quoi pensent-ils ?... Cette nuit, des hommes s'entre-massacreront, peut-être, à Changhaï, ou ailleurs et, si ce n'est cette nuit, ce sera demain ou le jour suivant ; drame, sans cesse renouvelé, de la stupidité des foules, depuis l'aurore des âges... Ici, un grand silence enveloppe les choses immobiles, comme si rien n'osait respirer. Misère ! Douleur !... »

Le lendemain, avant mon réveil, les soldats quittèrent Wou tai chan.

La pluie ayant, par exception, cessé dans l'après-midi, je sortis pour me promener et faire diversion, en prenant de l'exercice, aux pensées sombres qui me hantaient.

Le massif montagneux de Wou tai chan n'a rien de particulièrement beau ni d'imposant. Comme en beaucoup d'autres endroits de la Chine, les forêts ont été coupées et les montagnes dénudées sont cultivées presque jusqu'à leurs sommets. Des pâturages naturels occupent les cimes que les champs d'avoine et de sarrasin n'ont pas encore envahis. La banalité de ce décor est relevée par quelques bouquets d'arbres épargnés, de-ci de-là, et par les ermitages s'abritant parmi eux, accrochés aux flancs des montagnes ou fièrement campés sur les sommets. Après des mois passés dans mon étroite maison pékinoise, je me sentais tout heureuse de me retrouver au milieu de larges espaces et je me serais parfaitement accoutumée à vivre à Wou tai chan ; mais il n'en était pas question.

Ce même soir, je venais de terminer mon souper, lorsqu'un homme hagard se précipita dans mon appartement, tomba à genoux devant moi et, avec volubilité, se mit à me tenir un discours interrompu par des sanglots convulsifs. Incapable d'y rien comprendre, j'appelai, pour me servir d'interprète, le domestique auxiliaire qui savait un peu de tibétain.

« — Que veut cet homme ? » demandai-je.

Interrogé par mon serviteur, le Chinois recommença ses explications et ses gémissements.

« — Il dit qu'on va le fusiller », traduisit mon garçon. « Il vous prie de le sauver. C'est le marchand ambulant à qui j'achète des fruits. »

« — Le fusiller ! Et pourquoi, qu'a-t-il fait ? »

« — Il fume de l'opium. »

« — C'est permis ; tu en fumes, toi, et Hortche, aussi. C'est la poudre que fabriquent les Japonais (l'héroïne) qui est défendue. Ce sont ceux qui en usent que l'on fusille. Dis-le-lui. »

Nouveau colloque. Le marchand de fruits, toujours agenouillé, me saisit les pieds et se met à hurler, je ne sais quoi, avec désolation. Un vigoureux soufflet que mon domestique lui applique, le calme un peu et l'explication recommence.

Un homme de la police — ou qui dit être de la police, il faudrait vérifier — a informé le malheureux que de nouveaux ordres étant venus, tous les fumeurs d'opium devaient être fusillés et, lui, était désigné pour servir d'exemple.

Je soupçonnai une tentative de chantage. On avait, probablement, voulu effrayer ce nigaud et l'amener à débourser tout ce qu'il était capable de payer, pour être épargné. Je tentai de le lui faire comprendre, mais l'état de surexcitation dans lequel il se trouvait le rendait sourd à tous raisonnements. Il voulait être protégé, emmené par moi, en lieu sûr.

Des doutes me venaient ; était-il, simplement, un fumeur d'opium, ou bien faisait-il usage de la drogue prohibée, la colportait-il et l'un ou l'autre de ses amis l'avait-il prévenu qu'on se disposait à l'arrêter ? S'il en était ainsi, le danger qu'il redoutait était réel et, naturellement, je ne devais pas le laisser fusiller s'il dépendait de moi d'empêcher ce malheur. Mais pourquoi était-il venu me trouver au lieu de s'enfuir, puisqu'il était libre ? — Je le lui fis demander.

« — Il voudrait que vous parliez au juge, en sa faveur », dit mon interprète. « S'il quitte le pays, il ne pourra plus y revenir et son commerce prospère, ici. »

C'était absurde. Je n'avais aucun titre pour changer le cours de la justice ou de ce que le magistrait tiendrait pour tel.

« — Le juge », lui fis-je dire, « ne m'écouterait pas. Décide toi-même ce que tu dois faire. Si tu n'as que fumé de l'opium, tu n'as rien à craindre. On a, sans doute, voulu t'effrayer pour te soutirer de l'argent. S'il s'agit de la drogue ou d'autre chose de ce genre, sauve-toi. As-tu de l'argent pour tes dépenses, en route ? »

Il en avait ainsi qu'un baluchon de hardes et une couverture qu'il avait apportés pour vivre chez moi jusqu'à ce que j'aie apaisé le magistrat.

« — C'est de l'opium », affirma le Chinois, « mais si vous ne pouvez pas me protéger, je m'en irai. »

Je l'accompagnai jusqu'à la porte du monastère et commandai à un de mes hommes de faire route avec lui, par des chemins détournés, jusqu'à ce qu'il fût loin des villages et qu'il ait recouvré le calme nécessaire pour veiller à sa sécurité.

Cette affaire d'opium avait dû hanter la pauvre cervelle de mon Mongol, un fumeur invétéré. Voulut-il se bien prouver qu'il pouvait s'adonner à son vice sans crainte d'être mis à mort ? — Avait-il un autre motif ? — Une après-midi, le cuisinier vint me trouver, l'air alarmé.

« — Hortche est couché et ne bouge plus », me dit-il. « Il est pâle et froid. Venez le voir, je vous prie, peut-être est-il mort. »

Je n'aime pas les tragédies. Mes longs voyages, en des pays bizarres, m'ont fourni assez d'incidents dramatiques pour que j'en sois pleinement rassasiée. Je ne me sentais nullement d'humeur à en accueillir un nouveau.

Je me rendis dans la chambre des garçons. Bien que dénuée de connaissances médicales, le cas me parut clair. Il s'agissait d'un empoisonnement. Le Mongol avait trop fumé ou avalé des pilules d'opium. Qu'allais-je faire ? — Une sorte d'apothicaire vivait dans le village le plus éloigné de Pou-sa ting. Ce bonhomme se donnait des airs de s'entendre en médecine, mais il ne quitterait pas sa boutique et ses clients et s'il y consentait, plusieurs heures s'écouleraient avant que mon envoyé l'ait atteint et l'ait amené chez moi. Le cuisinier me dissuada fortement de le faire mander, disant que mes remèdes étrangers valaient mieux que les siens.

L'intoxiqué paraissait toujours insensible.

« — Mouille un torchon », dis-je au cuisinier, « et, avec ce torchon, fouette Hortche, de toutes tes forces, sur la figure, sur le corps, partout ; tape ferme ! »

Tandis que le cuisinier s'escrimait, je préparai un épouvantable vomitif, propre à vider un cheval de ses entrailles. En revenant auprès du malade, je vis, avec plaisir, qu'il s'était un peu ranimé, ce dont le cuisinier profita pour lui faire avaler mon breuvage.

« — Maintenant », lui commandai-je, « enroule-le dans ses couvertures, puis fais chauffer des pierres et mets-les, contre lui, à ses pieds et sur ses côtés. »

Il ne se passa pas très longtemps avant que ma médication produisît son effet. J'attendis jusqu'à ce que j'eusse quelques raisons de croire que cet effet avait été complet. Puis, au début de la nuit, j'administrai à Hortche, tout tremblant, un purgatif non moins violent que ne l'avait été le vomitif. Il me semblait avoir entendu dire que les purgations ne sont pas indiquées dans le cas qui m'occupait, mais je n'en étais pas certaine et j'inclinais à croire que « vider » mon malade de tout son contenu ne pouvait que lui être salutaire. Pour cette fois, j'eus raison. D'après le rapport du cuisinier, passablement bouleversé, l'action de ma seconde médication fut tout aussi énergique que celle de la première.

Le Mongol était sauvé mais n'en menait pas large lorsque j'allai le voir, le lendemain matin.

« — C'est ainsi que l'on soignait les malades du temps de ton illustre chef Gengis khan », lui dis-je.

« — Ah ! » murmura-t-il piteusement, « la Révérende Dame a certainement eu des ancêtres parmi les gens de sa famille. »

« — Il en est exactement comme tu le dis », répondis-je. « Pendant trois jours tu ne boiras que du lait, sans rien manger et le quatrième jour, tu reprendras ton travail. »

Sur ce fut clos l'incident Hortche.

Août touchait à sa fin, la pluie ne finissait pas et il commençait à faire froid. On allumait des bûches sous mon kang[1] et je m'y asseyais, sur des tapis, les jambes croisées, à la façon orientale, devant une table basse chargée de livres empruntés aux bibliothèques des monastères. Je m'efforçais de continuer les recherches pour lesquelles j'étais venue à Wou tai chan, mais il me devenait de plus en plus difficile de concentrer mes pensées sur mon travail. La guerre s'étendait et menaçait de durer encore

1. Estrade en maçonnerie, formant le dessus d'un four qui sert de siège et de lit, qui existe dans toutes les chambres des habitations du nord de la Chine et des régions voisines de la Mongolie.

longtemps. Afin d'épargner le peu d'argent qui me restait, je réduisais de plus en plus mes repas qui devenaient tout à fait insuffisants.

Les lamas renouvelèrent leurs offres bienveillantes. Il ne tenait qu'à moi de demeurer à Pou-sa ting, m'assuraient-ils, ils me fourniraient des vivres et du combustible, je les paierais plus tard, en m'en allant, quand la guerre serait finie. Mais quand finirait-elle ?... Dans l'incertitude, il me semblait imprudent d'accepter l'hospitalité qui m'était offerte et de m'emprisonner, à Wou tai chan, pour un laps de temps dont je ne pouvais pas prévoir la durée.

Tandis que nous demeurions sans nouvelles, l'espoir m'était venu que les combats avaient cessé et que les adversaires en étaient aux palabres précédant la paix, mais des rumeurs montant, de nouveau, vers nos montagnes me détrompèrent. On se battait, toujours, à Changhaï, aux environs de la ligne ferrée Pékin-Hankéou et, près de nous, au nord de Wou tai chan.

Les dernières troupes qui étaient passées par Wou tai chan et ne s'y étaient arrêtées que pendant une nuit, campaient, assurait-on, à une soixantaine de kilomètres de nous, pour barrer le passage aux Japonais. Quant aux soldats qui avaient été casernés au-dessous de Pou-sa ting, ceux que j'avais vus s'entraîner à la barre fixe, lancer, comme des gamins, des grenades dans la vallée et redescendre, en riant, le grand escalier blanc, cinq cents hommes, disait-on : ils étaient tous morts.

D'autres, au nombre d'environ trois cents, qui marchaient nuitamment et se cachaient pendant le jour, pour échapper aux regards des aviateurs ennemis, ayant, néanmoins, été découverts par eux, avaient été, en partie, écrasés sous les débris d'un temple bombardé tandis qu'ils y dormaient, exténués après leur marche nocturne. Ceux qui avaient pu s'échapper étaient tombés, au-dehors, sous les balles des mitrailleuses.

Partout où ils attaquaient, les Japonais se heurtaient, pourtant, à une résistance beaucoup plus grande qu'ils ne l'avaient imaginée. Ils avaient cru à une victoire facile, obtenue en trois semaines, mais les événements faisaient, au contraire, prévoir une guerre longue et affreusement sanglante, dont les récents combats ne constituaient qu'un insignifiant prélude.

Alors, circula une nouvelle telle que, jamais, l'imagination n'en avait pu concevoir de plus extravagante[1]. Les Chinois, racontait-on, avaient formé une armée de singes. Ceux-ci étaient divisés par groupes de dix bêtes, chaque groupe conduit par un soldat. Leur rôle consistait à piller les dépôts de bombes des Japonais ; ils étaient, aussi, dressés à lancer des grenades.

Cette fable réapparut au mois d'octobre suivant. — J'étais alors réfugiée à Hankéou. — Le *North China* Herald, en date du 5 octobre 1938[2], reproduisait une dépêche parue dans un journal de Tôkyo qui prétendait tenir l'information de son correspondant de Kioukiang. L'article du journal de Tôkyo était transmis par l'agence Reuter.

« L'armée chinoise », disait le correspondant, « a depuis dix ans capturé des orangs-outangs dans ses provinces du sud-ouest et elle les a secrètement dressés à attaquer les soldats. A un commandement donné les orangs-outangs se précipiteront sur les lignes ennemies, s'emparant violemment des mitrailleuses, assaillant les commandants des compagnies et lançant des grenades. Trois mille de ces orangs-outangs sont tenus prêts à Hankéou pour terrifier les Japonais lorsqu'ils s'avanceront et les deux mille autres se trouvent à Wouchang sur la rive opposée du Yangtsé, en face de Hankéou. »

Cette histoire de singes, lorsque nous en eûmes connaissance, à Wou tai chan, y produisit grand effet. Du coup, l'on vit les faces des boutiquiers s'éclairer de nouveau ;

---

1. Exception faite du poème sacré de l'Inde : le Râmayâna dans lequel les cohortes simiesques du singe divin : Hanouman, combattent pour Râma dans sa lutte contre Râvana, le roi-ogre de Lanka (Ceylan) qui a enlevé Sîta, l'épouse de Râma.

2. « *Hankow Recruiting Orangs-Outangs.* — Tôkyo, october 3. — According to a cabled dispatch appearing in a Tôkyo newspaper, from its Kiukiang correspondent, the Chinese army has been capturing orangs-outangs in the south western provinces for the past ten years and secretly training them to turn loose on attacking soldiers... At a command, he says, the orangs-outangs will dash into the ennemy lines, scramble for machine-guns, assault company commanders, and throw hand-grenades. Three thousand of these orang-outangs are being held in readiness to terrorize the Japanese when they arrive and the remaining two thousand are at Wuchang across the Yangtze from Hankow (Reuter). »

ils ne doutaient plus de la victoire. Moins crédules, ou plus lents d'esprit, les Tibétains et les Mongols des monastères continuaient leurs cérémonies magiques pour écarter les « démons ». La pluie persistante, tout à fait anormale en cette saison, était considérée par eux, comme une faveur de Djampéyang qui enveloppait Wou tai chan dans la brume et les nuages pour le dérober aux regards des aviateurs ennemis.

Cependant, un matin, ceux-ci apparurent.

On se fait à tout ; l'habitude émousse, peu à peu, les impressions jusqu'à ce qu'elle rende insensible. Plus tard, à Hankéou, je regardai, avec d'autres curieux, les oiseaux meurtriers circuler dans le ciel. Ils passaient au-dessus de nos têtes, portant leurs bombes de-ci, de-là... On était las de se cacher. Mais les premiers avions survolant Wou tai chan causèrent, à tous, un pénible serrement de cœur. Les moines de Pou-sa ting, rosaire en main, allèrent s'appuyer contre les murs du temple principal, celui dont le toit distille un nectar surnaturel [1].

Aucun endroit ne paraissait plus mal choisi comme abri. Les tuiles jaunes vernissées du toit et ses ornements dorés formaient un ensemble rutilant très propre à tenter les aviateurs s'ils cherchaient à atteindre un édifice important. J'entraînai Yongden vers une des portes de l'enceinte donnant accès à l'étroite vallée ombreuse occupée par de vieux cimetières.

« — S'ils viennent de ce côté, nous courrons nous coucher dans l'herbe, sous les arbres, entre les tombes », lui dis-je. « On ne pourra pas nous y apercevoir. »

Les avions longèrent les cimes, à une assez grande distance de Pou-sa ting. L'éloignement faisait paraître leur marche presque lente, leur donnant je ne sais quel air de nonchalance hautaine, consciente de son pouvoir et pleine de mépris pour nous. Ils disparurent vers le nord.

Le lendemain, des ouvriers commencèrent à enduire de chaux teintée en gris sale, tous les chatoyants toits jaunes ou bleu turquoise, et tous les emblèmes dorés qui étincelaient, sur leurs faîtes. Triste besogne ! Les pluies parvien-

---

1. Voir chap. IV, p. 135.

dront-elles jamais à débarrasser complètement les belles tuiles vernissées de cet ignoble badigeon. Parmi celles-ci il devait en rester qui dataient de la construction des temples, à l'époque de Kien-long et avaient été témoins de la pompe impériale, quand l'un ou l'autre des Fils du Ciel montait à Pou-sa ting pour vénérer Djampéyang. Tristesse ! Epoque de méchanceté imbécile, productrice de laideur sur les choses et dans les esprits.

En septembre, le temps devint meilleur, nous eûmes de vraiment beaux jours ; j'en profitai pour faire des marches de cinq à six heures à travers les montagnes. Depuis qu'un bombardement était à prévoir, Yongden et moi emportions, dans ces excursions, le peu d'argent qui nous restait, celles de mes notes de travail auxquelles je tenais le plus et le manuscrit inachevé du livre que j'étais occupée à écrire [1]. Plus d'une fois, nous nous mîmes à rire en voyant nos robes gonflées par les papiers que nous portions. Nos « biens » disions-nous en plaisantant. Nous aurions moins ri si nous avions pu prévoir le sort réservé à tout ce que nous possédions au Chansi.

En cours de route, nous passions en vue de temples ou de monastères que j'aurais volontiers visités, mais il était impossible d'y entrer sans voir, aussitôt, surgir des sacristains empressés à montrer les trésors du lieu et à en narrer l'origine, presque invariablement, miraculeuse. Ceux-ci ne manqueraient pas de nous munir de lampes d'autel ou de bâtons d'encens à offrir aux héros historiques ou mythologiques vénérés dans leur temple. Naturellement, ils attendraient, de nous, une offrande proportionnée à la dimension de la lampe ou à la grosseur du faisceau de bâtonnets odoriférants qu'ils insinueraient entre nos doigts. Sans nul doute, l'un ou l'autre, en témoignage d'estime pour nous, seraient de forte taille et nous en étions réduits à économiser jusqu'à nos sous de cuivre, pour acheter quelques légumes. Sur ce que nous possédions, une somme devait être réservée pour nos frais de voyage, car sans savoir au juste où je me rendrais, la nécessité de quitter Wou tai chan, avant que les sentiers

1. *Scènes du Tibet inconnu. Magie d'Amour et Magie Noire.* (Plon, Paris. Réédité en 1978.)

soient encombrés de neige, m'apparaissait de plus en plus nettement.

J'avais écrit à une banque de Taiyüan demandant que l'on m'y escompte un chèque sur mes banquiers de Pékin et n'avais pas reçu de réponse. Je m'étais, ensuite, adressée à la dame française chez qui j'avais laissé des bagages en dépôt à Taiyüan et j'attendais de ses nouvelles.

Dans l'entre-temps, il nous fallait passer hors de portée des sacristains rapaces. Pourtant, la curiosité nous poussant, il nous arrivait de nous glisser subrepticement, tels des voleurs, dans l'un ou l'autre sanctuaire.

Faisant le tour du *chörten* [1] monumental, nous faillîmes devenir la proie de son gardien. Heureusement, il n'avait aperçu que Yongden et, tandis que je m'éclipsais, celui-ci affecta de faire partie d'un groupe de pèlerins mongols avides d'acquérir des mérites en illuminant les autels. Pendant que le gardien s'occupait à les pourvoir de lampes, mon fils me rejoignit et nous dégringolâmes, en vitesse, les escaliers du temple.

Un fait amusant est à signaler à propos de ce temple. C'est l'un des plus anciens de ceux de Wou tai chan. Il fait partie d'un monastère de bonzes chinois et, régulièrement, ceux-ci ont la garde du *chörten* monumental. Cependant, ayant remarqué que les pèlerins qui visitent Wou tai chan se montrent plus portés à être généreux envers les moines lamaïstes qu'envers eux, ils ont engagé les services de quelques-uns de ces derniers qui remplissent les emplois de sacristains, gardiens, officiants, etc., et, d'une façon générale, se tiennent en vue des pèlerins, tandis que les bonzes chinois, propriétaires des lieux, demeurent paisiblement dans leur monastère. Les naïfs Tibétains ou Mongols prennent le temple pour une lamaserie, prodiguent leurs offrandes aux représentants de leur secte et ces « employés » font leurs comptes, ensuite, avec leurs patrons : les bonzes.

Un autre jour, nous nous étions faufilés dans la cour de Chouching sse qui passe pour avoir été le premier des monastères construits à Wou tai chan. Ne voyant personne, nous nous étions enhardis jusqu'à pousser la porte

1. Un monument religieux composé d'un corps arrondi en coupole d'où s'élève une sorte de tour.

du temple dédié au Djampéyang « à la tête de farine » (Djampéyang Tsamgoma). Tandis que nous examinions la statue, des bruits de pas s'entendirent derrière le bâtiment où nous nous trouvions. Nous sortîmes en hâte ; un gros arbre se trouvait près de là, nous nous blottîmes derrière lui. Un homme parut qui passa un cadenas à la porte, par où nous avions pénétré dans le sanctuaire, puis se dirigea vers le porche donnant accès dans la cour et cadenassa aussi la grande porte d'entrée. Nous étions prisonniers.

Il nous était loisible d'appeler, de feindre d'arriver à l'instant et, notre attention ayant été occupée d'autre part, de n'avoir pas remarqué le gardien. Celui-ci ne se serait probablement pas étonné, lui-même ne nous ayant pas vus. Seulement, il aurait voulu nous montrer le Djampéyang à la tête de farine que nous venions de contempler, nous raconter son histoire que nous connaissions et, naturellement, nous induire, avec fermeté, à lui rendre hommage en allumant des lampes à beurre sur son autel. Or, brûler du beurre devant une statue, tandis que nous nous en passions à notre déjeuner, était d'un héroïsme qui dépassait notre mesure.

L'homme avait disparu ; je soufflai à Yongden :

« — Nous devons sauter le mur. »

« — Euh ! euh ! » répondit mon fils adoptif, « il n'est pas haut, mais... »

« — Essayons. »

Une pluie fine commençait à tomber, les habitants du monastère, peu nombreux, d'ailleurs, restaient enfermés chez eux. Nous longeâmes le mur en pisé, cherchant un endroit praticable. Il n'offrait pas de brèche, mais était fortement lézardé en plusieurs endroits. Nous servant des parties disjointes comme d'échelons, nous gagnâmes le sommet — ce mur n'avait guère plus de deux mètres de hauteur, je crois. De là, Yongden me dit :

« — Je saute le premier, pour vous aider d'en bas. »

Et il sauta. Mais, ce faisant, donna-t-il des talons dans le mur de terre que les pluies de plusieurs mois avaient amolli, ou l'ébranla-t-il d'une autre manière, il avait à peine touché le sol qu'un éboulement se produisit et, sans avoir eu besoin de son aide, je me trouvai assise par terre sur un monticule de glaise gluante. Djampéyang à la tête de farine était vindicatif et me punissait de ne pas lui avoir rendu l'hommage habituel.

Pourquoi avait-il une « tête de farine », ou plus exactement, de farine d'orge grillée *tsampa* ? — Voici.

Comme beaucoup de statues que l'on voit dans les temples chinois et tibétains, celle-ci est faite d'un mélange de terre argileuse, de paille et de papier, malaxé jusqu'à former une pâte qui, en séchant, devient extrêmement dure. Cette pâte est appliquée et modelée sur une carcasse en bois, servant de support, qui est retirée lorsque la pâte est suffisamment durcie. Quand la statue doit être de grandes dimensions, ses différentes parties sont, souvent, modelées séparément et rapprochées ensuite.

Cela avait dû être le cas pour celle du Djampéyang de Chou Ching sse. Les ouvriers avaient terminé leur ouvrage, il ne restait que la tête à poser, mais l'artiste chargé de donner à Djampéyang les traits qui lui convenaient, n'y parvenait point. D'autres le tentèrent et échouèrent de même ; la physionomie prêtée au héros ne répondait jamais à ce qu'on l'imaginait être, en réalité. Alors, voyant leur embarras et le chagrin que leur insuccès leur causait, Djampéyang, chevauchant un lion blanc, se montra soudain à eux, dans le ciel. Sans perdre un instant, un des sculpteurs mouilla de la *tsampa* dont il avait un petit sac à sa portée, pour son repas, et avec cette pâte il modela une tête, copiant celle de son céleste modèle.

Cette tête, placée sur la statue, y serait encore, dit-on, d'où le nom de celle-ci : Djampéyang Tsamgoma (à la tête de *tsampa*).

Il est infiniment douteux que la tête actuelle de la statue soit faite de farine ; en dépit de la peinture qui la recouvre, les rats ne manqueraient pas de la manger. Mais il faut se garder d'examiner, de trop près, les légendes et les miracles ; ils appartiennent au monde de la fantaisie où le raisonnement et la logique n'ont rien à voir. Ce sont des contes de nourrice, charmants ou drolatiques, propres à nous amuser aux heures où, l'esprit fatigué, désireux d'une détente, nous nous plaisons à redevenir enfants.

La peur, surtout, jette les hommes vers la crédulité. Lorsque leur est démontrée l'impossibilité, ou l'extrême difficulté, d'échapper par des moyens naturels, aux dangers qui les menacent, ils se tournent vers les interventions surnaturelles. Rares sont, en tous pays, ceux qui voient venir le péril de pied ferme, ne comptant que sur leur ingéniosité pour le conjurer et se résignant, stoïquement, à subir ce qu'ils ne pourront pas empêcher.

Les bonnes gens de Wou tai chan : Chinois, Mongols, Tibétains, laïques ou membres du commun clergé n'étaient pas de cette dernière trempe. L'approche des Japonais leur remettait en mémoire quantité de légendes et de prodiges prouvant surabondamment la protection particulière accordée à leur vallée et y trouvaient des motifs de se croire en sécurité. Tous ces contes ne se rapportaient pas à des événements remontant à une haute antiquité. Certains avaient trait à des faits récents :

L'an 16 de la République chinoise — il y avait donc onze ans [1] — le maréchal Yen Sie-san, le même qui gouvernait encore la province, était en guerre. — Contre qui ?... Malgré le peu d'années écoulées, les gens semblaient l'avoir oublié. Il s'était, probablement, agi d'un de ces incidents de luttes civiles, fréquents en Chine. — Les habitants de Wou tai chan avertis de l'arrivée imminente de l'ennemi s'étaient tous enfuis. Les troupes attendues parurent sur la crête des montagnes. Regardant la vallée avec leurs jumelles, les officiers ennemis la virent fourmillant de soldats. Ne croyant pas leurs hommes en nombre suffisant pour les attaquer, ils se retirèrent. En fait, la vallée était complètement déserte, il ne restait personne à Wou tai chan.

Un miracle analogue s'était produit à une époque plus reculée, sous l'un des derniers empereurs. Des soldats chinois arrivant à Wou tai chan pour s'y établir, virent le grand escalier, menant à Pou-sa ting, percé de meurtrières d'où émergeaient le bout de canon des fusils. Croyant que des soldats se trouvaient derrière ce rempart, eux aussi, battirent en retraite. Bien entendu, l'escalier n'était nullement pourvu de meurtrières et il n'y avait point de troupes à Wou tai chan.

D'une portée analogue, mais différent par les détails, était le prodige suivant :

Un général chinois — en temps de guerre — pénétra

---

1. A l'époque où j'étais à Wou tai chan (1937).

dans le monastère des bonzes, au centre duquel s'élève le *chörten* monumental que j'ai déjà mentionné. Peut-être avait-il l'intention de le faire piller par ses soldats. Toutefois, les *hochans* (bonzes chinois) n'avaient pas attendu son arrivée. Ils avaient pris la fuite et, depuis un certain temps, déjà, le monastère était inhabité. Pourtant, à son entrée dans la cour, le général se trouva en présence d'un homme d'une stature gigantesque très somptueusement vêtu et armé d'un énorme sabre [1]. Terrorisé, le général tomba évanoui sur le sol. Trouvé inanimé par ses hommes, les soins qu'on lui prodigua le ranimèrent ; il eut le temps de décrire l'apparition qu'il avait vue et mourut peu après.

Comme si ces récits de miracles avaient ouvert les écluses d'un torrent de fables, tous les jours de nouvelles merveilles m'étaient racontées. Les lions de pierre décorant le palier supérieur du grand escalier de Pou-sa ting trouvaient, eux-mêmes, place dans cette fantasmagorie, comme héros d'aventures anormales.

Les moines du monastère, situé immédiatement au-dessous de Pou-sa ting, au pied de l'escalier, constataient avec peine que leurs provisions diminuaient de façon singulière, sans qu'ils pussent découvrir aucun voleur. Cependant, une nuit, quelques-uns d'entre eux, s'étant mis en embuscade, virent l'un des lions de pierre descendre l'escalier, entrer dans leur monastère, pénétrer dans le magasin où l'on conservait la farine et en manger.

Ayant rapporté le fait à leurs frères bonzes, ceux-ci, dès le lendemain matin, allèrent briser la langue du lion maraudeur et, depuis ce jour, les provisions de la bonzerie restèrent intactes.

En fait, l'un des deux lions ornant l'escalier ne conserve qu'un tronçon de langue.

Différentes superstitions se rattachent au grand escalier de Pou-sa ting. Il est dit que se couper une mèche de cheveux tandis que l'on se tient sur une des marches de l'escalier et y laisser tomber les cheveux coupés, porte bonne chance. Il ne semblait pas que la foi en cette pra-

1. Mandjouçri, *alias* Djampéyang est toujours représenté tenant un sabre en main. Une tradition, qui le donne comme un personnage historique, veut qu'il ait été un général d'origine chinoise qui guerroya victorieusement au Népal.

tique fût très vivace, car la quantité de cheveux qui salissaient l'escalier était plutôt minime. Peut-être les pluies violentes les avaient-elles balayés.

Il est permis de rire de toutes ces inventions saugrenues, mais il est sage de ne pas mêler, à sa gaieté, une raillerie méprisante pour les indigènes des pays plus ou moins primitifs qui en sont les auteurs. Sans qu'il soit besoin de longues recherches, chacun de nous peut en découvrir l'équivalent chez ses propres compatriotes.

On commençait à signaler des cas de brigandage dans le voisinage de Wou tai chan. Des femmes revenant du village, vers le soir, avaient été dépouillées de leurs pauvres bijoux, sur le chemin conduisant à leurs demeures. Des quémandeurs armés s'étaient présentés, nuitamment, dans des fermes, exigeant qu'on leur fournisse des vivres, de l'argent, des vêtements. Des soldats débandés erraient, disait-on, par les routes, arrêtant les voyageurs. Quelques-uns de ces malandrins avaient été fusillés, mais connaissant, de longue date, les mœurs chinoises, je doutais que leur châtiment effrayât beaucoup ceux qui se sentaient d'humeur à battre l'estrade ou qui y étaient poussés par la misère.

Puisque je devais quitter Wou tai chan, il me fallait gagner une ville où je pourrais espérer que l'on m'escompterait des chèques ; il était utile, à cet effet, que j'y connusse des gens en état de répondre, pour moi, auprès d'une banque et, d'autre part, il m'était impossible d'aller loin, car je ne possédais pas de quoi subvenir aux frais d'un long voyage. Taiyüan remplissait les conditions requises, aussi me décidai-je à m'y rendre malgré la menace des bombardements.

Les démarches faites par Yongden et par les domestiques pour trouver des mules afin de redescendre vers la plaine, par les sentiers que j'avais suivis en venant à Wou tai chan, se heurtèrent à des refus catégoriques.

La plupart des animaux avaient été réquisitionnés pour les transports militaires. Les fermiers cachaient, en des lieux isolés, ceux qui leur restaient. Passer par Wou tai hsien, siège d'un poste militaire, était risquer de se les y voir saisir, aucun paysan ne voulait s'y exposer ; de plus, des brigands étaient signalés dans cette direction.

« Cherchons un autre chemin », dis-je à Yongden lorsque tous nos efforts se furent montrés vains. « De Wou tai chan, l'on peut gagner la route allant de Tatung à Taiyüan. Tatung est occupé par les Japonais, mais nous rejoindrons la route plus près de Taiyüan. Un autobus la parcourait ; peut-être, continue-t-il encore son service sur une petite distance et pourrons-nous le prendre avec nos bagages. » Le plan n'était pas mauvais. Il s'agissait, seulement, de trouver des chemins détournés, pas trop défoncés par les pluies, trop peu fréquentés pour que des brigands aient l'idée d'y chercher du butin et, surtout, libres de troupes capables de réclamer les bêtes pour leur service. Si nous pouvions convaincre les paysans que les chemins étaient praticables et sûrs, sans doute que, moyennant un bon prix, ils consentiraient à nous louer des mules.

Un matin, de très bonne heure, Yongden et moi nous partîmes à la découverte, emportant des vivres et nos manteaux imperméables. A part quelques ondées, le temps resta beau ; les chemins n'étaient pas trop mauvais. Nous passâmes la première nuit dans une misérable auberge et la seconde dans une ferme. Aux Chinois qui s'enquéraient du but de notre voyage, nous expliquions que nous cherchions un moyen de regagner Taiyüan, avec des bagages, sans passer par Wou tai chan où il y avait eu récemment des troubles et des tentatives de pillage. Ces braves gens comprenaient nos raisons et nous n'excitions aucun étonnement. Tous me prenaient pour une missionnaire protestante, comme il en était plusieurs à Taiyüan où les baptistes anglais possèdent un siège important comprenant des écoles et un hôpital.

Déjà, je songeais que notre reconnaissance avait été poussée assez loin et que nous pourrions nous porter garants du bon état des sentiers et de la tranquillité du pays, lorsque, dans le milieu de l'après-midi, nous entendîmes des détonations lointaines. Eh !... qu'était-ce que cela ? — Nous nous trouvions, à ce moment, dans un chemin encaissé. Yongden grimpa sur l'un des talus, regarda un instant et m'appela :

« — Venez voir ! »

Au loin, on distinguait des colonnes de fumée noire s'élevant par-dessus une rangée de collines basses. Derrière celles-ci devait se trouver un village ou un camp militaire qui venait d'être bombardé. Nous entendîmes encore un coup sourd, puis le silence se fit. La fumée continuait à monter vers le ciel.

« — Qu'en dis-tu ? » demandai-je au lama.

« — N'amenons pas de muletiers par ici », répondit-il. « S'ils voyaient un bombardement, même d'aussi loin, ils se sauveraient emmenant leurs bêtes et nous laisseraient, là, avec nos bagages. »

C'était ce qui arriverait probablement, et, dans cette région presque déserte, nous n'aurions aucune chance de trouver d'autres moyens de transport. Nous retournâmes, très ennuyés, à Pou-sa ting.

J'y trouvai une lettre de ma compatriote qui m'engageait à venir à Taiyüan sans tarder. Son mari chinois m'assurait que, grâce à la position officielle qu'il occupait, il pourrait faire escompter mon chèque par une banque dont il connaissait, personnellement, le directeur. C'était, là, une heureuse nouvelle. Tout irait bien à Taiyüan ; mais il fallait y arriver. Yongden recommença à chercher des bêtes à louer mais n'eut pas plus de succès que précédemment.

Mes fonds diminuaient de plus en plus. Pour éviter des dépenses, j'envoyais un des domestiques cueillir des pissenlits sauvages dont je faisais de la salade, utilisant l'huile et le vinaigre, apportés de Pékin, qui me restaient encore et je mangeais cette salade avec du riz ou du pain. En me promenant dans les champs, loin des habitations, je maraudais : ici, quelques épis de maïs, là quatre ou cinq poignées de fèves. Yongden et les domestiques faisaient de même, chacun de son côté. Nous avions supprimé la viande, le lait, le beurre ; mais nous devions, pourtant, manger. La difficulté de ma situation augmentait considérablement ma disposition naturelle à l'indulgence et je trouvais mille excuses valables aux rapines des soldats affamés... seulement je préférais ne pas en être, personnellement, victime.

Nous n'étions pas les seuls « pauvres » à Wou tai chan. Plusieurs groupes de pèlerins s'y trouvaient bloqués comme nous et, comme nous, ayant à peu près épuisé l'argent qu'ils avaient emporté pour leur séjour. De ce nombre étaient deux Tibétains appartenant à des familles nobles de la province de Tsang. L'un d'eux était le neveu d'un Grand Lama, nommé Nags Tchén, homme politique important, qui résidait en Chine[1]. Tous deux habitaient Pékin et étaient venus en pèlerinage à Wou tai chan, comptant n'y passer qu'un mois. Ils logeaient au monastère voisin de Pou-sa ting, qui, si mes souvenirs sont exacts, s'appelle Sam tén Ling. Ils allaient retourner chez eux lorsque la guerre éclata, interrompant, presque immédiatement, les communications avec Pékin. Après avoir vécu confortablement et répandu de généreuses offrandes dans tous les temples de la vallée, eux, aussi, jeûnaient. Un jour, nous surprîmes le plus jeune des deux ramassant, dans une prairie, de la bouse de vache sèche ; elle devait leur servir de combustible pour faire leur cuisine et leur épargnerait l'achat de bois. Dans leur haut pays, dépourvu de forêts, il n'existe aucun autre combustible ; s'en servir n'avait rien d'étonnant pour nos voisins, mais le ramasser n'est pas, d'ordinaire, besogne des membres de la noblesse. Honteux d'être vu s'y livrant, notre ami, qui nous avait aperçus, s'éloigna en nous tournant le dos, feignant de ne pas nous avoir remarqués et espérant, sans doute, que nous ne le reconnaîtrions pas.

Enfin, un Chinois amené par le cuisinier, vint voir Yongden. Il se disait en état de nous procurer sept mules et deux litières pour nous mener à Wou tai hsien, mais pas au-delà. Nous devrions trouver, ensuite, d'autres muletiers. J'acceptai avec empressement. Etre à Wou tai hsien me rapprochait sensiblement de mon but. Seulement, l'homme ne pouvait pas nous fixer de date. Il aurait rassemblé les bêtes dans quelques jours. Combien de jours ? — Il n'en savait rien. Il reviendrait nous en informer. Nous devions nous contenter de ce maigre espoir.

Ce même soir, j'étais dans ma chambre et bien qu'il fût encore de bonne heure — 8 h. 30 environ — je me disposais à me coucher. Nous n'avions que des bougies pour nous éclairer ; leur faible lumière n'incitait pas aux veillées et nous les épargnions, aussi, par économie. — Il me sembla entendre, mais très assourdi, un bruit pareil à celui que fait un avion en marche. Je sortis, m'avançai dans la cour

1. J'ai appris, depuis, qu'il est devenu *persona grata* auprès des Japonais.

qui s'étendait devant mon logement et écoutai. La lune brillait[1] dans un ciel très clair, le bruit se rapprochait. J'hésitai pourtant encore sur sa nature ; peut-être était-ce celui des tambours battus par des lamas célébrant un office nocturne, dans un monastère éloigné. Mais d'une fenêtre donnant dans la cour voisine où Yongden s'attardait fumant une cigarette en cachette[2], quelqu'un cria : « Avion ! » Peu après, des moines parlèrent entre eux près des temples. Ils avaient vu les avions, il y en avait deux, disaient-ils. Depuis quelques instants, on les entendait distinctement ; ils se promenaient longuement au-dessus de la vallée. Par cette nuit claire, les évolutions insolites de ces inquiétants visiteurs étaient énervantes.

Il était trop tard pour fuir dans la campagne, les portes des murs d'enceinte étaient closes et personne ne songeait à les ouvrir. Tous les hôtes de Pou-sa ting devaient être pressés contre les murs du grand temple, sous la protection de Djampéyang. Yongden était venu me rejoindre ; nous cherchions à apercevoir l'avion qui ronflait, volant bas au-dessus de nous, mais les arbres et les bâtiments voisins le masquaient. Il s'éloigna, un autre le suivit qui passa de même, puis ils revinrent, tournant, encerclant le monastère. Allaient-ils laisser tomber des bombes ? — Tous deux, nous restions là debout, silencieux, immobiles, attendant...

Les deux oiseaux s'en allèrent, enfin.

Que cherchaient ces avions en reconnaissance au clair de lune ? — Je me souvenais que, peu de temps auparavant, les Japonais avaient surpris, non loin de Wou tai chan, un détachement endormi dans un monastère et l'avaient anéanti. Ils savaient que les troupes occupaient fréquemment les lamaseries et les bonzeries et, pour cette raison, le séjour dans celles-ci ne laissait pas que d'être devenu dangereux.

Rien ne vaut une longue marche à la campagne pour raffermir les nerfs agacés. Le lendemain, je déjeunai de bonne heure et m'en allai, avec Yongden, à travers les montagnes. Dans l'après-midi, nous trouvant assez loin de

1. C'était le 9 du mois lunaire du calendrier chinois.
2. Il est défendu de fumer dans les monastères lamaïques.

Wou tai chan, derrière des sommets qui nous en cachaient les temples et les villages, nous vîmes arriver quelques paysans effarés. Plusieurs avions survolaient Wou tai chan, nous annoncèrent-ils. Ils les avaient aperçus de loin, tandis qu'ils transportaient du fumier dans leurs champs situés sur un plateau élevé. Peut-être les monastères et les villages allaient-ils être bombardés. Pris de peur, ils s'étaient enfuis avec leurs femmes et leurs enfants, tirés en hâte de leurs demeures, et passeraient la nuit chez des amis, à bonne distance du danger.

Ils nous racontèrent cela, parlant tous à la fois, hors d'haleine, en proie à une panique tout à fait injustifiée car, d'après la direction qu'ils indiquaient du doigt, leurs fermes se trouvaient très au-dessus de la vallée et assez loin d'elle. Ils nous invitèrent, pourtant, à les accompagner, nous conseillant, fortement, de ne pas retourner à Pou-sa ting ce jour-là.

Je les remerciai et déclinai leur offre. Ils repartirent, à grandes enjambées.

A quoi servait de s'essouffler en courant. Les Japonais ne gaspilleraient pas leurs bombes sur les montagnes désertes où nous étions. Il serait temps de nous coucher dans un repli de terrain, si nous les entendions venir et craignions une mauvaise plaisanterie de leurs mitrailleurs.

Quant à un bombardement de Wou tai chan, il n'avait rien d'improbable. Grâce au brillant clair de lune, les éclaireurs de la nuit précédente avaient peut-être découvert des troupes dans l'un des monastères. J'ignorais qu'il en fût arrivé, mais la vallée était longue et je n'étais pas toujours informée de ce qui se passait loin de Pou-sa ting.

Dans tous les cas, aucun bombardement ne devait avoir eu lieu. Bien que nous fussions déjà loin de Wou tai chan, nous aurions entendu le bruit des explosions. J'étais perplexe. Retourner immédiatement chez moi pouvait m'y faire arriver précisément au moment du danger. Je connaissais un petit temple blotti au creux d'une vallée, pas extrêmement loin de Pou-sa ting ; nous y rendre ne serait pas un long détour. Une fois là, suivant les circonstances, ou bien nous regagnerions notre logis, ou bien nous passerions la nuit dans le temple. J'avais hâte de me trouver à l'abri, le temps se gâtait, des nuages épais et bas couvraient le ciel : il allait pleuvoir.

Peu après avoir rencontré les paysans, nous entendîmes des ronflements de moteurs, mais les nuages enveloppaient les sommets des montagnes, la visibilité était pour ainsi dire nulle. Les avions volaient, probablement, très haut pour éviter de buter contre l'une des multiples crêtes dont la région est hérissée. Cette activité dans les airs me déplut, elle confirmait ce que les fermiers avaient annoncé. Décidément, il était prudent de nous réfugier dans le temple isolé. Tandis que nous continuions dans sa direction, un épais brouillard s'avança comme un mur en marche et nous enveloppa. Nous nous étions engagés sur des pentes herbeuses, sans suivre de sentier, et nos points de repère étant voilés par la brume, nous fûmes, bientôt, complètement désorientés. Yongden opinait pour descendre tout droit, ce qui nous conduirait à une vallée où nous aurions une chance de rencontrer une habitation. Nous pourrions, alors, soit y demander le chemin pour nous rendre au petit temple, soit rester dans cette maison, si nous nous étions égarés trop loin de celui-ci.

L'idée était raisonnable ; nous descendîmes pendant un long bout de temps, mais au lieu de s'étendre jusqu'à une vallée, la pente que nous avions suivie aboutissait à un creux encerclé par d'autres pentes. Nous remontâmes puis redescendîmes, au hasard, complètement perdus. La nuit vint tandis que nous errions et la faible clarté de la lune, masquée par les nuages et le brouillard, loin d'éclairer notre route y projetait des ombres trompeuses qui gênaient notre marche. Nous avancions lentement, trébuchant à tous moments sur les pointes de rocher cachées dans l'herbe, poursuivant une descente qui nous semblait interminable. Peu à peu, le vent se leva et devint violent ; il balaya le brouillard, mais une pluie mêlée de grêle se mit à tomber, nous cinglant le visage. Enfin, nous atteignîmes un endroit qui nous parut être la partie supérieure d'une vallée étroite ; un torrent y dégringolait parmi les pierres, baignant le pied de la montagne. La lune cachée par les cimes n'éclairait pas cette gorge, nous distinguions mal les endroits à peu près secs, où l'on pouvait poser le pied et glissions sur les pierres mouillées, nous enfonçant dans l'eau jusqu'à la cheville. La pluie ne cessait pas.

Je décidai de chercher un endroit où nous serions un peu abrités du vent et d'y rester jusqu'au lever du jour. Nous rencontrâmes une anfractuosité terreuse, boueuse et y demeurâmes, trempés, les oreilles bourdonnantes, passablement hébétés.

« — Je te permets d'allumer une cigarette, si tu peux y réussir et de m'en passer une », dis-je à Yongden après quelques instants.

« — Oh ! oh ! » répondit-il, en riant, « le cas est grave ! »

Je ne fume que très exceptionnellement. Mon fils prenait ma demande comme l'indice d'une situation comiquement sérieuse.

« — Nous sommes des idiots », répliquai-je. « Les avions n'ont fait que passer. S'il y avait eu bombardement, nous l'aurions entendu. Si nous étions rentrés directement chez nous, nous y serions chauds et secs entre nos couvertures, au lieu de grelotter ici. »

« — Ah ! Jétsunma[1] », répondit sentencieusement le lama, « vous manquez de foi. Que n'invoquez-vous Djampéyang ! Il nous ferait voir, à l'instant, une maison que nous n'apercevons pas ; et nous y serions accueillis par un bon vieillard qui nous inviterait à nous asseoir près d'un grand feu flambant et nous offrirait un thé chaud. »

« — Cela n'arrive que dans les contes ou dans les rêves, mon ami », rétorquai-je. « Mais si je pouvais m'endormir, maintenant, je crois que mes rêves me conduiraient, plutôt, dans les régions polaires. »

La légende à laquelle Yongden faisait allusion était l'une des anecdotes édifiantes du cycle de Djampéyang. La voici :

« Un homme s'étant égaré dans la montagne, la nuit, par un très mauvais temps, implora le secours de Djampéyang. Bientôt après, il aperçut, au loin, une petite lumière et, en se dirigeant vers elle, il arriva à une chaumière. Un vieillard se tenait près de la porte. Celui-ci le fit entrer, l'invita à s'asseoir près d'un grand feu et lui donna à boire de l'eau-de-vie. Par l'effet de la chaleur venant du foyer et de celle que l'alcool produisait intérieurement, en lui, le voyageur se sentit envahir par une agréable sensation de bien-être et s'endormit. Le lendemain matin, il s'éveilla devant la porte de Chou ching sse, le monastère où se trouve la statue du Djampéyang « à la tête de farine ».

---

1. Voir la note chap. II, p. 68.

J'ai passé bien des nuits en plein air et par tous les temps, au cours de mes longues randonnées en Asie centrale et quand j'explorais le Tibet, à pied. La situation où je me trouvais, bien que dépourvue d'agrément, n'avait rien d'extraordinaire pour moi et je finis par somnoler, enroulée dans mon caban mouillé, la tête cachée sous son capuchon.

Le jour venu, je constatai que Djampéyang ne m'avait pas transportée à la porte de Pou-sa ting, mais il faisait beau temps et j'accueillis, avec gratitude, cette moindre faveur.

Je reconnus, immédiatement, que nous n'étions point dans la vallée où se trouvait le temple où j'avais voulu me rendre, mais il n'y avait plus aucune nécessité d'y aller, à ce moment. Le torrent descendant la gorge allait nous servir de guide, il devait se jeter dans la rivière coulant dans la vallée centrale, nous ne risquions plus de nous égarer. L'eau avait quelque peu baissé, laissant à découvert une partie du terrain inondé la veille. Sans autres incidents, mais après une longue course, nous regagnâmes Pou-sa ting, indescriptiblement sales et affamés.

Les habitants de Wou tai chan avaient compté sept avions passant, en deux groupes, le long de la vallée, à une assez grande distance l'un de l'autre. Les aviateurs ne s'étaient livrés à aucune démonstration belliqueuse.

La nuit suivante, une violente tempête de neige balaya Wou tai chan. En m'éveillant, je vis un épais tapis blanc étendu dans ma cour. Tout le paysage avait pris un aspect polaire. Il continua à neiger pendant toute la journée ; l'inquiétude me venait quant à l'état des chemins, les muletiers consentiraient-ils à partir ? — Le surlendemain, le soleil brilla de nouveau ; seuls les sommets restèrent blancs, la neige fondit rapidement dans la vallée.

Deux jours plus tard, le Chinois qui s'était chargé de me procurer des mules, se présenta chez moi. Les bêtes et les litières, m'annonçait-il, seraient rendues à ma porte, le lendemain à six heures du matin. Il me priait de tenir mes bagages prêts afin de ne pas retarder le départ.

Pendant cette même journée, une nouvelle circula à Wou tai chan. Les Japonais avaient, disait-on, mitraillé l'auto dans laquelle se trouvait l'ambassadeur d'Angleterre ; celui-ci avait été blessé ou, peut-être, tué. Quant à la date à laquelle la chose s'était passée, ceux qui colportaient cette information ne la connaissaient pas, mais le fait, assurait-on, était absolument certain.

« — Voici qui va mettre un terme à la guerre », dis-je à Yongden. « L'Angleterre n'est pas un de ces pays mesquins et pusillanimes que l'on peut offenser impunément. L'orgueil, bien connu, de ses nationaux va réagir et de terrible façon pour les téméraires qui ont osé l'affronter. Le gouvernement britannique va leur imposer des réparations sévères ; certainement, il exigera que les Japonais quittent la Chine. Nous retournerons bientôt chez nous, à Pékin et, en attendant, nous vivrons à Taiyüan. »

Je n'avais aucun motif d'animosité personnelle contre les Japonais — à part la nuit sans sommeil qu'ils m'avaient fait passer à Mandchouria [1]. — Mais si mon voyage à travers le Chansi et en Mongolie devait être retardé, je tenais à rentrer à Pékin pour y travailler paisiblement.

Fidèle à sa promesse, le Chinois nous amena les muletiers à l'heure dite. Nous prîmes amicalement congé de nos hôtes, les lamas de Pou-sa ting, qui s'étaient montrés extrêmement aimables et obligeants pendant toute la durée de notre séjour, puis nous franchîmes, non sans quelques regrets, la porte du monastère ; nous venions de passer trois mois agités, mais en somme, heureux.

---

1. Voir chap. II, pp. 68 et suiv.

CHAPITRE VI

FUITE MOUVEMENTÉE. — TABLEAUX DE GUERRE

Nous avons quitté Pou-sa ting avant sept heures ; la matinée est fraîche, claire, virginale ; de tous côtés, les paysans besognent dans les champs. Une atmosphère de reposante sérénité enveloppe la vallée, rien n'y décèle le drame qui, en ce moment, ensanglante la Chine. Placidement, les campagnards achèvent de rentrer leur récolte ou préparent la terre pour les semailles prochaines. Il fait beau, le soleil brille, infusant la joie de vivre au cœur des êtres et des choses, tandis que, là-bas, hurlent et râlent, les désespérés et les moribonds.

Une inconsciente volonté *d'être* anime les travailleurs, les incitant à accomplir les gestes nécessaires pour assurer leur nourriture. Malgré la tristesse des luttes et l'horreur des carnages, il faut manger : c'est l'acte essentiel sur lequel la vie repose. Ce soir, repus, certains de ceux que je croise sur ma route, donneront, à la matière, l'impulsion qui crée un nouvel homme ; ainsi, avant même d'avoir exhalé leur dernier souffle, quelques soldats agonisant, à Changhaï ou à Kalgan, seront remplacés sur le sol de la vaste Chine.

Telle est la loi cruellement ironique du monde. L'Asie a profondément compris ce mystère effroyable. Elle l'a exprimé, au Tibet, par les formes enlacées du Père et de la Mère, faisant œuvre créatrice, parés de guirlandes de crânes desséchés, debout sur des vivants que leurs pieds écrasent. Et l'Inde symbolise par l'organe de la génération, Çiva le Destructeur.

Nous suivions la route par laquelle nous étions venus. Pendant notre séjour à Pou-sa ting, elle avait été élargie et devait être continuée par une voie carrossable, un service d'autobus étant projeté entre Taiyüan et Wou tai chan. Une très haute stèle, reposant sur une large tortue de pierre, avait été érigée à cette occasion. Sur celle-ci était gravé, dans le style fleuri habituel, l'éloge du travail accompli et de celui à qui l'initiative en était due : le gouverneur de la province. Malheureusement, la guerre avait interrompu la construction de cette route et quelques tronçons, seulement, en étaient praticables.

Vers l'extrémité de la vallée, nous passâmes, de nouveau, au pied du palais-forteresse du Grand Lama Tchankya Rolpa Dordji[1]. En face de son castel moyenâgeux, de l'autre côté de la rivière, pittoresquement blotti entre des rochers et des bouquets d'arbres, un petit monastère paraissait inviter le passant à la retraite, à l'étude, à la méditation et à toutes les joies graves et douces qu'elles dispensent. Hélas ! que la Chine était loin de ces choses, pour le moment !

Un peu plus bas, le chemin avait été complètement emporté par les pluies diluviennes des semaines précédentes ; une nappe d'eau couvrait le fond de la vallée. Trois cavaliers, nous dépassant, y barbotèrent pendant quelques instants, puis remontèrent sur la nouvelle route qui, de là, s'élevait sur le flanc de la montagne, dans la direction d'un col. J'imaginais que nous allions les suivre, mais nos muletiers traversèrent la rivière très élargie et peu profonde, qui faisait un coude brusque et s'engagèrent dans son lit : un chaos de blocs roulés, parmi lesquels elle serpentait en plusieurs branches qui nous obligeaient à louvoyer continuellement, passant d'un bord à l'autre.

Pourquoi avions-nous abandonné la nouvelle route ? — Je n'obtins que des explications embrouillées : la partie que j'en avais vue se terminait à un village voisin. Des troupes pouvaient y être cantonnées ; dans ce cas, les soldats ne manqueraient pas de réquisitionner, au moins,

---

1. Voir à son sujet, chap. III, p. 127.

une partie de nos mules et, pour nous prouver qu'elles suffiraient au transport de nos bagages, chargeraient, à les faire crever, celles qu'ils nous laisseraient... Il m'était impossible de discuter ou d'imposer ma volonté ; j'avais eu assez de peine à trouver le moyen de quitter la montagne et devais m'estimer heureuse de m'acheminer vers Taiyüan.

A la tombée de la nuit, nous fîmes halte dans une maison isolée, mi-ferme, mi-auberge. Les muletiers refusèrent d'aller jusqu'à un village, peu distant de là, parce que, disaient-ils, de nouveau, des soldats s'y trouvaient campés. Cela pouvait être vrai et, s'il en était ainsi, je préférais passer la nuit dans un endroit tranquille, plutôt que parmi une cohue de troupiers.

Le soleil, très brillant, pendant toute la matinée, s'était voilé dans l'après-midi et, le soir venant, des nuages épais et bas avaient couvert le ciel. Nous étions arrivés depuis environ une demi-heure, les muletiers étaient occupés à donner du grain et de la paille à leurs bêtes, lorsque nous entendîmes le ronflement caractéristique d'un avion approchant. Tous s'immobilisèrent aux écoutes. Je sortis de ma chambre et regardai le ciel, mais le rideau opaque formé par les nuages empêchait de distinguer quoi que ce soit. Les hommes serrés les uns contre les autres, pareils à des moutons apeurés, gardaient le silence et, comme je parlais avec Yongden, ils me firent signe de me taire, croyant vraiment que le bruit de nos voix risquait de nous signaler à l'ennemi planant dans les nues. Par contre, un homme sortit de l'écurie, tenant en main une lanterne allumée et se joignit au groupe de ses camarades, gardant son fanal en main.

Yongden courut à lui et souffla la flamme. Les muletiers parurent très étonnés.

« — Il fait trop sombre pour que les aviateurs puissent nous voir », expliquai-je. « Surtout, ils ne peuvent pas nous entendre ; cependant, une lumière, même faible, s'aperçoit de très loin, dans la nuit ; la clarté de la lanterne risque d'être entrevue, par instants. »

Ils ne parurent pas convaincus ; ne pas faire de bruit leur semblait être la meilleure des précautions à prendre. Par la suite, j'ai rencontré la même aberration en divers endroits. A Hankéou, le jour mémorable où Yongden et moi, avec le médecin du consulat et d'autres amis français, nous fûmes arrêtés par des policiers chinois, pendant un raid d'avion, ceux-ci voulurent nous faire accroupir sous des buissons, jeter nos cigarettes — c'était en plein jour — et nous défendirent de *parler* afin, disaient-ils, de ne pas attirer l'attention des Japonais qui passaient haut dans le ciel. Comme nous n'avions pas tenu suffisamment compte de leur absurde défense, nous fûmes, finalement, retenus au poste pendant plus d'une heure, étant soupçonnés d'espionnage [1].

L'avion passa presque au-dessus de nous et s'éloigna. Peut-être était-il chinois, nous n'en pouvions rien savoir, mais les muletiers, déjà peu rassurés au départ de Wou tai chan, perdirent l'atome de courage qui leur restait. Ils déclarèrent qu'ils n'iraient pas plus loin et s'en retourneraient, le lendemain, chez eux.

« — Laissons-les dormir », dis-je à Yongden. « Un bon somme calmera leurs nerfs ; nous verrons, demain matin, ce que nous pourrons tirer d'eux. Mais sois debout avant le jour et surveille-les. Ils ont reçu des arrhes et pourraient essayer de partir sans que nous nous en apercevions. »

Le lama promit de faire bonne garde et nous allâmes nous coucher. Nous avions étendu, sur le *kang* [2] de nos chambres respectives, les couvertures sur lesquelles nous avions été assis dans nos litières et « nous coucher » signifiait, simplement, nous allonger sur cette estrade.

Comme je l'avais prévu, le lendemain, les muletiers étaient un peu calmés ; ils consentaient à poursuivre leur route, mais à condition de ne voyager que pendant la nuit afin de ne pas être vus par les aviateurs. Naturellement, ils demandaient, aussi, un supplément de salaire. Débourser plus qu'il n'avait été convenu me gênait fort, mais il fallut en passer par où ils voulaient. Je réussis seulement, le temps étant nuageux, à les décider à partir dans le courant de l'après-midi au lieu d'attendre jusqu'au soir.

Peu après notre départ, nous croisâmes un groupe de six officiers accompagnés par quelques soldats ; tous étaient

1. On trouvera le récit complet de cet incident dans *A l'ouest barbare de la vaste Chine*.

2. Voir la note chap. v, p. 177.

à pied, sans armes, et zigzaguaient parmi les pierres dans les parties à sec du lit de la rivière. Ils passèrent assez loin de nous et ne nous accordèrent aucune attention. Un peu plus loin, nous rencontrâmes encore un officier ; il était à cheval, suivi d'une ordonnance, montée, aussi, qui guidait, par la bride, une mule chargée de bagages. Il passa près de nous, en saluant. Que, ou qui saluait-il ? — Le drapeau français attaché à ma litière, ou mon humble personne ? — A tout hasard, je rendis le salut.

Quittant la rivière, nous allions nous engager dans un étroit chemin creux lorsqu'en déboucha la tête d'un convoi transportant des munitions vers le front, dont nous étions peu éloignés. Je commandai, aussitôt, au muletier qui marchait près de ma litière d'arrêter celle-ci, afin de laisser le passage libre. La venue de ce convoi l'énerva, sans doute, comme propre à mettre sa sécurité en danger ; il voulut se frayer un passage pour s'éloigner au plus vite et, sans m'écouter, il tira la mule de tête par la bride, pour la faire avancer plus rapidement. Les mules portant les bagages et celles de la litière de Yongden suivirent le mouvement. Quelques instants plus tard, nous étions serrés entre de hauts talus, dans un étroit couloir que nous obstruions complètement.

Mes muletiers se mirent en colère et voulurent forcer les paysans conduisant les animaux réquisitionnés à leur faire escalader le talus afin de passer à travers les champs et de nous laisser le passage libre. Leur prétention me rappela une scène analogue qui s'était déroulée, autrefois, quand je voyageais au Kansou [1]. Toutefois, les temps étaient différents et les facéties, permises à cette époque, n'étaient plus de saison.

Quelques soldats accompagnaient le convoi, ils avaient plus de droit que mes hommes de se fâcher, cependant leur attitude était très polie. Je me hâtai de prévenir tout motif de querelle.

« — Combien avez-vous de bêtes ? » demandai-je à l'un des soldats.

« — Cinq cents », répondit-il.

« — Bien », dis-je. « Nous sommes en temps de guerre. Les services de l'armée doivent avoir le pas sur tout le

1. Voir *Au Pays des brigands-gentilshommes*, p. 21. (Plon.)

monde. Nous allons reculer. Je le commande et si ces muletiers n'obéissent pas de bonne volonté, usez de force pour les y contraindre. »

Retarder, en lui créant des difficultés, un convoi portant des munitions aux combattants, me paraissait inadmissible. De plus, un drapeau français flottait à ma litière — précaution contre les attaques des avions, croyait-on alors — et je ne voulais pas susciter de mauvais sentiments contre mes compatriotes.

Non sans peine, les conducteurs firent reculer les litières jusqu'à l'entrée du chemin creux et nous assistâmes au défilé interminable de cinq cents chevaux, mules et ânes, ce qui nous retint longtemps.

Tandis qu'ils attendaient, les muletiers avaient eu le temps de réfléchir, ce qui était fâcheux.

« — Il serait dangereux, pour nous, de continuer à suivre cette route », me dit leur porte-parole. « Si les Japonais ont eu connaissance que des transports de munitions prennent ce chemin, ils enverront des avions les attaquer et il ne fera pas bon se trouver à leur portée. Nous allons passer par une autre route, il y en a une qui bifurque un peu plus loin. »

Arguer que la nuit venait, que les avions ne nous verraient point et que les soldats nous avaient assuré qu'aucun autre convoi ne suivait le leur, ne servit à rien. A l'issue du chemin creux que nous dûmes parcourir, les Chinois s'engagèrent dans un sentier qu'ils prétendaient bien connaître et, peu après, bercée par le balancement de la litière, je m'endormis.

Je me réveillai dans la nuit. Je ne distinguai ni route ni sentier marqué ; deux des muletiers marchaient devant moi, bavardant à voix basse. Ils ne semblaient pas embarrassés, j'en conclus qu'ils savaient parfaitement où ils allaient et, après avoir regardé, pendant quelques instants, le ciel redevenu clair, je m'enroulai plus étroitement dans mes couvertures et je me rendormis.

Mon sommeil est aussi bon que mon appétit, ni l'un ni l'autre ne se laissent troubler par les circonstances ; je ne me réveillai, de nouveau, qu'au grand jour. Notre caravane venait de s'arrêter et les muletiers conféraient entre eux. Leurs mines niaises me firent immédiatement comprendre de quoi il s'agissait. Pendant la nuit, ils s'étaient égarés. Nous nous trouvions parmi des terrains incultes, profondément ravinés où ne se distinguait plus la moindre trace de sentier praticable pour des bêtes chargées et, encore moins, pour des litières.

Nos Chinois n'ignoraient pas la direction dans laquelle se trouvait Wou tai hsien. Ils s'y seraient facilement rendus à pied ; mais, là n'était pas la question, c'était notre caravane qui devait passer.

Un des muletiers décida d'aller explorer les alentours et les autres prononcèrent que nous devions nous cacher jusqu'au crépuscule. L'immense espace de terrain nu sur lequel notre groupe faisait tache et pouvait être aperçu à une distance considérable, ne leur inspirait aucune confiance.

Après quelques recherches, ils découvrirent, non loin de l'endroit où nous étions arrêtés, un ravin, long et profond, sans autre issue que son entrée de notre côté. Ses bords étroits étaient très propres à nous dissimuler ; nous allions nous y enfoncer tous et n'en pas bouger. Les bêtes se reposeraient. Elles avaient bu dans la nuit et mangé la veille, avant leur départ. Il semblait, à leurs maîtres, que cela leur suffirait jusqu'au moment où nous rencontrerions de l'eau et ferions halte... la nuit suivante.

Voilà ce que ces stupides bonshommes avaient décidé et dont il était impossible de les faire démordre. La peur que la guerre avait installée dans leurs cervelles les rendait plus têtus que leurs mules.

Je n'avais emporté que peu de provisions, comptant sur deux jours de trajet seulement et me réservant d'acheter, en cours de route, du pain et des œufs durs que l'on trouve dans tous les villages. Yongden et moi, nous allions donc, à peu près, jeûner et, comme nous n'avions rien à boire, avec nous, nous devrions, en plus, supporter notre soif... comme les mules. Voilà ! Il n'y avait, encore une fois, qu'à nous résigner.

Nous repartîmes à la nuit tombée, refaisant une partie du chemin parcouru la veille, jusqu'à l'endroit où nous nous étions trompés de sentier. Nous n'étions pas très loin de Wou tai hsien ; nous arrivâmes en vue de ses murailles crénelées, avant le lever du jour. A cette heure, les portes de la ville étaient closes ; les muletiers s'arrêtèrent au bord d'un champ, posèrent nos litières par terre et emmenèrent leurs bêtes se désaltérer à quelque ruisseau voisin, nous laissant seuls, le lama et moi, dans l'espèce de cage-cercueil qu'étaient nos véhicules rustiques. Nous n'avions pas bu depuis la veille vers midi, soit environ seize heures. Pour ma part, j'avais trompé la faim et la soif en dormant pendant une grande partie du temps.

Dès que les portes eurent été ouvertes, nous entrâmes dans la petite ville et gagnâmes l'auberge où nous avions logé en nous rendant à Pou-sa ting. Là, nos muletiers nous quittèrent refusant absolument d'aller plus loin.

Il s'agissait de les remplacer. La journée se passa en démarches que fit l'aubergiste accompagné par Yongden qui stimulait son zèle de différentes manières propres à l'Orient : promesses de gratification ou injures libéralement prodiguées. Autrefois, quelques bourrades s'y seraient ajoutées, mais, actuellement, les étrangers font mieux de s'abstenir de ce genre d'argument, bien que les Chinois, eux-mêmes, ne s'en privent pas dans leurs rapports avec leurs inférieurs.

Cette fois, personne ne vint s'enquérir de mon âge, ni noter la couleur de mes yeux. Les autorités de l'endroit savaient parfaitement à quoi s'en tenir au sujet de mon identité et leur simulacre d'enquête, quelques mois auparavant, n'avait eu pour but que de me prouver l'étendue de leur pouvoir.

Parmi les nouvelles que j'entendis rapporter, pendant mon bref séjour à Wou tai hsien, il en était une assez surprenante. Les avions japonais, disait-on, ne jetaient pas toujours des bombes ; ils laissaient aussi tomber de grosses pierres [1]. A quelques centaines de mètres des murs de la ville, les aviateurs avaient d'abord jeté une bombe, puis une grosse pierre : en d'autres endroits de la région, des pierres étaient aussi tombées. Le fait paraissait bizarre, mais certains ayant ajouté que des papiers imprimés

1. Il est singulier de constater comment, au cours de cette guerre, les mêmes histoires sont répétées. Il y a eu celle des singes-soldats (voir chap. v). Celle du jet de grosses pierres, par les aviateurs japonais, vient de m'être redite, avant-hier, à Tatsienlou au Sikang, à l'extrémité de la Chine opposée à celle où se trouve le Chansi. La raison donnée, ici, est que les Japonais commencent à manquer de bombes !

accompagnaient les pierres, je me demandai si celles-ci ne servaient pas de lest à des feuilles de propagande. Le lama émit l'idée que les Chinois, eux-mêmes, avaient pu jeter des bombes et des pierres dans des endroits où elles n'étaient susceptibles de causer que d'insignifiants dégâts matériels, et cela, pour secouer l'indifférence de la population, la rendre consciente du danger qu'elle courait et susciter un mouvement capable d'augmenter le nombre des engagements dans l'armée et celui des contributions volontaires au fonds de guerre. C'était possible.

J'entendis encore raconter qu'à ce moment, les Japonais ne se servaient que de « petites » bombes. Un de leurs grands généraux devait, incessamment, arriver à Changhaï, ils n'attendaient que lui pour commencer à faire usage des « grosses » bombes. Les gens qui colportaient ces rumeurs paraissaient croire qu'en retardant l'emploi des « grosses » bombes jusqu'à l'arrivée de ce personnage, les Japonais entendaient lui donner un témoignage tout spécial de leur estime et de leur respect. Un peu comme si, par une attention délicate, ils n'eussent pas voulu commencer la partie principale d'une représentation théâtrale, avant qu'il pût en être spectateur.

De fait, nous n'en étions guère, à ce moment, qu'à un « lever de rideau » précédant le drame chinois.

L'aubergiste finit par trouver des muletiers qui consentaient à nous conduire jusqu'à Toung Yeh et, cette fois, en voyageant de jour ; mais ils n'iraient pas plus loin. J'acceptai ; c'était toujours me rapprocher de mon but de la distance d'une journée de marche.

Le lendemain matin, comme, sortis de la ville, nous nous arrêtions un instant sur une place au pied des remparts, attendant que les mules portant les bagages nous rejoignent pour faire route ensemble, un Chinois, voyant le drapeau français attaché à ma litière, le prit pour un drapeau allemand. Se donnant un air important, il annonça aux quelques curieux qui nous regardaient :

« — Ce sont des Allemands qui vont rejoindre les Japonais à Tien tsin. »

Yongden l'avait entendu et passa la tête hors du toit de sa litière :

« — Nous ne sommes pas des Allemands », dit-il. « Le drapeau est un drapeau français. »

« — Vous n'êtes pas un Allemand ? » demanda le Chinois inspectant le visage parfaitement mongolique du lama et paraissant douter de sa dénégation. « Pas un Allemand ?... Euh ! ce n'est pas certain. Et qui êtes-vous, alors ?... »

Sa stupidité amusa Yongden.

« — Je suis un musulman du Kansou », déclara-t-il.

« — Et la dame ? »

« — C'est une musulmane du pays de France, près du Yunnan (l'Indochine). »

« — Et où allez-vous ? »

« — Nous allons à La Mecque adorer Allah et vénérer son Prophète. »

Le présomptueux qui s'était trompé quant à notre nationalité avait « perdu la face ». Ceux qui l'entouraient le regardaient avec dédain. « Quand on n'est pas sûr de ce qu'on dit, on ne doit pas faire le malin », signifiait leur attitude. Le groupe se dispersa tandis que nous passions.

Il y avait beaucoup de mouvement sur la route, nous dépassâmes un convoi de plus de deux cents ânes qui transportait du charbon à Taiyüan. Des camions automobiles, venant en sens inverse, montaient, vers Wou tai hsien, de nombreuses caisses de marchandises. Nous croisâmes, aussi, quatre autobus et une auto-plateau ; des soldats s'y entassaient en nombre triple de ce que les véhicules devaient normalement porter et les moteurs peinaient dans une rampe. Les chauffeurs crièrent aux hommes d'alléger les voitures en descendant. Ils n'y mirent aucun empressement, chacun s'efforçant de jeter son voisin dehors et de garder sa place : bousculades, rires, injures... La côte était dure et longue ; je doutais que les moteurs surchauffés pussent tenir le coup.

Dans les villages que nous traversions, l'état de guerre se rappelait aux habitants par des peintures murales et des affiches de propagande, les unes et les autres, de petites dimensions. Ici, l'on voyait décapiter un homme, plus loin on en emmenait un autre enchaîné. Ces scènes étaient censées représenter le sort des Mandchous depuis la conquête japonaise et constituaient un avertissement à la population. Voyez ce qui nous attend si les Japonais s'établissent chez nous, disaient les affiches. Défendez votre territoire ! Allez combattre ou contribuez de vos deniers aux frais de la guerre. Ailleurs, peints sur un mur, je vis deux soldats, l'un vêtu d'un uniforme vert pomme, était couché de tout son long par terre ; l'autre lui tirait un coup de fusil dans le dos. A « bout portant » était l'expression littéralement exacte à employer, dans ce cas, car l'extrémité du canon du fusil, reposait sur le dos de la victime. Celle-ci tournait légèrement la tête, comme cherchant à voir ce qui se passait et semblait se prêter de bonne grâce au jeu de son confrère. Une grande composition en noir et blanc montrait une ville dont les très hautes maisons tendaient, visiblement, à donner l'idée de « gratte-ciel » ; des avions survolaient cette anonyme métropole, des bombes éclataient, de-ci, de-là.

Par la suite, j'allais voir un bon nombre d'œuvres d'art de ce genre, quelques-unes peintes sur toile et de grande taille. Qui pouvaient en être les auteurs ? Des gosses de quatre ou cinq ans auraient pu les signer. Pourtant, la Chine est un pays où les Beaux-Arts florissent depuis des siècles, la patrie d'artistes merveilleux. Comment y laissait-on exposer ces caricatures grotesques ? Au lieu d'émouvoir, elles n'étaient propres qu'à provoquer le rire. De fait, j'ai vu des Chinois, arrêtés devant de tels tableaux, s'amuser franchement des mines et des attitudes que les peintres avaient prêtées aux guerriers qui y combattaient, tuaient et mouraient.

Nous arrivâmes à Toung Yeh sans encombre et, là, nos muletiers nous quittèrent ; il fallut recommencer à en chercher d'autres.

Yongden essaya, de nouveau, auprès de l'aubergiste, son manège de la veille, mais sans aucun résultat. Il n'y avait ni bêtes, ni litières, ni charrettes dans la localité, tout avait été ou réquisitionné ou caché au loin, par les propriétaires. Nos deux domestiques ne nous aidaient en aucune façon. Depuis notre départ de Pou-sa ting, ils demeuraient plus inertes encore que par le passé. L'un ne songeait qu'à boire et l'autre qu'à fumer son opium ; ce soir-là, je ne pus même pas obtenir d'eux qu'ils me fissent cuire mon souper.

Jusqu'à ce moment, la police ne nous avait point marqué d'intérêt ; cette période de tranquillité ne pouvait pas durer longtemps. Probablement avertis de notre arrivée, par l'aubergiste, deux quidams apparurent, vers la nuit, escortés, bien entendu, de soldats en armes pour rehausser leur dignité. Nous montrâmes nos passeports. Le mien ne souleva aucune objection, mais celui du lama parut singulier et les questions recommencèrent, comme en d'autres occasions. Pourquoi n'avait-il pas les cheveux jaunes et les yeux bleus, puisqu'il était Anglais ? — Quiconque possède la moindre connaissance des choses de ce monde, sait que *tous* les Anglais ont les cheveux jaunes, les yeux ronds et bleus et sont de haute taille, affirmait le magistrat éclairé qui cherchait à nous confondre. Yongden ne répondait aucunement à ce signalement. Il tâcha d'expliquer que *tous* les porteurs de passeports britanniques ne sont pas, nécessairement, des Anglais d'Angleterre et que, même en Angleterre, *tous* les gens n'ont pas, uniformément, les cheveux jaunes. Ceci semblait douteux aux autorités de Toung Yeh. Mais après de très longues réflexions et beaucoup d'inutile bavardage, un éclair d'inspiration traversa le cerveau du plus important des deux compères. Il sourit d'un air finaud ; il avait trouvé l'épreuve décisive à faire subir au lama.

« — Ecrivez votre nom en anglais ! »

Et il se retourna vers son compagnon avec une mine triomphante signifiant : Eh ! c'est trouvé, cela ! Vous n'y auriez pas pensé, vous. Voyons, s'il s'en tirera.

Naturellement, en une seconde, Yongden avait écrit son nom. Son examinateur savait-il lire l'écriture cursive ? Ce n'était pas certain. Dans beaucoup de bureaux de Postes et Télégraphes chinois, en dehors des grandes villes, le public étranger est prié de rédiger les dépêches en caractères d'imprimerie comme, aussi, les mentions : « Recommandée » ou autres, sur les enveloppes des lettres. Notre bonhomme était-il plus habile que les agents des Postes ?... Il considéra le papier sur lequel mon fils avait écrit. Visiblement, il hésitait.

« — Ecrivez *English* », reprit-il.

Il devait avoir entendu ce mot et savoir ce qu'il signifiait.

Je suggérai à Yongden : « Ecris en caractères d'imprimerie. »

Il écrivit : *English*.

Ah ! le policier avait pu lire, il inclina la tête en signe d'approbation.

« — Ecrivez London ! » commanda-t-il encore.

Yongden écrivit : *London.*

Les soldats étaient entrés dans la chambre et, par-dessus l'épaule du lama, regardaient les lettres qu'il traçait, paraissant très intéressés.

Parfait ! L'épreuve était concluante. Bien mieux que son passeport, elle démontrait que Yongden était indéniablement un Anglais authentique. Il n'y avait plus lieu de le tenir pour suspect, malgré ses cheveux et ses yeux bruns.

On parla d'autre chose et j'exposai l'embarras où je me trouvais, manquant de moyens de transport pour gagner Taiyüan.

Mon visiteur m'apprit alors que le service des autobus allant de Toung Yeh à Taiyüan fonctionnait toujours, mais des inondations ayant couvert les routes en plusieurs endroits et les ayant emportées en d'autres, la voiture n'accomplissait plus le parcours en entier, s'arrêtant à un peu plus de quarante *lis* de Toung Yeh. Les autobus roulaient de nuit et repartaient de leur point terminus à trois heures du matin.

J'étais toute disposée à voyager dans cet autobus, mais il fallait pouvoir le rejoindre.

Persuadé, à la fin, que nous étions d'honnêtes gens, le magistrat local se fit fort de nous procurer deux charrettes qui seraient rendues à l'auberge à minuit.

Les charrettes arrivèrent, mais avec plus d'une heure de retard. A nos reproches, les conducteurs répondirent que nous ne manquerions pas la voiture ; il ne s'agissait que de presser les bêtes.

Ils l'essayèrent, mais sans résultat appréciable. En de nombreux endroits, le chemin disparaissait sous l'eau bourbeuse et, rien ne nous guidant, nous risquions, à tout moment, de tomber dans les champs en contre-bas, qui le bordaient. Les muletiers marchaient en avant se servant du manche de leur fouet pour reconnaître le terrain. Lorsqu'elle n'était pas inondée, la route se trouvait transformée en fondrières gluantes. Il n'était certes pas question de faire trotter les mules ! Heureusement, la lune bien qu'à son déclin, éclairait suffisamment la campagne, nous préservant des accidents que l'obscurité nous eût probablement causés.

Baignant dans sa clarté vaguement roussâtre, certains groupes de maisons encloses entre des murs blanchis, au-dessus desquels des arbres verts étendaient leurs branches, prenaient l'aspect de villages arabes et je songeais à ceux où j'avais passé tant de jours charmants, sur la côte tunisienne : Nabeul, Hammamet, Zarzis et Djerba l'île des Lotophages, émergeant de la mer bleue... J'en étais loin !

Cahin-caha, nous avancions, la route devenait meilleure, mais je ne conservais plus aucun espoir d'atteindre l'autobus avant son départ. En effet, lorsque nous arrivâmes à l'endroit où nous aurions dû le trouver, il en était déjà parti. Quelques-uns des passagers qu'il avait amenés s'attardaient encore là, disposant leurs bagages en fardeaux que des gens, venus à leur rencontre, emporteraient sur leur dos. Bientôt, les uns et les autres disparurent dans la nuit, nous restâmes seuls.

Les charretiers nous invitèrent alors à mettre pied à terre et à décharger nos colis. Où cela ? — Sur la route déserte, il n'y avait aucun abri en vue. La chose était inadmissible. Il fallait, tout au moins, que nous gagnions le village le plus proche. Les Chinois firent la sourde oreille à nos offres de paie supplémentaire. Il leur avait été commandé, disaient-ils, de nous conduire jusqu'à cet endroit ; ils l'avaient fait et n'iraient pas plus loin.

« — Il vous a été ordonné », répliquai-je, « d'être à notre auberge à minuit et de nous amener, ici, en temps convenable pour prendre l'autobus. Vous êtes venus après une heure et, par votre faute, nous avons manqué le départ de la voiture. Quand je l'aurai fait savoir au « grand homme »[1] de Toung Yeh, vous serez sévèrement punis. Que vous veniez avec nous ou non, nous garderons les charrettes et les conduirons, nous-mêmes, jusqu'au prochain village. »

Ce disant, Yongden et moi avions sauté à terre. Le lama empoigna la bride de la mule de tête de la première

1. *Ta jén*, généralement prononcé *ta rén*, l'expression polie courante pour désigner un homme de classe sociale supérieure ou un fonctionnaire de rang élevé.

charrette et je saisis celle de la mule attelée à la seconde charrette. Les bêtes sont attelées en flèche et habituées à marcher à la file, avec d'autres véhicules. Je savais que ma besogne serait facile, les mules de la seconde charrette suivraient tout naturellement celle qui les précédait.

Quant à nos deux domestiques, ils s'étaient assis sur le bord de la route, complètement atones. Ah ! si j'avais eu là deux Tibétains, au lieu de ce Pékinois et de ce Mongol abâtardi par le séjour dans les grandes cités chinoises, j'aurais été moins en peine.

Néanmoins, notre attitude résolue avait impressionné les charretiers. Ils comprenaient, d'ailleurs, qu'ils étaient fautifs et se résignèrent à continuer le voyage. L'un d'eux nous fournit même, un renseignement intéressant. L'autobus que nous avions manqué s'arrêtait à Opien, disait-il, pour n'en repartir que plus tard, dans la matinée ou, à cause des avions ennemis qui survolaient le pays, peut-être dans la soirée seulement. Il nous serait donc possible de le rattraper. L'heure de départ de la voiture m'importait peu, pourvu qu'elle me menât à Taiyüan. Je repris ma place sur la première charrette parmi les bagages et nous nous remîmes en route.

Cette promenade nocturne n'avait rien de désagréable. La lumière rapidement décroissante de la lune répandait sur la campagne une paix et une douceur reposantes. Aisément, on eût oublié la guerre... J'allais en vérité l'oublier complètement, commençant à somnoler lorsque Yongden attira mon attention, me montrant, devant nous, dans le ciel, une lueur rougeâtre pareille à celle qui s'étend au-dessus des villes éclairées. Peu après, une brillante illumination nous apparut à travers les hautes tiges des kaoliangs.

« — Le domaine du maréchal Yen », nous dit notre charretier en indiquant l'endroit illuminé.

En approchant, nous distinguions de larges avenues, de nombreux bâtiments : une sorte de grand village luxueux, parsemé d'une multitude de lampes électriques qui narguaient la nuit.

Le maréchal était né à cet endroit, ou tout près de là, et, lorsque le pouvoir et la richesse lui étaient venus, il avait témoigné, de façon bien chinoise, son attachement à sa « petite patrie » en y édifiant cette demeure familiale de grand seigneur fastueux, dont on parlait dans toute la province.

N'y craignait-on donc pas les avions ennemis ? — Ceux-ci ne volaient que de jour, disait-on. Pourtant, il en était passé la nuit, sur Wou tai chan... Cette illumination téméraire me paraissait déconcertante.

Il était un peu plus de six heures du matin quand nous arrivâmes à Opien. Les charretiers nous conduisirent, directement, au dépôt des autobus, posèrent nos bagages par terre, se firent payer et se hâtèrent de disparaître.

Par la porte entrebâillée du garage, l'on apercevait deux voitures et, touchant au garage, était un petit bureau pourvu d'une fenêtre vitrée, vraisemblablement, celui où l'on délivrait les billets, mais personne ne s'y trouvait. Qu'allions-nous faire en attendant l'heure du départ et, d'abord, à quelle heure celui-ci aurait-il lieu ?

Une pluie fine commença à tomber ; il me sembla que le mieux serait de placer nos bagages dans l'un des omnibus et de nous y asseoir pour nous mettre à l'abri. Comme mes garçons se disposaient à transporter nos colis, un petit vieux, que nous n'avions pas aperçu jusque-là, sortit du garage, en ferma la porte et la cadenassa. Il nous refusa la permission de nous abriter soit dans une voiture, soit à l'entrée de la remise, déclara qu'il ne savait rien quant au départ de l'autobus, puis s'en alla.

Nous attendîmes encore, pendant environ une heure, sous la pluie, sans oser nous écarter pour acheter des vivres, de crainte que, pendant notre absence, l'autobus ne partît sans nous. Je me hasardai pourtant à aller à la découverte dans une rue droite d'où je ne perdais pas le dépôt de vue et pouvais, en courant, y retourner en quelques minutes. Dans une boutique minable, je trouvai des petits pains fourrés avec des dattes chinoises dont la saveur rappelle celle des pruneaux. J'en achetai une douzaine et revins les partager avec Yongden et les domestiques.

Un certain temps se passa encore. Ma montre allait marquer neuf heures lorsqu'un Chinois apparut, ouvrit la porte du bureau, y entra et commença à ranger des papiers. J'envoyai le cuisinier s'informer du moment du départ, l'employé lui répondit qu'il n'en savait rien. Il pleuvait toujours ; nos bagages et nous-mêmes étions trempés. Un peu plus tard, trois hommes rejoignirent le premier arrivé dans le bureau. Cette fois, Yongden alla lui-même aux renseignements et apprit que les deux omnibus étaient réquisitionnés, ce jour-là et les jours suivants et que nous devions abandonner tout espoir d'y prendre passage.

La nouvelle était affligeante, mais s'affliger est toujours vain. Il convenait de trouver un gîte, de nous sécher, de boire du thé chaud ; nous examinerions, ensuite, la situation.

Je repartis à l'aventure et découvris, aux confins de la ville, une auberge neuve, encore presque propre, située dans une vaste cour. Le patron envoya, immédiatement, deux de ses domestiques pour aider mes propre-à-rien à transporter nos colis et je me trouvai, enfin, dans une chambre, avec un brasero plein de braise rouge, au milieu de la pièce et une théière de thé brûlant sur la table.

« — Comment peut-on aller, d'ici, à Taiyüan ? » demandai-je à l'aubergiste, dès que je fus un peu réconfortée.

« — Il y a une gare de chemin de fer, mais les trains ne partent plus à heures fixes », répondit-il.

« — Où se trouve la gare ? »

Elle n'était pas très éloignée de l'auberge. Je m'y rendis avec Yongden.

L'animation y était grande ; des trains passaient, bondés de soldats s'en allant vers le front. Je vis un groupe de jeunes femmes soldats avec un drapeau, attendant le moment de s'embarquer à leur tour. Beaucoup de marchandises étaient empilées, de-ci de-là : sacs de riz et de farine, ballots d'effets d'équipement, caisses de munitions.

Il nous fut déclaré que les trains ne recevaient pas de passagers civils, tous étant réservés aux services de l'armée.

Rentrant à l'auberge après avoir reçu cette nouvelle contrariante, je commandai un repas et commençai à entretenir le patron de la question de mon voyage. Il me fallait regagner Taiyüan au plus tôt ; je m'accommoderais de charrettes, de litières, de bêtes de somme ou de porteurs. Au besoin, nous ferions tous route à pied, mais les bagages devaient être transportés.

« — Vous ne trouverez pas même un âne disponible à Opien », me répondit l'aubergiste.

Tout ce que je pus lui dire ne servit à rien. Le brave homme n'y mettait pas de mauvaise volonté ; il emmena Yongden, avec lui, chez plusieurs propriétaires de bêtes ou de véhicules, ils montrèrent leurs écuries et leurs hangars vides.

« — Voyez de nouveau, demain, à la gare », conseilla-t-il.

Le lendemain, Yongden y retourna et reçut la même réponse que le jour précédent.

Nous en étions au sixième jour de notre voyage. A l'aller, nous n'en avions mis que trois pour effectuer le trajet entier, de Taiyüan à Wou tai chan. L'argent économisé, à force de privations, pour couvrir les frais de mon retour, allait être épuisé et la perspective de demeurer isolés et dénués de ressources, dans un village chinois, prenait une alarmante consistance dans mon esprit. Je songeais à me rendre, seule, à pied, à Taiyüan pour y toucher l'argent que je devais y obtenir contre mon chèque sur Pékin. Yongden m'avait proposé d'y aller lui-même, mais je craignais que les banquiers ne demandassent à me voir en personne. Quant à partir ensemble, je n'avais pas assez de confiance dans mes domestiques pour leur confier, pendant aussi longtemps, la garde de mes bagages.

J'avais décidé de partir le lendemain matin lorsque, vers la fin de l'après-midi, l'aubergiste entra, triomphant, dans ma chambre. Il avait été informé, disait-il, que trois charrettes étaient arrivées, chargées de marchandises à destination d'Opien et s'était aussitôt abouché avec leurs conducteurs, demandant, à deux d'entre eux, de nous conduire jusqu'à Sinchow. Ceux-ci avaient consenti à condition de recevoir trente dollars chacun. C'était un prix exorbitant, mais ils tablaient sur notre embarras. L'aubergiste avait accepté en mon nom et, sans nul doute, allait toucher une commission substantielle pour avoir procuré cette aubaine aux charretiers.

Encore une fois, ces gens ne voulaient voyager que de nuit et, comme ils venaient d'arriver, ils demandaient à laisser reposer leurs bêtes et à ne repartir que le lendemain dans la soirée. Cela aurait fait encore un jour de perdu, un jour de dépenses à l'auberge et, pis que cela, qui pouvait être certain que, dans l'intervalle, les charretiers ne changeraient pas d'idée et ne refuseraient pas d'aller à Sinchow ?

J'insistai donc, fortement, pour partir sans délai. Les mules avaient déjà eu quelques heures de repos, je leur en accordai encore quatre autres. Nous partirions au début de la nuit. Ils finirent par accepter et par amener, comme je l'exigeai aussi, mules et charrettes dans mon auberge. J'y tenais fort, afin que leurs propriétaires ne pussent pas s'échapper à mon insu.

Nous partîmes enfin, faisant plusieurs détours, pour éviter des réquisitions possibles, si nous étions rencontrés par des troupiers trop zélés et le voyage se poursuivit, sans incident jusque vers la moitié de la nuit, quand les Chinois déclarèrent que leurs bêtes devaient manger et se reposer. Ils les dételèrent et je mis pied à terre pour me dégourdir les jambes.

La route sur laquelle nous nous trouvions était bonne, la nuit claire. Je marchai un peu, mais harcelée par des nuées de moustiques, je retournai bientôt vers ma charrette, désireuse de m'enfouir sous une couverture pour échapper aux piqûres cuisantes de ces détestables insectes.

Les mules mastiquant lentement et bruyamment leur ration de grain, les hommes bavardant à voix basse, assis par terre, me rappelaient mes camps nocturnes d'autrefois, en Asie centrale. Il arrivait, alors, que la crainte des brigands nous tînt aux aguets, nos armes à portée de la main, surveillant nos chevaux qui pouvaient exciter des convoitises. Les motifs de crainte avaient changé, mais, comme en ce temps-là, celle-ci rôdait autour de nous. La fatigue suscitait en moi, un intense désir de paix et de repos ; je m'étais laissée aller à somnoler lorsque, très assourdis, des bruits suspects se produisirent dans le ciel. Plusieurs détonations lointaines suivirent et, après quelques instants de grand silence, d'autres détonations encore.

Les Chinois s'étaient levés, écoutant. Je leur demandai d'atteler les mules qui avaient achevé leur grain et s'étaient reposées. Le jour viendrait bientôt, il fallait repartir.

« — Il y a du mauvais, là-bas », dit l'un des charretiers, « nous devons nous cacher. Nous sommes près de la ligne du chemin de fer, des avions venant guetter les trains pourraient nous voir. »

Se cacher !... Depuis huit jours, je ne cessais pas d'entendre ce refrain !

J'exposai aux charretiers que nous nous dirigions dans la direction opposée à celle de la voie ferrée et que nous aurions, avant le lever du jour, le temps d'arriver, sinon à Sinchow, du moins, à un village plus proche de nous. Ils ne voulurent rien entendre.

Un bosquet d'arbres, encore feuillus, que l'on apercevait, au milieu des champs, tout à fait hors de notre route, obtint leur préférence et, l'ayant atteint avec beaucoup de difficulté, en traversant les terres labourées, partiellement inondées, ils s'y installèrent sans vouloir en bouger. Je me sentais devenir enragée !

Il ne se passa rien, sinon que nous jeûnâmes et fûmes dévorés par les moustiques. Une pluie diluvienne commença à tomber vers midi et ne cessa point. Les champs que nous avions traversés avec peine, dans la nuit précédente, s'étant transformés en lacs, quand nous partîmes, à la fin de la soirée. Les charretiers voyant l'impossibilité de s'en retourner par où ils étaient venus, se mirent à louvoyer, cherchant à gagner un chemin de traverse qui pût les ramener sur la route. La pluie qui tombait à torrents ajoutait à l'obscurité ; on n'y voyait pas à dix pas devant soi. Ses deux hautes roues s'enfonçant dans la boue épaisse que l'eau couvrait, ma charrette roulait et tanguait comme une barque par grosse mer. Les bagages qu'elle portait s'entre-choquaient violemment, à me faire craindre que l'un ou l'autre des colis ne tombât dans la fange. Et puis, brusquement, elle bascula complètement en avant, les brancards touchant la terre ; je glissai, quelque chose de pesant me laboura le crâne et retomba lourdement sur mon front.

Je ne criai pas. L'ébranlement causé par le choc me paralysait. Bien que n'ayant pas complètement perdu connaissance, je demeurai pendant quelques instants sans me rendre compte de ce qui m'était arrivé. Toutefois, la douleur que je ressentais eut tôt fait de m'en informer. Une lourde caisse, contenant des livres, s'était détachée et m'écrasait la tête.

Yongden était assis à l'arrière de la charrette, du côté opposé de la pile de bagages. Sentant que celle-ci s'écroulait, il avait immédiatement sauté à terre et pataugeait, craignant, comme je l'avais fait quelques minutes auparavant, que l'une ou l'autre de nos caisses ou de nos valises n'ait été projetée hors du véhicule.

Il s'agissait bien de cela ! Qu'un nouveau mouvement se produisît et la caisse pouvait glisser plus avant encore et cette fois, m'écraser complètement la figure. La conscience que j'avais de ce danger est, je crois, ce qui m'empêchait de m'évanouir.

« — Viens ici », dis-je au lama, « appelle quelqu'un. Je ne puis pas bouger, ma tête est sous une caisse. »

Terrifié, Yongden poussa un cri d'appel qui fit accourir nos domestiques et le conducteur de la seconde charrette qui, tous les trois, étaient demeurés juchés sur celle-ci. Mon charretier qui, selon l'habitude chinoise, se tenait assis à l'extrémité du véhicule, les jambes pendant audehors, avait été projeté dans la boue lorsque la chute de la mule qui supportait les brancards avait fait basculer celui-ci.

Tous ces détails me furent racontés plus tard. Au moment même, je sentis seulement que le poids qui m'écrasait était soulevé et que Yongden me prenait la tête à deux mains.

« — Avez-vous très mal ? » me demanda-t-il.

En vérité, je n'en savais rien. Un bourdonnement confus m'emplissait le crâne, il me semblait que son contenu tourbillonnait en une sorte de ronde qui produisait ce bruit.

Le lama fit étendre ses couvertures sur la seconde charrette et le muletier, homme de haute taille, moins profondément enfoncé dans l'eau que mon fils, offrit de me porter.

Je devais m'avancer contre le rebord du véhicule pour qu'il pût me saisir, mais en l'essayant, j'éprouvai au genou et au côté, des douleurs si vives qu'elles m'arrachèrent des cris.

« — Oh ! » dis-je à Yongden, « je ne puis pas bouger ».

Jusqu'alors, je ne m'étais pas bien rendu compte de la position dans laquelle m'avait jetée l'inclinaison subite de la charrette et la chute des bagages sur moi. Le véhicule consistait en un simple plateau, presque sans rebords ; supporté par deux hautes roues ; une de mes jambes repliées avait glissé en dehors et mon genou se trouvait coincé entre deux rayons d'une de ces roues.

Mes infirmiers improvisés manquaient d'habileté à manier des blessés. Ils dégagèrent ma jambe avec une rudesse qui leur attira des injures au lieu de remerciements et, finalement, je fus couchée sur la seconde charrette.

Yongden fourrageait dans mes vêtements.

« — Qu'est-ce que tu veux ? » lui demandai-je.

« — Votre mouchoir, pour vous essuyer la tête, l'eau vous a éclaboussée. Votre béret est tombé, vous avez les cheveux mouillés. »

« — Laisse-moi tranquille, ne me bouge plus », répondis-je. « Est-ce que nous allons bientôt partir ? »

« — On ne peut pas », gémit le lama. « Il faut attendre que la lune éclaire un peu. Un des brancards s'est brisé quand la mule est tombée. Le charretier croit qu'il y a, aussi, quelque chose de cassé à une roue. »

Les piles des lampes électriques que nous gardons généralement à notre portée étaient épuisées et les charretiers n'avaient pas de lanterne. Il fallait donc, comme Yongden le disait, attendre le lever de la lune à son dernier quartier.

Il pleuvait toujours. Mon fils me couvrit avec un drap huilé très vaguement imperméable. Allongée sous celui-ci, je devais ressembler à un cadavre, à l'un de ces nombreux cadavres que l'on emportait du front, pas très loin de l'endroit où nous étions.

Et puis, la lune se leva, on attacha le brancard cassé avec des cordes et l'on rétablit l'équilibre des bagages écroulés ; mais de tout cela je ne sus rien au moment même. Je sentais seulement une douleur cuisante au genou, un martèlement sourd dans le côté et, malgré le drap qui me couvrait, la pluie devait tomber sur ma tête, car je sentais mes cheveux se mouiller de plus en plus et un petit ruisseau humide coulait sur mon crâne, descendant vers mon cou, seulement, chose bizarre, la pluie était tiède.

Om-om-om chantaient des atomes tournoyant dans mon cerveau. Je les voyais, il y en avait de tout ronds et d'autres ovales. *Om-om-om*, ils s'entrechoquaient en tournant, c'était curieux, très intéressant à regarder. Un choc troubla, soudain, la ronde, comme un courant d'air jette la confusion dans les poussières minuscules qui dansent dans un rayon de soleil. *Om-om-om*, protestèrent, plus bruyamment, les corpuscules dérangés dans leurs évolutions. Nous nous mettions en marche ; je le compris vaguement, mais les choses de ce monde avaient cessé de retenir mon attention tout entière captivée par le chant des êtres minuscules qui emplissaient ma tête. Ceux-ci en venaient à prendre figure, à revêtir des semblants de personnalité et je notais sur leurs physionomies l'expression de leur déplaisir, chaque fois qu'un choc dérangeait le rythme de leur ronde, la cadence de leur monotone ballade *om-om-om*. Lucide, malgré tout, je pensais : « Comme il suffit de peu de chose pour changer le cours de nos perceptions habituelles ! »

De grand matin, nous arrivâmes à une ferme où l'on nous permit de passer la journée. Le charretier devait faire réparer la roue de son véhicule et se procurer un nouveau brancard. Pour cela, il lui fallait se rendre à un village voisin.

On poussa, sous le toit d'un hangar, la charrette sur laquelle j'étais étendue et je refusai d'en descendre, certaine de m'y trouver mieux que dans la cuisine enfumée de la ferme, pleine de gens bruyants.

Yongden m'apporta du thé. Je sortais du demi-coma dans lequel j'avais été plongée et souffrais davantage. Passant la main sur mes cheveux, je sentis ceux-ci raidis et poisseux. Ce que mon fils avait pris pour des éclaboussures et moi pour de la pluie, était du sang, l'angle ferré de la caisse m'avait déchiré la peau. Je regardai ensuite mon genou, il était enflé et tuméfié, une plaie toute barbouillée de sang séché paraissait être superficielle seulement. Quant à mon côté, il me faisait l'effet d'être disloqué, le moindre mouvement me causait de vives douleurs. M'étais-je cassé une côte ? — Je manquais de compétence pour en juger d'après mes seules sensations et, dans ce hangar, étant exposée aux regards des passants, je ne pouvais pas me déshabiller pour m'examiner.

Afin de me laisser plus de place, Yongden fit enlever une partie des bagages qui se trouvaient sur la charrette ; il étendit davantage de couvertures sous moi et autour de moi pour amortir les chocs [1] lorsque nous repartirions. Il ne pouvait rien de plus pour mon confort.

Je lui dis de demander aux fermiers de préparer de quoi manger, pour lui et pour nos domestiques et de me laisser tranquille et seule. Quant à l'eau jaunâtre que l'on m'apporta dans une cuvette malpropre, je la refusai, jugeant plus prudent d'attendre, pour laver mes plaies, que j'eusse de l'eau ayant été bouillie dans mes propres ustensiles.

Je ne sais trop comment se passa la journée. Je m'abandonnai à cet état spécial que les Yoguis hindous et tibétains dénomment « extériorisation », pendant lequel il semble que l'on soit « en dehors » de son corps, dont les sensations vous parviennent amorties, comme à travers une épaisse couche de ouate ; état dont peut donner une idée approximative, ce que l'on éprouve pendant une anesthésie partielle, alors que l'on *sent* la morsure du bistouri, mais sans en éprouver de douleur.

Yongden m'apporta encore plusieurs fois du thé, mais, volontairement, je cultivais la torpeur dans laquelle j'étais plongée, attentive aux sensations et aux visions qui rugissaient dans le « moi » dont j'étais devenue spectateur.

Nous repartîmes vers le soir. Yongden se hissa près de moi, pour me maintenir dans les endroits mauvais où les cahots de notre véhicule, sans ressorts, se faisaient plus durs. J'avais la fièvre et un peu de délire, j'imagine, car je m'entendais murmurer, de temps en temps, des phrases incohérentes, le bruit de mes paroles m'éveillant et me rendant à peu près consciente de ce que j'avais dit.

Nous nous étions beaucoup écartés de notre route, la veille et eûmes un long chemin à faire pour la rejoindre. L'accident qui nous était survenu et les frais qu'il avait causés au propriétaire du véhicule endommagé, avaient guéri les Chinois de l'envie de passer à travers champs ou par d'étroits sentiers partiellement inondés. Ils firent donc un grand tour qui leur prit toute la nuit et nous atteignîmes Sinchow à l'aube.

Les rues étaient désertes, les maisons fermées. Nos charretiers ne paraissaient pas connaître la localité, qui est importante. Ils nous trimbalèrent longtemps, frappant,

1. Les charrettes chinoises n'ont point de ressorts.

de-ci, de-là, aux portes qui leur semblaient être celles d'auberges et se voyant férocement répondre par des hommes qu'ils avaient réveillés, ou bien que la maison n'était pas une hôtellerie, ou bien que toutes les chambres étaient occupées.

A la fin, un paysan amenant des légumes au marché, nous indiqua une auberge située dans une rue étroite et nous y trouvâmes des chambres à peu près propres, selon le code de la propreté chinoise.

Dès que mes domestiques eurent fait bouillir de l'eau dans une de mes bouilloires, je me la fis apporter avec mes cuvettes ; mon fils sortit d'un des sacs mon nécessaire de toilette et des serviettes, étendit une de celles-ci, en guise de rideau, devant la fenêtre dont le papier était troué et je m'enfermai pour me déshabiller.

Malgré la souffrance que chaque mouvement me causait, enlever mes vêtements me fut une véritable volupté. J'en étais au neuvième jour de voyage depuis mon départ de Pou-sa ting et, pendant tout ce temps, il ne m'avait jamais été possible de me dévêtir complètement.

Les Orientaux, en général, n'éprouvent pas, au même degré que nous, le besoin de changer de vêtements pour dormir, mais quiconque y est accoutumé et, de plus, a pris l'habitude du grand lavage matinal quotidien : bain ou tub, en ressent péniblement la privation.

J'avais une forte contusion au côté, la chair était enflée et violacée. Très enflé, aussi, était mon genou ; sa plaie, une fois lavée, se présentait comme ayant peu d'importance, mais la blessure à la tête, autant que j'en pouvais juger au toucher, était plus étendue.

Ma pauvre caboche jouait, décidément de malheur. Trois ans auparavant, à Paris, en face de l'hôtel Lutétia, j'avais glissé sur une fleur effeuillée qui gisait sur le pavé humide et gras et étais tombée à la renverse me heurtant violemment le crâne. Le lendemain, l'endroit qui avait frappé le sol restait simplement un peu douloureux au toucher. Je quittai Paris, allant faire une tournée de conférences en Europe centrale. La première de celles-ci devait avoir lieu à mon passage à Strasbourg. Là, je fus prise de douleurs singulières qui parurent inquiéter le médecin que mes amis m'avaient envoyé. Il revint trois fois me voir dans la même journée. Très étonnée, je lui demandai :

« Mais que craignez-vous donc, docteur, que pourrait-il m'arriver ? » — « Vous tenez à le savoir », me répondit-il. « Eh bien ! un officier qui avait eu un accident du même genre que le vôtre et n'en souffrait pas davantage, est tombé mort subitement, le troisième jour après sa chute, tandis qu'il dînait avec sa femme. »

En ce qui me concernait, le troisième jour s'écoula sans accident et le quatrième me trouva toujours vivante. J'allai à Prague, à Budapest, puis à Vienne, où les douleurs recommencèrent pour cesser de nouveau, tandis que je continuais mon voyage par l'Allemagne et la Suisse.

Cette fois, j'espérais m'en tirer de même, sans suites fâcheuses. Je souffrais beaucoup, mais les « atomes ronds et ovales » avaient cessé de tourbillonner dans mon cerveau et ils ne chantaient plus *om-om-om* qu'en sourdine. Pyramidon et aspirine que j'avais absorbés, domptaient leur turbulence.

Pourtant, bien que je m'efforçasse de me montrer stoïque : « *Douleur tu n'es qu'un mot* » afin de ne pas être trop indigne des Maîtres de ma jeunesse : Epictète et Marc-Aurèle, je ne me sentais guère vaillante.

Après une toilette sommaire effectuée en me tenant, pendant une grande partie du temps sur une jambe, à cause de mon genou blessé, je m'étendis de nouveau, mangeai un peu de riz et dormis jusqu'à midi.

Je me réveillai fiévreuse, la tête très douloureuse ; l'enflure de mon genou s'était accentuée, je ne pouvais plus étendre la jambe pour poser le pied à terre et, dès que je faisais un mouvement, j'éprouvais une sensation de pénible déchirement dans le côté. Toutefois, mon esprit était redevenu très lucide et la complication que mon état apportait à notre situation, déjà si difficile, me préoccupait grandement.

« — Il faudrait trouver une litière pour m'emmener à Taiyüan », dis-je à Yongden. « Il me serait trop pénible de supporter les chocs d'une charrette. »

« — Je me suis déjà informé à ce sujet », me répondit-il. « Il n'y a ni litières, ni charrettes, ni aucun véhicule disponible ; pas même des ânes pour transporter nos bagages. Et les nouvelles de la guerre sont mauvaises. Les Chinois, semble-t-il, ne peuvent pas résister près de la

Grande Muraille et les Japonais vont avancer vers Taiyüan. »

Les Japonais se rapprochant de Taiyüan, cela signifiait que la route risquait d'être barrée, comme l'avait été celle de Pékin, quand j'étais à Pou-sa ting. Et si je ne pouvais pas atteindre Taiyüan et y toucher de l'argent, qu'allais-je devenir ?...

« — Je partirai, n'importe comment », criai-je au lama, oubliant que je ne pouvais pas me tenir debout. « Vois des gens, envoie l'aubergiste et nos domestiques dans tous les endroits où ils auront une chance de rencontrer des charretiers et des muletiers, nous devons arriver promptement à Taiyüan. »

Yongden hocha la tête et s'en alla. Vers le soir, il me confirma qu'aucun moyen de transport ne pouvait être obtenu.

Pendant son absence, j'avais appris qu'il existait deux Missions à Sinchow : l'une dirigée par des Protestants, l'autre par des Catholiques. Je décidai d'aller causer avec les missionnaires ; ils auraient, peut-être quelques bonnes idées à me communiquer ; peut-être, même, possédaient-ils des véhicules qu'ils consentiraient à me louer.

Dès le lendemain matin, l'aubergiste m'ayant procuré un rikshaw délabré, je m'y hissai et me fis conduire à la Mission protestante. Je n'y trouvai qu'un portier indigène, abruti au-delà de toute expression, dont je ne pus tirer qu'une seule information, c'était que ses maîtres avaient quitté la ville. Pendant ce temps, l'aubergiste était allé, de ma part, à la Mission catholique. Il me rapporta que, seuls, des Chinois y résidaient. Ceux-ci ne disposaient ni de charrettes ni de bêtes qu'ils eussent pu me louer et ne connaissaient, non plus, personne qui pût le faire.

La journée s'écoula sans nous apporter aucun espoir. Vers la soirée, des gens de la police vinrent examiner nos passeports. Ils le firent rapidement, sans comédie ridicule et je ne manquai pas de leur faire part de mon embarras. Ils me confirmèrent que, véritablement, tous les véhicules avaient été réquisitionnés, m'assurant que, néanmoins, ils s'occuperaient de moi et feraient tout leur possible pour que je puisse partir.

Le lendemain, une pluie diluvienne tomba de nouveau sans interruption, depuis le lever du jour. Dans l'après-midi, un Chinois en uniforme arriva en courant. Son chef l'envoyait. « Vite, vite », nous dit-il, « allez à la gare. Ce soir, un train passera qui prendra des passagers civils pour Taiyüan. »

Il avait amené deux petites voitures légères, traînées chacune par une mule, pour nous mener jusqu'au chemin de fer. Je crus comprendre qu'elles avaient été empruntées à des particuliers. Dans tous les cas, elles n'auraient pas été utilisables pour un long trajet.

On empila, tant bien que mal, nos bagages dans ces voitures. Je m'assis dans l'une d'elles ; les conducteurs, Yongden et nos domestiques suivirent, à pied, par les rues transformées en torrents. La gare se trouvait à une forte distance de la ville, les routes non empierrées, qui y conduisaient étaient inondées ; les pauvres mules surchargées s'enfonçaient profondément dans la boue, les conducteurs poussaient aux roues tandis que nos colis s'entrechoquaient de façon à me causer de l'inquiétude. Allions-nous rééditer l'accident de l'avant-veille. Je commençais à le craindre. Heureusement tout se passa bien.

Les abords de la gare présentaient un aspect lamentable. De tous côtés, des groupes de gens, debout ou assis sur leurs bagages, attendaient, ruisselants, les pieds dans la boue, l'arrivée du train annoncé. Certains devaient être venus de loin, leurs attitudes affaissées dénotaient une extrême lassitude et leur détresse morale se lisait sur leurs visages. Ils fuyaient, sans trop savoir sans doute où ils allaient, emportant tout ce qu'ils pouvaient de leurs misérables hardes dont la pluie et la boue faisaient des chiffons innommables.

Entrer dans la gare était impossible. En plus des bureaux, elle ne comprenait qu'une seule pièce, pas très vaste, où se trouvaient les guichets de distribution de billets et cette pièce était archicomble. Nous dûmes empiler nos colis à l'extérieur près de la porte et nous tenir pressés contre le mur, le rebord du toit nous abritant un peu de l'averse. Il était six heures trente du soir.

L'humidité froide qui s'infiltrait en moi, me donnait des frissons précurseurs d'un nouvel accès de fièvre et je m'accrochais des deux mains à un clou soutenant un tableau-affiche, afin de diminuer le poids que mon genou blessé avait à supporter.

Partis en hâte, nous n'avions pas mangé depuis notre repas de midi ; aucune boutique vendant des provisions ne se trouvait à proximité de la gare bâtie dans un endroit écarté, parmi des champs.

Des employés du chemin de fer passant à travers la foule annoncèrent que le train était attendu vers huit heures. A cette nouvelle, plusieurs de ceux qui étaient assis à l'intérieur sortirent, jugeant, probablement, qu'ils avaient le temps de retourner se restaurer à la ville. Yongden profita du vide qui s'était fait pour porter un sac contenant mes couvertures, dans la salle d'attente et le déposer dans un endroit libre. Je pus donc m'asseoir à couvert, un progrès sensible vers le confort.

Poliment, un jeune homme recula un grand panier-valise pour me donner un peu plus de place et tenta d'entamer une conversation. Mon vocabulaire chinois était trop restreint pour me permettre de le suivre ; je le lui dis et il se tut.

Malgré la cohue, la police remarqua la présence d'une étrangère — ou peut-être en avait-elle été prévenue par le bureau de Sinchow. — Un agent vint me demander ma carte de visite et mon passeport qu'il emporta et me restitua peu après, sans me poser aucune question.

Il était bien plus de huit heures et le train n'arrivait pas. Par contre, de nombreux trains militaires passaient, bondés de soldats s'en allant vers le front. De temps en temps, m'appuyant sur une canne, je sortais pour les examiner. Yongden gardait alors ma place, assis sur mon sac.

Il continuait à pleuvoir, mais à la grosse averse avait succédé une pluie fine, glacée. La nuit était noire et brumeuse ; la flamme entourée d'un halo jaunâtre et bleuâtre, des phares des trains et des rares lanternes espacées le long des voies, éclairait à peine.

Sur les terre-pleins boueux, des caisses de munitions, des sacs de riz et de farine, des ballots d'effets militaires : capotes et vestes en coton gris, ouatées, étaient amoncelées, de-ci, de-là, rarement recouvertes de draps imperméables, s'imprégnant d'eau, devenant inutilisables.

Les trains se succédaient à peu de distance l'un de

l'autre, leurs mouvements, si près du front, s'effectuaient de nuit, par crainte des avions ennemis. La plupart des wagons étaient sans toiture ; les hommes, étroitement serrés les uns contre les autres, devaient s'y tenir debout, faute de place pour pouvoir s'accroupir sur le plancher de la voiture.

A mon grand étonnement, ces « soldats » près de toucher aux premières lignes n'étaient point armés. Il en défilait des milliers, mais je n'apercevais ni fusils, ni mitrailleuses, ni canons d'aucune sorte. Avec quoi cette multitude allait-elle se battre ? — L'on devait m'apprendre, plus tard, que la proportion ordinaire des armes dont l'armée disposait était un fusil pour trois hommes. Deux de ceux-ci attendaient, derrière le tireur que celui-ci fût tué pour prendre son arme. Naturellement, il arrivait parfois que ceux qui attendaient « leur tour » fussent tués ou blessés sérieusement avant d'avoir pu tirer un seul coup de feu. Cela me faisait l'effet d'une plaisanterie macabre, mais des gens bien placés pour être correctement informés m'assurèrent que le fait était exact.

Il allait être minuit. Le froid, la fatigue, les douleurs que je ressentais toujours dans la tête et que l'humidité paraissait augmenter, me firent rentrer dans la gare.

Pendant mon absence, la foule y était devenue encore plus compacte. Se frayer un passage dans l'enchevêtrement des bagages hétéroclites dispersés sur les dalles, et des dormeurs allongés partout, exigeait des manœuvres compliquées. La salle n'était pas éclairée ; une apparence de clarté y entrait, seulement, par une haute fenêtre donnant sur le quai. Les fortunés possesseurs de lampes électriques s'en servaient pour se guider lorsqu'ils avaient à se mouvoir et, dès qu'ils les éteignaient, les ténèbres retombaient sur notre misérable dortoir.

Je délogeai Yongden de mon sac et m'y assis de nouveau. Avant d'aller se recroqueviller à un autre endroit, il m'apprit qu'il avait été annoncé que le train passerait vers deux heures du matin.

Je mourais d'envie de dormir, de m'étendre, ou, tout au moins, de m'appuyer contre quelque chose, mais je me trouvais loin de la muraille et il n'y avait rien, près de moi, qui puisse servir de support à mon dos endolori.

Quant à s'étendre, la place manquait. Je me repliai sur moi-même, la tête courbée vers mes genoux, incapable de garder le buste droit. Le jeune homme poli, qui m'avait fait place, quelques heures plus tôt, s'était endormi ; plus heureux que moi, il avait réussi à s'allonger et ses pieds s'appuyaient sur ma hanche meurtrie. Un dormeur corpulent étendu au-dessus de moi, sur la banquette courant le long de la muraille, se remuait constamment dans son sommeil, en poussant des grognements plaintifs, probablement se sentait-il à l'étroit. Finalement, comme il se retournait, son énorme postérieur, débordant la banquette, s'en vint reposer sur ma tête. J'aurais voulu me déplacer pour me libérer, mais je ne le pouvais pas. D'un côté j'étais bloquée par les pieds du jeune homme poli, de l'autre par une pile de sacs auxquels toute une famille s'adossait ; en face de moi des hommes étaient accroupis, mes genoux s'enfonçaient dans le dos de l'un d'eux. Derrière moi, sur la banquette, près du volumineux Chinois, un autre voyageur toussait et crachait sans répit. Lui aussi, s'efforçait de se montrer « poli ». Pour éviter de cracher sur moi — il n'est pas question, en Chine, de cracher dans un mouchoir, — il tournait la tête et envoyait ses crachats de côté, mais à cet endroit se trouvait un dormeur. Peut-être le catarrheux ne le distinguait-il pas, dans l'obscurité, peut-être, aussi, n'ayant que le choix entre lui et moi, pour récipient de ses expectorations, lui donnait-il la préférence, par égard pour moi ; quoi qu'il en fût, la robe du malchanceux que sa mauvaise étoile avait amené à cet endroit, s'imbibait, fâcheusement, de minute en minute.

La nuit s'avançait, notre train n'était toujours pas signalé. Par contre, les trains militaires continuaient à défiler. Une fois, quelques dizaines de soldats en descendirent ; à grand-peine, ils s'insinuèrent dans la salle d'attente, y cherchant, en vain, une place pour s'asseoir. Leur tenue et leur physionomie différaient fortement de celles que l'on rencontre, ordinairement, parmi les troupiers chinois et dénotaient l'éducation d'une classe sociale supérieure. L'un d'eux qui demeura, pendant un moment, près de Yongden, lui dit que ses compagnons, et lui, étaient des étudiants engagés volontaires.

Quelques-uns de ces jeunes gens allèrent réclamer de la

lumière aux employés de la gare et un ouvrier apporta une lanterne à pétrole qu'il accrocha à un fil de fer pendant au milieu de la salle. Le réconfort que cette minime illumination procura à certains, dont j'étais, ne fut pas unanimement partagé. Des dormeurs, cessant de ronfler, protestèrent par des grognements, des enfants piaillèrent...

Les heures s'écoulaient et toujours se suivaient les trains aux wagons découverts où s'empilait le bétail humain charrié vers la tuerie.

Le jour se leva, grisâtre, pluvieux, maussade ; le train attendu n'était pas arrivé. Des voyageurs se levèrent de dessus leurs bagages, sur lesquels ils s'étaient couchés, ou, comme moi, seulement assis, s'étirèrent en bâillant et, tout de suite, commencèrent à cracher, de-ci, de-là, avec de bruyants raclements de gorge, selon l'habitude dégoûtante et invétérée des Chinois. Quelques-uns allèrent aux informations et revinrent en disant que le train ne passerait que le soir, vers cinq ou six heures.

C'était toute une journée à attendre ! Beaucoup de gens quittèrent la gare. Avec la clarté, la crainte des bombardements était revenue. Peu de jours auparavant, tout contre cette gare, racontait-on, deux avions japonais avaient été abattus. Dans l'un, au dire des Chinois, se trouvaient deux femmes ; l'une d'elle avait été tuée sur le coup, l'autre était morte peu après sa chute. Des deux aviateurs que portait l'autre avion, l'un avait, aussi, été tué sur le coup et l'autre avait été fait prisonnier.

Le danger était évident. Cette ligne de chemin de fer parcourue par des transports de troupes et cette gare pleine de fournitures militaires ne pouvaient manquer d'attirer l'attention de l'ennemi. De fait, ce même jour, un train fut mitraillé à peu de distance de là.

Notre cuisinier, probablement poussé par la faim, s'en était allé explorer les environs ; il revint nous annoncer qu'en contre-bas de la route, pas très loin de nous, se trouvait une buvette-restaurant à l'usage des coolies, nous y serions plus en sûreté qu'à la gare et pourrions y avoir du thé, du pain et des œufs durs. C'était là une bonne nouvelle. Je fis appeler quelques ouvriers du chemin de fer pour nous aider à voiturer nos colis. Ils amenèrent une brouette et, en quelques voyages, les transportèrent tous à la buvette.

C'était une de ces misérables paillotes, comme on en rencontre des milliers, le long de toutes les routes de la vaste Chine. Elle était divisée en deux compartiments par une natte. Un rideau-portière servait, probablement, d'après l'idée des maîtres du logis, à assurer leur intimité dans celui des compartiments qui constituait leur chambre conjugale. Toutefois, juste en face de leur couche, une ouverture, découpée dans la natte et laissée béante, donnait sur la cuisine-buvette-restaurant ; les besoins de la surveillance l'exigeaient peut-être. Les panneaux, en natte, faisant fonction de murs se relevaient au-dehors et, reposant sur des piquets, formaient un auvent qui doublait, devant la buvette, l'espace où les consommateurs pouvaient s'abriter.

Prévenue de mon arrivée, la patronne avait mis un peu d'ordre dans sa cabine et étendu une couverture ouatée recouverte de cotonnade à ramage sur les planches servant de couchette. Cette couchette était-elle habitée par quelques parasites ? — C'était bien possible. Les rouleaux, affreusement crasseux, servant d'oreillers, en disaient long sur la propreté des tignasses qui y reposaient chaque nuit. Cependant, tandis que les étrangers voyageant en Chine, abondent, généralement, en sinistres histoires d'invasions de leurs personnes par des hôtes indésirables, pour ma part, malgré de nombreuses années passées en Chine et au Tibet, je n'ai fait qu'une unique rencontre de cette espèce [1].

J'étendis un drap imperméable sur la belle courtepointe et m'étant, ainsi, « isolée » je me couchai couverte de mon caban.

De son côté, Yongden sommeilla sur un banc ; mais avant de s'endormir, il eut soin de commander un repas. A mon réveil, je vis, par l'ouverture donnant sur la cuisine-restaurant, la patronne affairée près de son fourneau et appris, avec plaisir, qu'elle travaillait pour nous.

La majorité des Chinois du peuple ne possèdent qu'un seul ustensile pour faire cuire leurs aliments. C'est une

1. J'en ai raconté les circonstances dans *Au Pays des brigands-gentilshommes*, p. 162.

sorte de chaudron, en fer, de forme évasée, dont le fond pénètre dans le trou du fourneau, généralement construit en pisé, et les bords, arrivant au ras de celui-ci, y sont maçonnés. Tous les plats y sont préparés successivement. Le riz est cuit en premier lieu, puis versé dans un baquet couvert où il se conserve tiède. Ensuite, les différents ragoûts sont, hâtivement, confectionnés et déposés dans des bols ou dans des plats tenus sur le fourneau. Le chaudron étant maçonné dans celui-ci ne peut naturellement pas en être enlevé pour être lavé. Mais les Chinois ne sont pas exigeants quant à sa propreté. On le racle et l'essuie avec un torchon ou bien on y laisse bouillir un peu d'eau que l'on écope ensuite. Tant pis si, par le fait de ces nettoyages trop sommaires, le hachis de bœuf sent le poisson ou si les nouilles s'agrémentent des saveurs combinées du sucre, de l'ail et du gingembre.

Mon hôtesse s'agitait donc auprès de son unique chaudron, tandis que son époux alimentait le feu avec de menus fagots de broussailles, s'interrompant pour servir du thé, de l'alcool, des petits pains ou des œufs durs aux nombreux consommateurs. Parmi ceux-ci, je remarquai de nouveau, de jeunes soldats d'une tenue correcte, payant, sans marchander, ce qu'ils consommaient et parlant poliment au patron de la buvette. Ces manières m'étaient inconnues. Lors de mes précédents séjours en Chine, une quinzaine d'années auparavant, j'avais toujours vu les troupiers se servir à leur gré, injuriant les débitants et les boutiquiers et emportant leur butin, sans jamais avoir l'idée de le payer. Ces soldats nouveau jeu appartenaient, me dit-on, à des régiments de l'armée communiste du Sud qui se rendaient en première ligne.

Je mangeai, mis à jour mes notes de voyage et envisageai, avec Yongden, la direction que nous prendrions en quittant Taiyüan qui n'offrait aucune sécurité pour un séjour prolongé, allant, vraisemblablement, être bientôt attaqué par les Japonais.

Vers le milieu de l'après-midi, des avions furent signalés. Les gens attablés dans la paillote se dispersèrent en hâte. Un même mouvement se produisit à la gare que j'apercevais de loin. Des femmes emportaient leurs bébés, les hommes se chargeaient des enfants plus âgés et tous couraient à la recherche d'un abri qui les dissimulerait aux regards des ennemis. Mais les abords de la station consistaient en des terrains plats et dénudés et les malheureux, après avoir couru, de-ci, de-là, sans trouver de refuge, finissaient par s'arrêter hébétés. Quelques-uns s'aplatissaient dans la boue, les autres, restant debout, promenaient, sur le ciel, des regards apeurés.

Yongden et moi, nous ne bougeâmes point. Nous n'étions ni mieux ni plus mal placés dans notre hutte qu'ailleurs. Elle ne valait pas une bombe. Tout au plus pouvait-elle, comme les groupes qui s'agitaient au-dehors, tenter un mitrailleur facétieux.

Deux avions passèrent, volant bas, tournant, allant et venant, paraissant inspecter le pays. Après quelque temps de ce manège, ils disparurent et, peu après, nous entendîmes, au loin, le *ra tac tac* des mitrailleuses. Les avions étaient-ils attaqués, ou bien attaquaient-ils ?...

Il fallait s'en retourner à la gare. Le train dont on avait annoncé le passage entre cinq et six heures pouvait être en avance et le manquer aurait été plus que fâcheux. Le repos m'avait fait du bien, mon genou était moins enflé, je marchais plus facilement.

La diversion créée par les avions ayant écarté beaucoup de voyageurs de la gare, celle-ci était moins encombrée que la veille ; par contre, deux hautes piles de vêtements militaires occupaient le centre de la salle d'attente. Je pus, néanmoins, trouver place sur une banquette, dans un angle de la pièce, c'était, là, une place de choix.

L'attente commença ; les aspirants-passagers du train revenaient en nombre plus considérable que la veille. Je regardais les heures défiler à ma montre ; cinq heures, six heures, sept heures. Avec l'obscurité, le mouvement des trains chargés de soldats avait repris.

Il ne pleuvait pas, mais les nuages, rasant la terre, enveloppaient la gare et les voies. Les trains émergeant du brouillard et y disparaissant, de nouveau, après un bref arrêt, prenaient un aspect fantastique. Indistinctement aperçus, les hommes qu'ils emmenaient, visibles à mi-corps, seulement, dans les wagons découverts, simulaient les rangées de marionnettes de quelque sinistre guignol du Tartare.

Minuit vint. Ayant dormi dans la journée, je n'éprouvais plus la fatigue qui m'avait suppliciée pendant la nuit précédente. M'étant réchauffée pendant un moment dans la salle d'attente, la curiosité anxieuse de ce qui se passait au-dehors me ramena sur le quai.

Le spectacle qui se déroulait sur les voies était hallucinant ; le sentiment du réel m'échappait, je me sentais projetée en plein rêve. Des hommes passaient, repassaient, tous mornes et silencieux, entassés dans les trains qui se suivaient sans interruption, se touchant presque, figurant un serpent gigantesque rampant dans le brouillard. Jamais je n'avais vu de soldats semblables. Dans la nuit, très calme, on n'entendait ni un cri ni un chant de route, aucun bruit de voix, seulement le sifflet bref des locomotives, leur respiration haletante quand elles demeuraient arrêtées et le heurt des tampons des voitures qui s'entrechoquaient dans les manœuvres. Ce silence, ces demi-ténèbres emplissaient le cœur d'une angoisse indiciblement cruelle. Involontairement, on en venait à souhaiter qu'il *arrivât quelque chose* : l'éclatement d'une bombe, la descente vertigineuse d'avions, leurs mitrailleuses crachant la mort. Tout, plutôt que ce silence planant sur cette brume molle dans laquelle semblaient se discerner des forces mauvaises étendant des tentacules de pieuvre pour saisir leurs victimes et les attirer dans le néant.

Derrière moi, j'entendis murmurer, en anglais :

« — Dites-moi quelques mots... »

Je me retournai, un jeune homme en uniforme était là ; grand, svelte, pâle, me regardant avec une timidité suppliante.

« — Dites-moi quelques paroles... comme une mère », reprit-il, « De bons souhaits. »

« — Qui êtes-vous ? »

« — Un étudiant de l'Ecole modèle de Taiyüan. »

« — Vous allez à la guerre ? »

« — Oui. »

« — Vous vous êtes engagé ? »

« — Oui, avec plusieurs de mes camarades, venez les voir. »

Je trouvai ceux-ci, une demi-douzaine de jeunes gens, dans les bureaux de la gare. Deux d'entre eux, seulement, parlaient un peu l'anglais. Je leur souhaitai d'échapper à tout accident, de retourner sains et saufs chez eux, après la victoire et m'en allai.

Comme je continuais ma mélancolique promenade sur le quai, l'étudiant qui m'avait déjà abordée revint.

« — Donnez-moi votre carte de visite et formez un bon souhait, comme une mère, en me la donnant. »

C'était un talisman, qu'il voulait.

Je rentrai dans la salle d'attente, pris une de mes cartes dans mon sac à main et écrivis, au crayon, comme adresse : « Ambassade de France à Pékin. » Puis, je retournai vers le jeune soldat, lui tendis la carte en lui disant qu'il pouvait me donner de ses nouvelles à Pékin et je lui serrai la main, en lui souhaitant, encore une fois, bonne chance et une longue et heureuse vie [1].

Un train entrait pesamment en gare : lourde machine en tête, lourde machine en queue et, chose singulière, une troisième locomotive vers le milieu du convoi. Celui-ci transportait du matériel. Pointant sous des bâches on discernait les formes de canons, les premiers que je voyais diriger sur le front.

A l'arrière du plus long de ceux-ci, trois hommes se tenaient à demi couchés. Avec un souffle rauque, la locomotive, touchant à leur wagon, dégorgeait, sur eux, des torrents de vapeur, les enveloppant de nuages que le projecteur attaché à sa cheminée illuminait violemment. Par l'effet de cette intense clarté blafarde, la forme voilée du canon et les plis de la bâche, autour des trois soldats, semblaient être sculptés dans une matière solide, d'un blanc grisâtre. Eux-mêmes, faces et vêtements, avaient revêtu la même teinte uniformément blanche, livide qui leur ôtait toute apparence de vie. L'impression produite était souverainement émouvante. Aucun artiste n'eût pu imaginer de groupe plus tragique, au pied d'un monument symbolisant la guerre.

Pétrifiée, je ne pouvais détacher mes regards de ces vivants, semblables à des cadavres, qui s'en allaient vers les charniers voisins et je demeurai immobile, sur le quai, jusqu'à ce que le train s'étant remis en marche s'enfonçât

1. Il ne m'a jamais donné signe de vie et la guerre ayant interrompu les communications postales, il m'a été impossible de m'informer de son sort à l'adresse qu'il m'avait donnée.

dans les ténèbres. Alors, frissonnante, l'humidité glaciale m'ayant pénétrée, je me retournai pour rentrer de nouveau, m'abriter dans la salle d'attente.

A quelques pas derrière moi, se tenait l'étudiant qui m'avait demandé de lui dire « quelques mots, comme une mère ». Avait-il regardé, comme moi, les trois hommes couchés sur le canon ; son impression ressemblait-elle à la mienne ?... Il me parut encore plus pâle qu'auparavant.

« — Allez dormir », lui dis-je, « si vous ne devez pas partir cette nuit et prenez bon courage. Dans mon pays, beaucoup sont partis pour une grande guerre, il y a vingt ans, et la plupart d'entre eux en sont revenus. »

Je me gardai de mentionner les morts, parmi mes proches ou mes amis.

Le train qui devait nous emmener n'était toujours pas annoncé. Il était trois heures du matin !... Grelottante, je repris ma place sur la banquette. Une odeur asphyxiante emplissait la salle dont les portes étaient tenues fermées par les gens, assis près d'elles, que l'air froid incommodait. La lanterne fumait abominablement, couvrant de suie les dormeurs étendus sous elle. Nul ne parlait dans cette foule harassée ; des ronflements, le sifflet des trains qui défilaient et, de temps en temps, quelques bruyantes expectorations donnaient une ironique sérénade à notre veille déprimante.

Vers cinq heures l'on annonça : « Le train arrive ! »

La foule se forma en queue dirigée vers l'unique guichet. Plusieurs centaines de gens se pressaient dans la gare et hors de celle-ci, attendant placidement leur tour d'être servis, trop exténués pour avoir la force de réclamer l'ouverture du guichet qui restait fermé, ou pour bousculer leurs voisins afin de passer avant eux. Un long moment se passa ainsi, puis la distribution commença.

Yongden avait eu la chance d'être parmi les premiers à obtenir des billets ; aussitôt qu'ils nous eut rejoints, nous nous empressâmes, aidés par un homme d'équipe que nos domestiques avaient racolé, de porter nos bagages près de la voie sur laquelle le train devait arriver. Quand celui-ci s'arrêta, nous constatâmes qu'il était déjà bondé. Le cuisinier réussit, néanmoins, à monter sur une plate-forme et nous commençâmes à lui passer les colis. Nous n'avions pas terminé que, sans aucun avertissement, la locomotive démarra et le convoi qu'elle traînait disparut. Yongden, le Mongol et moi restions avec une partie de nos bagages, dans l'entre-voie boueuse. Nous n'étions pas les seuls ; la majorité des porteurs de billets n'avaient pas eu le temps de monter dans le train et un bien plus grand nombre, encore, de Chinois continuaient à faire queue, sans se rendre compte que le guichet avait été refermé et que le train était parti.

Le lama et moi, demeurions ahuris de l'aventure ; quant au Mongol, il ne devait songer qu'à ses pipes d'opium dont la privation le torturait visiblement. Des employés de la gare et des soldats couraient entre les voies, chassant ceux qui s'y trouvaient. Des trains militaires étaient signalés, il fallait décamper et promptement. L'un des soldats, alléché par l'appât d'une gratification, nous aida à remporter nos colis et nous nous retrouvâmes dans cette même salle empuantie où nous avions déjà passé deux nuits pénibles.

Il faisait, alors, grand jour. Yongden et moi, nous allâmes aux informations. Pourquoi le train était-il parti si hâtivement ? — Il avait beaucoup de retard et devait se hâter pour atteindre un croisement, nous dit le chef de gare. Et quand attendait-on le prochain train ? — Ce fonctionnaire n'en savait rien. Il en serait averti... plus tard. Peut-être un train passerait-il le jour même, peut-être le lendemain, ou le surlendemain ; il ne pouvait rien affirmer à ce sujet, mais il nous engageait à ne pas nous éloigner de la station.

Il n'y avait, toutefois, pas d'apparence qu'un autre train suivît, à bref intervalle, celui que nous avions manqué. Laissant nos valises à la garde de Hortche, Yongden et moi, nous retournâmes à la paillote où nous avions passé la journée précédente, bûmes du thé et mangeâmes des œufs avec du pain, puis nous retournâmes à la gare.

Une nouvelle nous y attendait. Le chef de gare nous avait cherchés et, découvrant que Hortche était notre domestique, il lui avait recommandé de nous avertir qu'un train passerait le jour même, dans la matinée ou dans l'après-midi. Tout vague que fût le renseignement, nous l'accueillîmes avec plaisir et le Mongol fut envoyé se restaurer, avec injonction de ne pas s'attarder à fumer.

L'information qui nous avait été transmise s'était déjà répandue. Partagés entre des sentiments contraires, les Chinois n'osaient pas quitter la gare, puisque le train pouvait y arriver à n'importe quel moment, mais tous s'y sentaient en danger, craignant le passage d'avions ennemis.

Des gens qui s'étaient trouvés dans des villages bombardés racontaient des histoires terrifiantes. Les hommes sortaient fréquemment pour inspecter le ciel et les mères, dont plusieurs pleuraient, serraient leurs enfants contre elles. Au moindre bruit, mal défini, tout le monde faisait silence, écoutant... écoutant, le cœur serré.

Au-dehors, des soldats s'exerçaient à chanter des hymnes patriotiques. Ils étaient environ une centaine, formés en carré, dans un terrain situé au-delà des voies ferrées. Un chef, se tenant devant eux, dirigeait cette chorale qui me paraissait choisir, singulièrement, son lieu et son moment pour cette répétition.

« Debout ! debout ! marchons ! donnons notre chair et notre sang ! ne nous laissons pas abattre ! etc., etc. », proclamaient-ils en chœur [1]. Tous les chants patriotiques se ressemblent, tous visent à susciter des bouffées d'émotion... mais les Chinois sont peu émotionnables et j'avais quelques raisons de douter que les chanteurs, les pieds dans la boue et sans doute transis, se sentissent fort émus. Probablement eussent-ils mieux aimé bavarder ensemble, à couvert, en buvant du thé.

Un train arriva, des soldats en sautèrent lestement et se mirent à décharger des sacs de farine. Ils les empilèrent dans la salle d'attente près des tas d'uniformes militaires, chassant, avec indignation, des individus qui s'y étaient juchés et, avec une parfaite inconscience, les maculaient de leurs crachats. Les coupables s'en allèrent, visiblement dégoûtés d'avoir à subir des vexations absurdes que rien, dans leur conduite toute naturelle, pensaient-ils, ne justifiait.

Ces soldats étaient proprement vêtus ; ils accomplissaient leur travail avec zèle et bonne humeur sous la direction d'un officier dont l'attitude amicale envers ses hommes contrastait avec la morgue habituelle des gradés orien-

---

1. On trouvera en appendice, des traductions de quelques-uns de ces chants.

taux. Comme le déchargement du wagon paraissait devoir être rapidement effectué, l'officier y aida, portant des sacs sur son épaule tout en riant avec ses subordonnés. Tous étaient jeunes, alertes et d'apparence extrêmement sympathique.

Ils appartiennent à l'armée communiste, me dit-on de nouveau. En effet, c'étaient les troupes communistes qui étaient accourues soutenir le premier choc au Chansi, et j'entendis déclarer qu'elles étaient les seules qui fussent disciplinées et possédassent quelque armement. Peut-être en était-il ainsi. Je ne suis en état ni de l'affirmer ni de le nier. Ce qui est certain, c'est que nonobstant la guerre que Chiang Kai Shek leur a faite, après s'être séparé d'eux et les massacres auxquels celle-ci a donné lieu, les communistes se sont immédiatement mis au service du pays pour le défendre contre les envahisseurs.

Fatiguée d'errer, mon genou toujours douloureux, demandant du repos, je rentrai m'asseoir dans la gare. Un petit groupe de Chinois y tenait une discussion animée. L'un d'eux prononça un discours véhément dont je ne compris pas un mot, puis ce meeting prit fin et, en se séparant, les Chinois se saluèrent le poing levé. Etaient-ils aussi communistes [1], ceux-là ? Combien était changée la Chine que j'avais quittée quinze ans plus tôt, après y avoir vécu si longtemps !

Parmi la foule, on continuait à raconter de lamentables histoires de guerre : ruines, morts, fuites éperdues et la menace d'une soudaine explosion meurtrière planait sur nous. Par deux fois, des gens crurent entendre les vrombissements d'avions qui s'approchaient. La surexcitation nerveuse à laquelle ils étaient en proie devait avoir causé leur illusion ; ni Yongden, ni moi n'entendîmes aucun bruit et nul avion ne parut. Mais la panique avait saisi les malheureux hôtes de la salle d'attente. Celle-ci se vida subitement ; les Chinois courant, au-dehors, affolés comme ils l'avaient fait la veille. Comme la veille, aussi, le lama et moi restâmes où nous étions. L'attente rongeait notre

---

1. Par la suite j'ai appris que le poing levé n'est pas, en Chine, un geste exclusivement adopté par les communistes. Les enfants fréquentant les écoles chinoises Kuo min tang, à Tatsienlou, où j'écris ceci, le font en chantant l'hymne national.

énergie et nous plongeait dans un engourdissement mental confinant à l'apathie fataliste.

Il restait pourtant encore, en moi, des fibres capables d'être stimulées ; un de mes voisins s'en chargea, dans la soirée.

La gare s'était encore une fois remplie ; faute d'une autre place ou, peut-être parce qu'il trouvait celle-là à son gré, un individu hirsute s'était installé dans l'embrasure d'une fenêtre haute, située presque immédiatement au-dessus de moi. D'instant en instant, le bonhomme se grattait la tête avec fureur, puis secouait son opulente crinière et, ensuite, son chapeau. Cinq minutes après s'en être recoiffé, il l'enlevait de nouveau et recommençait son manège. Ses gestes nerveux et ses roulements d'yeux dénotaient clairement la peine cuisante qu'il éprouvait.

Allais-je, cette fois, faire plus ample connaissance avec l'insecte dont je n'avais jamais vu qu'un unique spécimen ? — Du coup, j'oubliai la guerre, les bombes et les mitrailleuses qui parcouraient le ciel ; le danger immédiat que je courais accaparait toute mon attention. Mais, comme d'ordinaire, les parasites dédaignèrent mon humble personne.

La nuit vint ; le train n'était pas même annoncé !

Tandis que j'arpentais le quai pour respirer un peu d'air frais et que Yongden, sans doute, somnolait, ma place sur la banquette fut prise par une femme tenant un bébé. Quand je revins, je n'osai pas la déranger, à cause de l'enfant qui tétait tandis qu'elle dormait.

Je m'assis sur une de mes valises posée sur les dalles. Si j'avais eu une longue ceinture ou une corde épaisse, je m'en serais servi pour m'entourer et me soutenir les reins, à la manière des ermites tibétains, pendant leurs longues périodes de méditation, mais j'en manquais. Alors, comme lors de la première nuit d'attente, la fatigue me ployant en deux, je reposai ma tête dans mes mains, les coudes appuyés sur mes genoux et m'abandonnai à un demi-sommeil.

Le jour se levait quand on cria : « Le train ! »

Tous se précipitèrent. Je réussis à trouver une place assise en faisant enlever les ballots qu'un couple chinois avait amoncelés sur la banquette. Yongden et le Mongol durent demeurer debout, sur la plate-forme.

Le convoi se mit en marche. J'avais passé soixante heures, dont trois nuits, à l'attendre et j'en étais à mon quinzième jour de voyage, depuis mon départ de Pou-sa ting. J'en avais mis trois pour m'y rendre, en partant de Taiyüan, quatre mois auparavant.

La ligne sur laquelle nous roulions était à voie étroite et les voitures, non divisées en compartiments, ressemblaient à celles des tramways. Les fugitifs y avaient empilé tout ce qu'ils avaient été capables d'emporter de leurs biens. Il était impossible de poser le pied sur le plancher, de volumineux ballots occupant tout l'espace entre les banquettes. Beaucoup de celles-ci étaient également encombrées de bagages, les voyageurs s'étant juchés sur le tas, la tête touchant le plafond. Les fenêtres étaient obstruées, on y voyait à peine.

J'avais étendu mes jambes sur un sac noirâtre se trouvant entre moi et la banquette qui me faisait face. Voulant le remuer pour le poser d'une manière qui me serait plus confortable je le saisis par une de ses extrémités ; mais voici que celle-ci bouge sous mes mains, se relève et je vois un Chinois vêtu de noir que je venais de réveiller en le tirant par la tête.

Incident bien menu, mes voisins ne songèrent pas à en rire et le Céleste, que j'avais dérangé, baissant de nouveau la tête pour se rendormir reprit — cheveux noirs et robe noire — son aspect de sac. Je laissai mes jambes allongées sur son dos ; il m'aurait été impossible de les placer ailleurs.

Notre train avançait à l'allure d'une tortue, avec d'interminables arrêts, tantôt pour laisser passer un train que nous croisions, tantôt pour des raisons impossibles à deviner et, deux fois, parce que des avions étaient signalés.

La plupart des passagers quittaient alors les voitures et se dispersaient, allant se cacher parmi les hautes tiges des kaoliangs. La seconde alerte eut lieu devant une gare. Un abri souterrain existait près de celle-ci. Je vis courir, dans sa direction, une très corpulente ambulancière chinoise : ses formes massives serrées dans sa culotte grise d'uniforme, auraient fourni un amusant modèle de caricature. A l'entrée de la tranchée, un homme tenait un petit garçon dans ses bras, prêt à se glisser sous terre avec lui, si le danger approchait. Beaucoup d'autres, dont j'étais, avaient grimpé sur un monticule pour *voir*. Et nous *vîmes* six avions passant loin de nous. Lors de la première alerte, nous n'en avions point aperçu.

Au coup de sifflet du chef de gare, tout le monde regagna le train en riant. Heureux de vivre et d'être indemne.

Vers une heure de l'après-midi, nous arrivâmes à Taiyüan. Cette dernière étape, en chemin de fer — moins de deux cents kilomètres — avait duré sept heures.

CHAPITRE VII

TAIYUAN SOUS LES BOMBARDEMENTS. — VERS HANKÉOU. — TRAGIQUES INCIDENTS DE VOYAGE. — ARRIVÉE A HANKÉOU NE POSSÉDANT PLUS RIEN QUE LES VÊTEMENTS QUE JE PORTE SUR MOI.

A Taiyüan, je fus cordialement accueillie par le Révérend Pr..., directeur de la Mission baptiste anglaise. Il nous invita, Yongden et moi, à partager un excellent lunch auquel je fis honneur avec l'appétit de quelqu'un qui, depuis quinze jours, n'a pas satisfait sa faim.

Une maison meublée, située au centre de la ville et appartenant à la Mission, se trouvait être inoccupée ; le Révérend directeur offrit de me la louer pour la durée de mon séjour à Taiyüan. J'acceptai avec empressement.

Après le lunch, je fis transporter mes bagages dans mon nouveau logis et m'y installai avec un réel plaisir, comptant m'y délasser de la fatigue causée par mon voyage mouvementé.

L'accident dont j'avais été victime continuait à se rappeler à ma mémoire ; mon genou demeurait raidi et douloureux, et de pénibles élancements traversaient souvent ma tête.

La Mission baptiste possédait un hôpital dont les services étaient dirigés par des médecins européens. Naturellement, l'idée me vint de consulter un de ceux-ci. Toutefois, au moment de le faire, une pensée me retint : l'introduction de médicaments, dans l'organisme, au moyen d'injections sous-cutanées jouit, actuellement, d'une grande vogue. A tort ou à raison, cette pratique m'est souverainement antipathique. Qu'arriverait-il donc, si l'esculape que je verrais, prétendait y avoir recours ? — Je refuserais de m'y soumettre et, qui sait s'il ne s'offenserait pas, attribuant mon refus à des doutes concernant sa compétence ? — Mieux valait garder le silence sur mon accident et le mal qui m'en restait. Avec le temps, celui-ci passerait, probablement.

Le lendemain de mon arrivée à Taiyüan, je fis appeler un rikshaw pour me voiturer jusqu'à la demeure de Mme X... J'avais hâte de reprendre les colis entreposés chez elle, lors de mon départ pour Wou tai chan [1] et, surtout, de m'informer du moment où il conviendrait à son mari chinois de m'accompagner chez son ami, le directeur de la banque où je devais négocier un chèque sur Pékin. Il ne me restait que quatre dollars chinois [2].

Comme j'allais sortir, les sirènes donnèrent l'alarme et le concierge m'avertit qu'après un second signal, il était interdit de circuler dans les rues. Il ajouta que je ferais bien de descendre dans un caveau s'ouvrant dans le jardin.

Quelle avait été la destination originelle de ce souterrain minuscule ? — Rien ne l'indiquait. On y accédait en descendant une quinzaine de marches, l'escalier plongeant ensuite dans l'eau profonde de la hauteur d'une canne, qui couvrait le fond de la cave. Celle-ci n'était qu'un étroit couloir, large d'un mètre à peine et long de deux. En immergeant quelques piles de briques et posant des planches sur elles, le concierge avait construit un pont branlant sur lequel il nous était loisible de nous tenir debout, pendant les raids des avions, offrant notre sang en pâture aux nombreux moustiques, hôtes du souterrain.

Le signal indiquant que le danger était passé ayant été donné, je me hâtai d'aller chez Mme X... A ma grande stupéfaction, je n'y trouvai que deux domestiques. Ils m'apprirent que leurs maîtres étaient partis et refusèrent de me laisser reprendre mes bagages, prétendant, d'abord, qu'ils ne se trouvaient plus dans la maison et déclarant, ensuite, qu'ils ne pourraient me les délivrer que si je leur apportais une lettre de leur patron les y autorisant.

---

1. Voir chap. *III*.
2. Au cours d'alors, environ 25 francs.

Où donc était le conseiller X... ? — Où pouvais-je lui écrire ? — Les Chinois refusèrent de me donner son adresse. Cela leur avait été défendu. Leur maître allait de ville en ville, sans se fixer nulle part disaient-ils.

Qu'allais-je faire ? — Pourquoi, sachant que je devais arriver incessamment à Taiyüan, ces gens n'en avaient-ils pas averti les domestiques avant leur départ, leur indiquant les valises et les caisses qu'ils devraient me remettre ? — Et pourquoi s'étaient-ils portés garants de ce qu'il leur serait facile de me faire encaisser un chèque, dès mon arrivée ?... Le monde est plein d'écervelés malfaisants ; par quelle mauvaise chance avais-je rencontré ceux-ci sur ma route [1] ?

Se lamenter ne servait à rien. Le Révérend Pr... m'accompagna à la banque, mais, quoiqu'il y fût bien connu, on y refusa formellement d'accepter un chèque sur Pékin, les communications entre Taiyüan et Pékin se trouvant coupées. Si je n'avais pas eu d'argent ailleurs, en Chine, je ne sais ce que Yongden et moi serions devenus. Heureusement, j'en avais en dépôt à Changhaï, mais Changhaï, furieusement attaqué par les Japonais, était sur le point de tomber en leur pouvoir. Toutefois, je télégraphiai au consul général de France qui se trouvait être un de mes amis, le priant de voir mes banquiers et de me faire transférer de l'argent, télégraphiquement.

« — Vous ne pouviez pas mieux faire », me dit le Révérend Pr..., « seulement, en ce moment, les télégrammes mettent, souvent, de quinze jours à trois semaines pour parvenir à destination. »

C'était là une circonstance fâcheuse de plus. L'avance des Japonais continuait ; je ne voulais pas demeurer à Taiyüan après leur arrivée et m'y trouver, ensuite, prisonnière, dans l'impossibilité de me mouvoir au-delà de leurs lignes. Or, afin de quitter Taiyüan, il me fallait de l'argent pour payer les billets de chemin de fer. Et, en attendant notre départ, subordonné, lui aussi, au recouvrement de mes bagages détenus chez les X..., Yongden et moi devions manger et nourrir nos domestiques. Le Révérend Pr... me prêta vingt dollars. Le même soir, ayant remboursé les

1. On verra, dans les pages suivantes, les conséquences, désastreuses pour moi, de l'étourderie des X...

avances faites par le cuisinier et lui ayant remis, ainsi qu'à Hortche, quelque monnaie pour leur subsistance, je dépensai seize dollars : il m'en restait, de nouveau, quatre.

Le lendemain matin, nous eûmes une autre alerte, les mitrailleuses des avions tuèrent quelques personnes à l'autre bout de la ville.

Un propriétaire chinois dont j'avais rencontré la femme au dîner donné en mon honneur par M. Kia, lors de mon premier passage à Taiyüan, me prêta trente dollars. Je me sentis soudain devenue riche.

Des gens aimables, mais lents, comme tous les Orientaux, faisaient des démarches pour apprendre où se trouvait le conseiller X... De singulières histoires circulaient à son sujet. Homme de confiance du gouverneur Yen Siesan, il avait été chargé, disait-on, d'emporter précipitamment et de mettre en sûreté, un trésor que celui-ci lui avait confié. Cela pouvait être vrai ; le trait ne détonnait pas avec les mœurs chinoises. Peut-être, au contraire, n'y avait-il là que des racontars sans fondements. La chose ne m'intéressait pas.

Je fis la connaissance d'un aimable ménage suisse appartenant à l'Armée du Salut : M. et Mme B... Un matin, M. B... nous emmena, Yongden et moi, visiter la ville. Elle n'offrait rien de remarquable. Comme souvenir historique, nous vîmes la place où, en 1900, soixante-dix étrangers, missionnaires protestants et catholiques, hommes et femmes, furent exécutés. Deux stèles de pierre — l'une d'elles à moitié enfouie dans le sol — portant les noms des victimes, avaient déjà pris un air de vétusté respirant l'oubli. A quelque distance de là, dans un jardin, se trouvait un pavillon dans lequel les condamnés avaient été enfermés pendant les jours précédant leur exécution. Une stèle dressée dans ce pavillon, rappelait, aussi, leurs noms.

Nous montâmes, ensuite, sur la tour du tambour d'où l'on découvre le pays environnant : d'immenses plaines s'étendant jusqu'au pied de chaînes de montagnes où les riches bourgeois de Taiyüan vont passer l'été. Le paysage était gracieux, mais sans rien de particulièrement caractéristique.

Nous allâmes, encore, voir, au marché, le trou qu'avait fait l'une premières bombes tombées sur Taiyüan. Celui-ci ne ressemblait en rien, comme dimension, aux cratères creusés par certaines explosions et ce que l'on m'avait dit, à Wou tai chan, concernant les « petites bombes », me revint en mémoire. Evidemment, il s'était agi d'une de celles-ci. Les boutiques, construites en bois et en plâtre, situées dans le voisinage étaient vilainement déchiquetées, mais leurs charpentes demeuraient en grande partie debout. La bombe n'avait fait qu'un mort et quelques blessés.

Nous eûmes la chance de ne pas être troublés par les avions, durant cette promenade. Dans les rues centrales, des abris souterrains avaient été creusés de distance en distance. La plupart de ceux-ci, comme notre caveau, pouvaient, à la rigueur, protéger leurs occupants contre les éclats de bombes ou les balles des mitrailleuses. Mais qu'une bombe tombât directement sur eux, ou tout près d'eux, ils devaient, fatalement, s'effondrer, ensevelissant ceux qui s'y trouvaient.

Le lendemain matin, un raid nous retint longtemps dans notre souterrain infesté de moustiques. Dans l'après-midi, je cousis un drapeau français que l'on hissa sur le toit de ma demeure. De son côté, le Révérend Pr... avait fait confectionner un grand drapeau anglais qui fut déployé, étendu entre les cimes de deux grands arbres du jardin. Le bleu de cet « Union Jack » n'était pas tout à fait de la teinte orthodoxe, mais on n'avait pas trouvé d'autre couleur à Taiyüan.

Nos nuits, heureusement, étaient paisibles ; les raids n'avaient lieu que dans la journée. Aussi, les boutiques, fermées pendant le jour, s'ouvraient-elles dès l'obscurité venue. Les habitants faisaient, alors, leurs provisions et les rues étaient très animées. J'imitais les Chinois et sortais avec Yongden, achetant des vivres pour le lendemain. Nous les achetions nous-mêmes, par économie ; ce n'était pas le temps de permettre au cuisinier de majorer, à son profit, le prix de ses emplettes. Le peu que nous possédions devait durer jusqu'à l'arrivée des fonds demandés à Changhaï.

Un soir, je remarquai qu'il y avait des soldats dans toutes les boutiques et, le plus curieux était que ces soldats y servaient les clients.

L'explication vint. Un décret des autorités commandait aux boutiquiers de se faire confectionner des uniformes, afin d'être prêts dès qu'on aurait besoin d'eux. Prêts à quoi ? — Je me le demandais. L'être le plus dénué de bravoure guerrière qui soit au monde, est, certes, le marchand chinois. D'ailleurs, que pourrait-on faire, parmi des combattants, de ces gens sans aucun entraînement militaire ? Bien peu d'entre eux étaient capables de tirer un coup de fusil. Ils se sauveraient, certainement, à la première occasion, se rappelant, en temps opportun, que « le premier devoir d'un homme est envers sa famille ».

Les raids se multiplièrent, ils devinrent quotidiens et, parfois, plusieurs se succédèrent dans la même journée. Un samedi, j'en notai trois : le premier, un peu avant neuf heures me tira, hâtivement vêtue, de mon bain, le second interrompit notre repas un peu après midi et le troisième, vers la soirée, nous retint pendant quarante minutes dans le souterrain. Des avions passèrent directement au-dessus de nous, leurs mitrailleuses criblant de balles les toits qu'ils survolaient ; une maison prit feu, dans notre voisinage.

Le lendemain, il y eut deux raids dont l'un dura pendant près d'une heure ; les avions « travaillèrent » du côté des établissements militaires, en dehors de la ville.

L'approche des Japonais désorganisait la vie, à Taiyüan. Les commerçants gardaient, en stock, leurs marchandises non périssables et refusaient de les vendre, craignant que la monnaie de papier de la province ne vînt à être fortement dévaluée, ou même à perdre toute valeur, comme il en avait été de celle du Chahar, dont je possédais encore pour plus de deux cents dollars de billets dont personne ne voulait. Pour cette raison, le boulanger qui, jusqu'alors, nous avait fourni du bon pain, cessa d'en cuire et les épiciers remisèrent leurs denrées en vue de jours meilleurs.

Les raids continuaient, on s'y habituait. Il arrivait qu'étant occupés, nous ne prenions pas la peine de descendre dans notre abri, mais j'avais toujours grand soin d'enlever, s'il y en avait, le linge nouvellement lavé qui séchait au-dehors, ou les couvertures de nos lits que l'on aérait sur la balustrade du balcon. Ceci était strictement ordonné par les autorités et le négliger pouvait nous faire soupçonner de correspondre avec l'ennemi en donnant des indications, à ses aviateurs, au moyen des lingeries étalées.

Dans l'intervalle des raids, le brave concierge de l'enclos s'occupait à camoufler notre refuge en l'entourant d'herbe sèche. M'amusant de sa naïveté, je lui remontrai qu'il ne devait pas manquer de placer les touffes d'herbes en mettant les racines en bas, car les aviateurs s'étonneraient en voyant de l'herbe poussant des racines tournées vers le ciel. Il comprit, tout de suite, l'importance de ma remarque et, Yongden et moi, prîmes souvent plaisir à voir le bonhomme vérifier soigneusement son camouflage afin de s'assurer que toutes les racines des mottes d'herbe pointaient bien vers la terre.

Il avait, aussi, entrepris de consolider notre souterrain et, si le « camouflage » me procurait quelques instants de gaieté, la « consolidation » que j'avais vainement tenté de limiter, me causait plus d'inquiétude que les raids. La vieille voûte du caveau pourrait-elle soutenir, sans fléchir, le poids, devenant chaque jour plus considérable, des grosses pierres que notre homme continuait à accumuler sur elle ? — Je n'en étais rien moins que certaine et, chaque fois que je descendais dans le souterrain, je me demandais si, à défaut d'une bombe, le toit destiné à nous protéger, ne nous écraserait pas en s'écroulant sur nous.

L'enclos, assez vaste, dans lequel se trouvait la maison où je logeais, était l'ancien emplacement de la Mission baptiste anglaise qu'elle avait quitté pour aller s'installer beaucoup plus grandement, aux confins de la ville. Un certain nombre d'habitations étaient disséminées dans les cours et dans les jardins, quelques-unes d'entre elles étant occupées par des employés de la Mission. C'est ainsi qu'un jour, au moment d'une alerte, un de mes voisins, que je n'avais pas encore vu, descendit dans le caveau et, pendant une longue attente, perchés sur les planches instables du pont improvisé, nous entrâmes en conversation.

Il me dit qu'il était chrétien et que sa religion différait complètement de celle du « Maître du Ciel ». Ce qui signifiait que, lui, *Fou yen tan* (protestant) professait une religion tout à fait distincte de celle des *Tien dou tan* (religion du « Maître du Ciel », nom que les Chinois donnent aux Catholiques). Yongden lui demanda si les Catholiques étaient chrétiens. Il déclara, catégoriquement, qu'ils ne l'étaient pas, et à la question posée par Yongden :

« Les *Fou yen tan* et les *Tien dou tan* adorent-ils le même Dieu », il répondit que non.

Son opinion correspondait tout à fait à ce que m'avait dit à Pékin, un lettré chinois, professeur de philosophie à l'Université.

« — Que pensent les Chinois », lui avais-je demandé, « en voyant prêcher chez eux, deux différentes religions chrétiennes ? »

« — A part une minorité de gens instruits, les Chinois ne croient pas qu'il s'agit de formes différentes d'une même religion », me répondit-il. « En Chine, Chrétien signifie Protestant, un adepte de la religion de Issou (Jésus). Les Catholiques sont les adorateurs du « Maître du Ciel ». Mes compatriotes des classes populaires, voient, là, des religions aussi — et peut-être plus — distinctes l'une de l'autre que ne le sont le Taoïsme et le Bouddhisme. »

Au sujet des progrès respectifs des « deux religions » le même lettré s'exprima comme suit : Autrefois, les Missionnaires catholiques ont enseigné, en Chine, les sciences de l'Occident. Les Chinois les tenaient pour très savants et ils ont fait des adeptes parmi les classes sociales supérieures de notre population. Actuellement, les conditions sont changées. Les Protestants — les Américains, surtout — ont créé des universités et de grands hôpitaux. Leurs œuvres sont soutenues par de gros capitaux et ceux-ci leur permettent de s'assurer la collaboration d'un personnel enseignant et d'un personnel médical de valeur. Naturellement, les étudiants qui reçoivent leur instruction chez eux sont parfois portés à se laisser convertir, bien qu'à tout prendre, le nombre de ces conversions soit minime. Les motifs qui les déterminent sont, peu souvent, d'ordre religieux. Beaucoup d'adhérents chinois du protestantisme voient, là, un moyen d'acquérir une sorte de supériorité en s'assimilant aux Américains et aux Anglais. Quant aux convertis du monde politique, ils espèrent que la communauté de religion attirera, au parti auquel ils appartiennent, l'appui des pays étrangers et, plus spécialement, de l'Amérique.

En ce qui concerne les Catholiques, leurs convertis ne se recrutent plus que dans les basses classes de la population.

Des renseignements analogues me furent donnés par

d'autres lettrés et j'incline, d'après mes propres observations, à les croire exacts. Pour la plupart des Chinois, la conversion consiste en un choix, celui que mon domestique énonçait de façon comiquement naïve : « Considérer ce qui est le plus *profitable.* »

Quelques jours après la conversation que j'avais eue avec mon voisin, un autre raid nous remit en présence, dans le caveau. Dans l'intervalle, des doutes lui étaient venus quant à l'exactitude de ce qu'il avait affirmé ; il s'était probablement informé. Il revint sur ses déclarations précédentes et concéda que les Catholiques adoraient le même Dieu que les Protestants. Toutefois, comme correctif, il ajouta qu'ils ne l'adoraient pas *seul.* Ils étaient idolâtres et rendaient, aussi, un culte à d'autres déités, à la manière des Taoïstes, ce qui était une funeste erreur.

Ce brave homme gagnait quinze dollars[1] par mois, comme prédicateur ambulant.

Nous ne comptions plus les raids. Les aviateurs japonais, qui s'étaient familiarisés avec leur parcours, nous réveillaient au lever du jour ou apparaissaient dans la soirée, aussi bien qu'au milieu de la journée. Les nouvelles du front devenaient de plus en plus mauvaises ; les trains se dirigeant vers le Chensi[2], comme ceux allant rejoindre la ligne de Hankéou emmenaient, chaque soir, des milliers de fugitifs. J'aurais dû partir, puisque je ne voulais pas demeurer à Taiyüan après son occupation par les envahisseurs, mais l'argent nécessaire à mon voyage n'arrivait pas et les détenteurs de mes bagages ne donnaient toujours pas signe de vie.

Un soir, en allant aux provisions, Yongden et moi vîmes quatre jeunes soldats que l'on promenait par la ville. Pendant l'après-midi précédent, ils avaient fracturé la porte d'un boutiquier pour le voler.

Un Chinois, vêtu d'une simple robe de coton bleu, uniforme du mouvement officiel de la « Vie Nouvelle »[3], et qui paraissait être un haut fonctionnaire, les suivait dans

---

1. Au cours de cette époque, environ 90 francs.
2. Ne pas confondre la province de *Chensi*, capitale *Sian*, avec la province de *Chansi*, capitale *Taiyüan*.
3. Un mouvement de réforme sociale et d'épuration des mœurs.

une luxueuse automobile escortée par des officiers. De distance en distance, le cortège faisait halte. Le personnage assis dans l'automobile se levait, alors, et haranguait la foule en lui montrant les quatre coupables.

Ceux-ci étaient des adolescents fluets aux visages de filles. Probablement ne recevaient-ils pas de solde et la pitance qu'on leur distribuait était-elle médiocre et insuffisante ; alors, la tentation s'était insinuée en eux... Ils faisaient pitié !

Je compris que les autorités qui tenaient mal leurs troupes en main, voulaient faire un exemple. La vision de ces quatre garçons, presque encore des gamins, attendant le moment de leur exécution, fut devant moi, pendant toute la nuit. Le lendemain matin, on les décapita et, comme d'usage, leurs têtes furent accrochées, en grappe sanglante, contre un mur.

Les ferments de désordre devenaient, de jour en jour, plus actifs. Les passants étaient attaqués et dévalisés, dès la tombée du soir, dans les villages voisins et jusqu'aux portes de la ville. Des meurtres furent commis. La répression était pourtant prompte et barbare, lorsque les criminels étaient saisis.

Un individu s'étant introduit, pendant le jour, chez un commerçant dont la boutique, comme toutes celles de Taiyüan, ne s'ouvrait que le soir, fut surpris par le patron qui donna l'alarme. Le voleur sauta dans un rikshaw et, houspillant l'homme qui le traînait, le força à courir à toute vitesse, espérant faire perdre sa trace dans le dédale des ruelles de traverse, mais un agent de police, rapidement informé de ce qui s'était passé, arracha une bicyclette des mains d'un badaud qui en était descendu et donna la chasse au fugitif. Il le rejoignit, le jeta à bas de son véhicule et, avec son sabre, lui trancha la tête sur le rebord même du rikshaw. On se doute qu'il n'y réussit pas du premier coup. Le traîneur du pousse-pousse s'était sauvé à toutes jambes, craignant d'être impliqué dans l'affaire et de devenir victime d'un jugement aussi expéditif.

La population de la ville s'éclaircissait de plus en plus. La cohue qui rendait la circulation difficile, aux premiers soirs après mon arrivée, s'était fortement réduite et, dans la journée, l'on ne voyait guère que des soldats dans les rues : soldats habillés de gris, de bleu ou de kaki verdâtre. Les bleus appartenaient à l'armée communiste, les kakis à celle du gouvernement de Nankin et les gris à celle du maréchal Yen, disait-on. Etait-ce exact ? — Je n'attachais pas grand intérêt à ces distinctions. J'étais à Taiyüan parce que les circonstances m'y obligeaient et non pour faire du reportage.

Ce qui retenait mon attention, c'était l'attitude singulière de la Chine, en face de l'invasion. Lorsqu'en Europe, ou en Amérique, on parle de la Chine, on se figure *un* pays comme la France ou l'Angleterre, mais quiconque a parcouru la Chine pendant un nombre suffisant d'années, se rend compte qu'une telle Chine n'existe pas. Ce que l'on trouve, sous la dénomination collective de Chine, ce sont des provinces constituant, chacune, un véritable Etat ayant ses intérêts particuliers — ceux-ci étant souvent opposés à ceux des provinces voisines — et pratiquant, généralement, la plus complète indifférence quant aux heurs et malheurs des Chinois existant hors de ses frontières.

La guerre actuelle a véritablement amené une certaine unification de la Chine et éveillé un semblant de sentiment national ; mais l'un et l'autre sont encore très superficiels et loin d'avoir influencé les couches profondes de la population pour qui la « famille » reste toujours la seule véritable patrie, le seul réel sujet d'intérêt.

A Taiyüan, j'entendais formuler les mêmes interrogations que se posaient les villageois de Wou tai chan : « Les troupes du Yunnan et celles du Kansou se joindront-elles à l'armée de Nankin ? — Ce qui équivalait à un Français se demandant, en temps de guerre : les Bretons et les Provençaux se joindront-ils aux Parisiens pour combattre les envahisseurs ?

Les troupes, elles-mêmes, formaient, non pas les corps d'une armée unique, mais des armées véritablement distinctes, momentanément unies pour un but commun, mais sans constituer un tout homogène et indissoluble.

Nous n'en étions, encore, qu'aux premiers mois de la guerre. Bien peu se doutaient de l'ampleur qu'elle prendrait, toutefois, quels qu'aient été les changements politiques qu'elle a entraînés, elle n'a que très peu — ou même, pas du tout — modifié l'indifférence des masses chinoises en ce qui concerne l'intérêt général du pays. J'ai pu m'en rendre compte à loisir, à Hankéou, dans les ports du Haut Yangtzé, au Szetchouan et à l'extrême ouest de la Chine où je me trouve actuellement. Nulle part, les combats se livrant dans des régions éloignées de celles que je parcourais ne suscitaient d'émotion chez les populations qu'un danger immédiat ne menaçait pas.

Envisageant mon départ de Taiyüan, j'hésitais entre deux directions. Je pouvais me rendre à Sian, où j'avais résidé autrefois, en temps de guerre civile et d'où j'avais gagné l'extrémité occidentale du Kansou, point de départ de mes pérégrinations en Asie centrale ; ou bien je pouvais aller à Hankéou, le grand port sur le Yangtzé. Je m'étais promis, en m'en retournant en Chine, de ne pas manquer, cette fois, de parcourir les célèbres gorges du Yangtzé et, à Hankéou, je serais directement sur le passage des bateaux qui les traversent, en remontant le fleuve. Mais, tandis que je pesais le pour et le contre de ces deux projets, on annonça que les trains ne circulaient plus entre Taiyüan et Shih Kia Chwang, station de jonction de la ligne à voie étroite avec la grande ligne Pékin-Hankéou. Il y avait moyen de rejoindre celle-ci, plus au sud, en empruntant la ligne Sian-Honan-Chengchow, mais c'était là un très long détour.

Les circonstances me laissaient, du reste, le temps de la réflexion. Du côté de Changhaï, comme de celui de M. X..., le silence continuait. En dépit de l'économie la plus sordide et d'un régime ascétique, propre à terrifier le plus austère des chartreux ou des trappistes, ce qui me restait des dollars qu'on m'avait prêtés, ne pouvait plus durer longtemps. D'autres préoccupations m'assaillaient aussi ; elles concernaient les livres devenus rares, les manuscrits et autres choses restés dans ma maison à Pékin. Pékin n'avait pas été bombardé, mais pouvait-on être certain que les fluctuations de la guerre n'amèneraient pas des attaques aériennes ? — Et le danger du pillage pouvait-il être considéré comme absolument écarté ?...

J'ignorais, à ce moment, qu'un ami d'ancienne date que j'avais à Pékin : le docteur B... et des diplomates de l'Ambassade de France, avaient, sans attendre ma prière, fait remiser, en lieu sûr, tout ce qui était demeuré chez moi, ce pourquoi je leur garde une très vive gratitude.

Comme diversion à mes multiples soucis, je n'avais que les raids qui devenaient de plus en plus fréquents et de plus en plus meurtriers, bien qu'il semblât évident que les Japonais ménageaient la ville, ne voulant pas la détruire parce qu'ils se savaient certains de s'en emparer bientôt.

Une autre diversion me venait de mon travail. J'achevais, alors, mon livre *Magie d'amour et Magie noire* [1] qui a paru depuis. Tandis qu'à Wou tai chan j'emportais avec moi, dans mes promenades, la partie déjà terminée du manuscrit afin de la préserver en cas de bombardement incendiant mon logis en mon absence, à Taiyüan, dès le premier signal d'alarme, j'enfermais les feuillets dans une petite valise que je gardais sur mon bureau et ceux-ci, avec d'autres choses auxquelles je tenais, étaient descendus dans le caveau-abri. Il n'est pas beaucoup de livres, je crois, qui aient été écrits dans des conditions aussi singulières.

Le nombre des exécutions pour vol ou brigandage, sur les routes, croissait. La population s'y montrait indifférente et ne s'émut un peu que lorsqu'un général du nom de Li, disait-on, en fut la victime.

Ce général avait, paraît-il, donné ordre à ses troupes de reculer devant les Japonais, leur livrant ainsi du terrain et le maréchal Yen Sie-san l'avait condamné à mort.

S'était-il montré incapable, mauvais stratège, le soupçonnait-on de trahison, ou bien avait-il été réellement vaincu et contraint au recul qu'on lui reprochait ? — L'opinion publique était partagée à ce sujet. Un bruit, qui aurait paru extravagant partout ailleurs qu'en Chine, courait aussi. Le général n'était point mort, disait-on. A sa place, un pauvre hère condamné à la peine capitale — ou, qui sait, un innocent quelconque, suffisamment drogué pour être hors d'état de révéler la substitution — avait été fusillé au petit jour. Sauvant ainsi sa vie, au prix d'une forte rançon, le général était allé se terrer, incognito, dans un endroit écarté.

1. Plon, Paris. Réédité en 1978.

Dans l'ordre hiérarchique de l'armée du Chansi, ce Li était tenu pour occuper la troisième place. La première appartenait au maréchal Yen Sie-san et la seconde à ce général courtaud et bedonnant que j'avais vu à Wou tai chan et qui, en des circonstances de comédie, était passé à l'ennemi [1].

Je doute que l'on connaisse jamais, à l'étranger, le nombre exact des exécutions de généraux et de fonctionnaires qui ont eu lieu, en Chine, pendant la guerre et les circonstances, parfois burlesques, qui les ont amenées. Tandis que j'étais à Hankéou, les journaux annoncèrent qu'un général avait été fusillé parce qu'il s'était marié. — Le mariage est défendu, aux officiers, pour la durée de la guerre. — Or, contrevenant à cette défense, ledit général avait pris femme, et, au lieu de le faire discrètement, il avait voulu célébrer ses noces en grande pompe. La nouvelle épousée s'acheminait avec un imposant cortège vers la résidence de son mari, lorsqu'elle se trouva être veuve avant de l'atteindre.

Un incident amusant vint, un jour, égayer la monotonie des bombardements. Un petit chien, appartenant à des voisins, hantait l'enclos de l'ancienne Mission. Il n'avait pas manqué de venir sonder mes dispositions à son égard et, les ayant trouvées amicales, il rôdait souvent autour de ma maison, en réclamant l'entrée à grand bruit. Cette petite bête présentait cette particularité bizarre que ses hurlements d'impatience ressemblaient, exactement, à ceux des sirènes signalant l'arrivée des avions ennemis. Or, un soir, comme je rentrais, après une promenade, le domestique m'avertit que M. et Mme Z... m'attendaient au salon. Je m'y rendis immédiatement et le trouvai vide. Interrogé, le domestique me répondit que les visiteurs étaient arrivés depuis pas mal de temps et j'en conclus que, las d'attendre, et la topographie de l'endroit leur étant familière, ils étaient sortis par la porte voisine du garage, ayant peut-être à faire dans le voisinage de la rue sur laquelle elle s'ouvrait.

Sur ce, l'heure de mon repas étant venue, je me mis

---

1. Voir chap. IV.

à table avec Yongden. Nous mangions, lorsque M. et Mme Z... entrèrent dans la salle à manger.

« — Vous dînez », me dit Mme Z... « Il fait nuit ; ils doivent être partis. »

« — Qui, *ils* ? — Des avions ?... Il n'y a pas eu de raid. On m'a dit que vous m'aviez attendue. Vous êtes bien aimable d'avoir pris la peine de revenir. »

« — Revenir !... Nous ne sommes point partis. Nous sommes restés dans le caveau... Pas de raid !... Nous avons bien entendu la sirène ; nous étions, alors, au salon. »

« — Vous avez rêvé. »

Tandis que nous parlions, le toutou sentant les plats posés sur la table et trouvant que je tardais trop à lui en donner sa part, se mit à moduler ses lamentations de sirène.

« — Oh ! » s'écrièrent mes amis. « C'était ce maudit animal ! Nous avons passé près d'une demi-heure dans ce caveau infect ! »

Leur aventure était amusante et ils finirent, comme nous, par en rire de bon cœur.

Pendant ce temps, les blessés ramassés, dans la matinée, au cours d'un véritable raid, râlaient dans les hôpitaux. Mais l'on s'habitue à tout, à la guerre comme à toute autre chose. Elle n'empêche pas la vie d'aller son train et les gens de trafiquer, de convoiter, d'aimer... et de rire.

A Taiyüan, elle ne semblait pas, non plus, avoir éteint, chez les dilettanti, l'amour de la musique.

Souvent, le soir, je restais contre la grille de la cour qui précédait ma demeure, regardant le va-et-vient des passants, dans la rue — une des principales artères de la ville. En face de moi, se trouvait le magasin d'un luthier. Or, jamais je ne manquais, étant à mon poste d'observation, d'y voir entrer des clients. Un soir, deux soldats descendirent de rikshaw devant la porte du magasin. Les bagages qui encombraient les petits véhicules et la direction dans laquelle ceux-ci se dirigeaient, indiquaient que leurs occupants se rendaient à la gare. Tous deux examinèrent longuement des flûtes, les essayèrent et finirent par exécuter un duetto qui ne manquait pas d'agrément. Après quoi, ils payèrent leurs emplettes, insérèrent les flûtes parmi leurs bagages et les coolies entraînant les pousse-pousse les emmenèrent grand train.

Où s'en allaient-ils ?... Qui sait ?... — Peut-être au front.

Enfin, un jour, à midi, on m'apporta une lettre du Révérend Pr...

« Votre argent est arrivé », écrivait-il « et M. X... a télégraphié à ses domestiques leur commandant de vous remettre vos bagages ».

Je ne fis qu'un bond jusqu'à la Mission, y touchai l'argent que le Révérend Pr... avait déjà reçu de la Poste — l'envoi ayant été fait à son nom — et expédiai le cuisinier et le Mongol chez les X... pour y prendre mes colis.

Il était grand temps que des fonds me parvinssent. Depuis quelques jours déjà, seuls des trains militaires circulaient sur la ligne, conduisant vers le fleuve Jaune, par où l'on pouvait gagner Sian. La distribution des billets aux voyageurs civils avait été suspendue et pouvait ne pas être reprise. Par contre, il était redevenu possible d'atteindre la grande ligne d'Hankéou *via* Shih Kia Chwang, mais les Japonais avançaient très rapidement ; il était probable que le nombre des jours pendant lesquels l'on pourrait encore accéder à Shih Kia Chwang serait très limité.

Tandis que le Révérend Pr... me communiquait ces informations, les sirènes donnèrent l'alarme. Nous nous séparâmes, lui, se rendant dans un abri situé, je crois, près de l'hôpital et Yongden et moi, en gagnant un autre, très profond, qui s'ouvrait dans le jardin.

Les fillettes de l'orphelinat s'y réfugiaient, pendant les raids, avec une dame anglaise, Miss Beulah Gladbys, qui avait charge d'elles. Les gamines, insouciantes, comme on l'est à leur âge, prenaient grand plaisir aux alertes qui les faisaient descendre dans ce souterrain et Miss Gladbys et moi, nous nous amusions à les entendre babiller. Qui se doutait, alors, que cette charmante femme était comme un de ses collègues de la Mission baptiste, le docteur Wyatt, destinée à périr tragiquement, quelques mois plus tard ?

A l'époque où ce drame eut lieu, Taiyüan était déjà occupé par les Japonais. Le docteur Wyatt, Miss Gladbys et une autre personne, avec un chauffeur chinois, se rendaient, en auto, je ne sais où [1], lorsqu'à une distance assez considérable de Taiyüan, des coups de feu furent tirés sur la voiture. Le docteur Wyatt fit immédiatement arrêter celle-ci et en sortit en déployant un drapeau anglais. Ceux qui mitraillaient les voyageurs le virent-ils ?... Le reconnurent-ils ?... Ils ne cessèrent pas de tirer. Le chauffeur eut le poignet brisé, Miss Gladbys fut mortellement atteinte dans l'auto, et le docteur Wyatt, qui n'avait pas cessé d'agiter son drapeau, tomba mort dans le fossé qui longeait la route.

Je me permettrai de continuer à anticiper sur les événements pour raconter comment Mrs Wyatt, par une sorte de sentiment prémonitoire, parut avoir deviné le sort funeste de son mari.

Elle avait quitté Taiyüan, avec ses enfants, pour se réfugier à Hankéou, comme j'allais le faire, et logeait chez des missionnaires de ses amis. Partie de Taiyüan après elle, j'emportai, pour les lui remettre, des lettres à son adresse, arrivées, après son départ, chez le Révérend Pr... M'étant donc rendue au siège de la China Inland Mission, où elle résidait, le chef de la maison me confia qu'il était fort inquiet à son sujet. Sa nervosité excessive, ses crises de larmes, les supplications qu'elle adressait aux directeurs de la Mission, pour qu'ils ne permettent pas à son mari de retourner à Taiyüan et lui assignent un autre poste, dépassaient de beaucoup, en intensité, toutes les manifestations auxquelles on peut s'attendre de la part d'une épouse affectionnée, en proie à la crainte. On eût vraiment dit que la certitude d'un accident fatal, dont son mari serait victime, s'était imposée à la pauvre femme.

Je vis le docteur Wyatt, à Hankéou, alors qu'après y avoir conduit sa femme et ses enfants, il se disposait à regagner l'hôpital des baptistes à Taiyüan. Je lui fis part de l'inquiétude que le pénible état nerveux de sa femme causait à tous ceux qui l'entouraient. Il se montrait visiblement affligé, mais il m'expliqua qu'il était nécessaire à Taiyüan, où j'ai cru comprendre qu'il restait le seul

---

1. Au moment où je rédige cette relation, je suis au Tibet, bien loin de Taiyüan. Je n'ai pu apprendre que l'essentiel de ce triste événement, sans aucun détail.

médecin. « Je dois m'en retourner », conclut-il, « c'est mon devoir. »

Tristes mais nobles fins que celles de cette femme qui n'avait pas voulu quitter les orphelines qui lui étaient confiées et du médecin retourné à son poste, sous la tempête, parce que c'était « son devoir ».

Sans soupçonner les tristes événements qui s'approchaient, Miss Gladbys et moi, dans le souterrain, écoutions le bruit, devenu familier, de l'explosion des bombes, les pétarades des mitrailleuses et les réponses inefficaces des canons de la défense aérienne, dont la portée, comme celle de presque tous leurs semblables, en Chine, n'était pas suffisante pour atteindre les avions ennemis. Ceux-ci ayant disparu, les sirènes nous en avertirent. Yongden et moi prîmes congé de nos aimables hôtes : nous devions quitter Taiyüan le lendemain.

En retournant chez moi, je croisai plusieurs civières sur lesquelles on emportait des blessés ensanglantés, tous civils. Une fois de plus les Japonais avaient fait de la *bonne besogne.*

Pendant mon absence, mes domestiques avaient amené mes bagages. Il s'agissait d'y remettre de l'ordre, de remplir avec les vêtements et les livres, rapportés de Wou tai chan, les caisses trop peu garnies pour pouvoir voyager sans que leur contenu soit bouleversé. J'avais aussi à emballer ce qui avait été sorti des valises et des paniers pendant mon séjour à Taiyüan. Je comptais faire ce travail dans la soirée et dans la matinée suivantes.

Un peu après trois heures, un reporter américain, Mr Steel, si ma mémoire est exacte [1], se présenta.

« — Nous partons, ce soir, à cinq heures, pour Hankéou », me dit-il, « le docteur Wyatt et Mrs Wyatt avec leurs enfants, Mr Nan et moi. » — Je crois me rappeler qu'il me parla, aussi, d'une autre famille qui devait voyager avec eux. — « Voulez-vous venir avec nous ? »

Cela m'était impossible. En une heure — car le train

1. La carte de mon visiteur, portant son nom et, aussi, celui du journal auquel il appartenait a été perdue avec la valise dans laquelle je l'avais mise.

partant à cinq heures, il m'aurait fallu quitter la maison à quatre heures — mal secondée par des domestiques sans énergie, je ne pouvais pas songer à empaqueter tout ce qui était déballé dans les diverses chambres de mon logis et à ordonner le contenu des bagages que je venais de recouvrer.

« — Impossible », répondis-je à mon visiteur, « je dois m'en fier à ma bonne chance. Je partirai demain. »

A mon insu, je venais de tenter le Destin et me préparais une aventure pénible.

Après le départ du reporter, une dame française qui, comme Mme X..., avait épousé un Chinois, vint me demander si je voulais l'accompagner à la Mission catholique. Elle y allait visiter un appartement, dans un immeuble appartenant à cette Mission et situé en face de ses jardins.

Le mari de ma compatriote occupait un poste d'ingénieur lorsque, les Japonais ayant envahi l'endroit où il se trouvait, il avait dû le quitter. Etant sans domicile, il cherchait un logis à Taiyüan, sa ville natale. Les fillettes du ménage faisaient leur éducation chez les religieuses et c'est ainsi que la Supérieure avait offert, à leurs parents, l'appartement qui allait devenir vacant.

J'eus la surprise de reconnaître, en cette Supérieure, une religieuse que j'avais connue, autrefois, à Tchéngtou, au Szetchouan, et à qui je gardais un très affectueux souvenir.

Conduite par elle, nous allâmes visiter l'appartement qu'elle proposait à ma compatriote. Il était habité, pour le moment, comme la plus grande partie de l'immeuble, par des Russes Blancs émigrés.

L'on s'accorde pour considérer la population chinoise des basses classes sociales, comme l'une des plus malpropres du monde, mais que dire de la saleté de ces Russes ! La plus dégoûtante des auberges chinoises était d'une propreté hollandaise en comparaison du logis où j'entrais.

De grandes pièces claires, bien ventilées, qui eussent pu être agréables à habiter, ces misérables avaient fait une porcherie. Dans tous les coins se voyaient des monceaux de détritus et de chiffons et le plancher, qui n'avait jamais été balayé, en était, aussi, jonché ; de petits enfants aux vêtements maculés, aux faces barbouillées, se traînaient parmi ces ordures. Quatre grabats, leurs couvertures crasseuses déjetées, encombraient le passage au milieu des chambres. La maîtresse de ce taudis, sa tignasse non peignée tombant sur un visage que l'eau n'avait pas touché de longtemps, causa pendant quelques instants avec la Supérieure, puis nous nous retirâmes.

A quelle catégorie sociale ces Russes pouvaient-ils appartenir ? — Je me le demandais, en sortant. Il ne semblait pas que ce fût à l'une de celles qui pouvaient avoir à redouter les effets d'une révolution prolétarienne. Que n'étaient-ils restés dans leur pays. On leur y aurait probablement inculqué — ou, du moins, on l'aurait enseigné à leurs enfants — ce genre de respect de soi-même qui se manifeste par la propreté.

« — Seigneur ! » soupirait la dame française. « Il faudra huit jours et une équipe de nettoyeurs pour décrasser cet appartement ! »

« — Et il en est de même aux autres étages. Toute la maison, que ces Russes ont trouvée propre à leur arrivée, est maintenant dans cet état », gémissait la Mère Supérieure. « Ils ont pourtant l'eau à leur porte, dans le jardin et j'ai fait distribuer des balais et des torchons ! Il n'y a rien à faire. Nous devrions les expulser, mais en ce temps de guerre, où pourraient-ils aller ?... Alors nous n'osons pas les chasser... Ce sont des malheureux... »

La charité est patiente ; elle supporte toutes choses[1], a dit l'apôtre Paul. Cette phrase d'une de ses épîtres me revenait à la mémoire tandis que je rentrais chez moi.

Le lendemain, bien avant midi, mes valises étaient fermées, les ballots cordés et les caisses clouées. Yongden se rendit à la gare et y apprit qu'un train — le dernier, assurait-on — quitterait Taiyüan pour Shih Kia Chwang, vers cinq heures du soir. Quant à la correspondance avec le train d'Hankéou, nul ne pouvait rien affirmer à ce sujet. Ce n'était pas rassurant. Nous nous étions trop attardés à Taiyüan, mais nous n'aurions pas pu faire autrement.

Dans tous les cas, il fallait partir. A défaut de train, à Shih Kia Chwang, peut-être pourrions-nous faire voiturer

1. Première épître aux Corinthiens, XII, 4-6.

nos bagages sur une charrette ou, même, sur des rikshaws, pendant trois ou quatre jours, jusqu'à une gare, plus éloignée du front, où les trains arriveraient encore. Quant à nous, une longue marche ne nous effrayait pas.

Dès le matin, la gare de Taiyüan avait déjà été envahie par une foule de gens désireux de partir. En tout pays, durant cette cohue, on eût ouvert les guichets et distribué les billets au fur et à mesure des demandes, afin d'éviter du désordre à la dernière heure. L'administration chinoise voyait les choses différemment. La distribution des billets et l'enregistrement des bagages ne commenceraient, tous deux, qu'à quatre heures.

« — Nous sommes quatre », dis-je à Yongden, quand il me rapporta ces nouvelles , « nous monterons dans le même compartiment et prendrons, avec nous, autant de bagages que nous le pourrons : au moins, toutes les valises. » Et j'expliquai minutieusement, aux domestiques, ce que je désirais, leur désignant les colis dont ils devraient se charger.

Tandis que nous mangions hâtivement, les sirènes donnèrent l'alarme, mais nous étions trop pressés de terminer notre repas pour l'interrompre en descendant dans l'abri.

Deux avions passèrent au-dessus de nous et nous entendîmes leurs mitrailleuses cracher un peu plus loin. Yongden et moi continuions à manger autant que nous le pouvions : à manger « pour l'avenir ». De précédentes expériences nous avaient enseigné la prévoyance. Nous ne pouvions deviner combien de temps s'écoulerait avant que nous fassions un autre repas.

Lorsque nous entendîmes, enfin, le signal permettant de sortir, il nous fut difficile de trouver, rapidement, le nombre de rikshaws nécessaires pour transporter nos bagages à la gare. Les coolies traînant ces véhicules s'étaient abrités pendant le raid et dès qu'ils réapparaissaient ils étaient immédiatement pris par des gens qui, ayant été longtemps immobilisés, désiraient se rendre, promptement, où ils avaient affaire.

Yongden était retourné, seul, à la gare, dès la fin du raid pour se placer dans la queue des aspirants voyageurs qui allaient défiler devant le guichet et obtenir des billets aussi promptement que possible.

Nous achevions de charger nos colis dans les pousse-pousse que nous avions, enfin, réunis lorsque le lama revint, l'homme qui le voiturait courant à toute vitesse.

« — Venez, mais venez donc ! » hurla-t-il, hors de lui. « Le train va partir. On a avancé l'heure de son départ ! »

Notre cortège s'ébranla. Hélas ! les coolies lourdement chargés ne pouvaient point courir. Nos exhortations et leurs réels efforts n'accéléraient guère leur marche qui devint encore plus lente lorsqu'ils abordèrent les rues en pente, montant vers la gare.

Devant celle-ci, Yongden, qui nous avait devancés, gesticulait.

« — Vite ! vite ! Allez chercher une place dans le train et tâchez de m'en garder une », me dit-il. « Prenez ces sacs avec vous. Je vais vous aider à les porter jusqu'au quai. Les garçons apporteront le reste. »

Le train était déjà plein jusque dans les couloirs qu'encombraient des passagers assis sur leurs bagages. Néanmoins, je parvins à découvrir un compartiment où il me parut qu'en déplaçant deux bébés couchés sur de volumineux ballots posés sur les banquettes et en enlevant ces ballots, nous arriverions à nous caser. Je le fis comprendre aux occupants du compartiment qui se préparaient à passer la nuit, à peu près confortablement. Saisissant successivement les bébés, je les déposai sur les genoux des femmes qui se trouvaient à ma portée et qui se hâtèrent de s'en débarrasser en les rendant à leurs mères. J'esquissai, ensuite, un coup de pied dans la direction des ballots, ce qui décida l'un des Chinois à les ajouter au tas qui s'élevait déjà près de la fenêtre, entre les banquettes, puis je rangeai mes sacs près de moi, informant mes compagnons qu'un monsieur allait venir s'asseoir à cette place. Pour qu'on n'en puisse pas douter, Yongden m'avait donné son pardessus que j'étalai sur les sacs.

Pas mal de temps s'écoula. Le lama ne revenait pas ; le train allait-il partir sans lui ?... Enfin, je l'aperçus, sur le quai, suivi de Hortche, l'air plus niais que jamais, qui portait un petit paquet, enveloppé dans un linge : ses provisions pour le voyage, sans doute.

« — Où est le cuisinier ? » demandai-je à Yongden, dès

qu'il fut à portée de voix. « Et où sont les valises que Hortche et lui devaient apporter ? »

« — Ils ont enregistré tous les bagages ensemble, tandis que je vous accompagnais », me répondit-il, « mais les employés qui sont au guichet m'ont assuré qu'on les embarquerait et on les a emmenés tout de suite sur des brouettes. Je les ai suivis des yeux jusqu'au fourgon et le cuisinier est allé s'assurer qu'on les y plaçait. »

Celui-ci arriva peu après, marchant le long du train, nous cherchant. Yongden le héla.

« — Tout est rangé dans le fourgon », nous dit-il.

Cette information aurait dû me rassurer, mais je restai inquiète. Le train démarrait ; Yongden sauta sur le marchepied et, se frayant un chemin dans le couloir encombré, vint s'asseoir près de moi. Le cuisinier le suivit, allant à la recherche de son compagnon.

Nous roulions, lorsque quelqu'un se précipita sur le quai, criant mon nom. Je mis vivement la tête à la fenêtre et eus le temps de recevoir un paquet de lettres que le Révérend Pr... me confiait pour les remettre à plusieurs de ses amis à Hankéou. Dans le nombre était le courrier du docteur et de Mrs Wyatt, arrivé après leur départ. C'est ainsi que, comme je l'ai déjà raconté, j'eus l'occasion de faire la connaissance de Mrs Wyatt que je n'avais pas vue à Taiyüan.

Le train dont on avait annoncé le départ avant l'heure fixée, partait, en fait, avec plus d'une heure de retard et, bientôt, il fit nuit.

Dans les voitures emportant le double — probablement davantage — des voyageurs qu'elles étaient faites pour contenir, chacun s'était casé, en hâte, sans distinction de classes [1]. Un numéro, peint sur la boiserie, désignait le compartiment où je me trouvais, comme appartenant à la seconde classe ; toutefois, ses banquettes très étroites n'étaient pourvues d'aucun capitonnage ; nous étions assis sur le bois nu.

---

1. Les tarifs des chemins de fer chinois doublaient successivement le prix des billets, d'une classe à l'autre. Le parcours coûtant 10 dollars en troisième classe en coûtait 20 en deuxième et 40 en première. Peut-être ces tarifs ont-ils été modifiés depuis lors.

D'après l'horaire, nous devions arriver à Shih Kia Chwang dans la nuit. Me trouvant heureusement placée dans un coin, près du couloir, je m'installai, les jambes repliées, à l'orientale, désireuse de faire un somme avant le moment du changement de train.

Vaguement, je perçus, au cours de la nuit, que nous nous arrêtions fréquemment et pendant longtemps, mais je m'efforçai de ne pas m'éveiller tout à fait, ce à quoi je n'eus pas beaucoup de peine, car mon sommeil est excellent. Je me réveillai à l'aube.

« — Comment pouvez-vous dormir si profondément ? » me dit Yongden. « Moi, je n'ai pas fermé l'œil. »

Et comme je bougeais, pour changer de position, il ajouta rapidement :

« — Faites attention ! Ne mettez pas les pieds par terre ! »

Je regardai. Pendant mon sommeil, l'aménagement du compartiment avait été modifié. Les ballots que j'avais fait enlever pour m'asseoir, avaient été replacés à l'autre extrémité des banquettes et leurs propriétaires étaient juchés sur eux. Une mare s'étendait dans l'espace vide.

« — Qu'est-ce que cette inondation ? » demandai-je au lama. « Et... cette odeur », ajoutai-je, mes sens engourdis par le sommeil, recommençant à fonctionner.

« — Ça », répondit mon fils, « c'est du *pipi*. Ils ont laissé les enfants se satisfaire sur le plancher, chaque fois qu'ils en avaient besoin. » — Outre les deux bébés, il y avait, avec nous, trois garçons plus âgés. — « Et l'un d'eux », continua Yongden, « a fait plus que le « petit », dans le crachoir. Ils ont poussé l'ustensile sous la banquette. »

Contre la fenêtre, un panier, sur lequel d'autres colis étaient empilés, baignait fâcheusement. Ses propriétaires ne paraissaient pas s'en soucier. Les pauvres gens ne pouvaient guère être blâmés. Bloqués comme ils l'étaient, le cabinet leur était inaccessible. Lorsque après d'énergiques efforts, je réussis à l'atteindre, je le trouvai occupé par trois femmes qui y avaient passé la nuit, faute d'autre endroit où se mettre. L'une d'elles, qui était assise sur le couvercle du siège, se leva pour me laisser la place libre. La guerre supprimait toutes les conventions polies ou décentes établies par la civilisation : nous redevenions des animaux.

Nous nous arrêtâmes, encore une fois, pendant longtemps, près d'une petite gare. Deux trains nous y croisèrent, se suivant de près, tous deux archibondés de soldats. Il faisait, alors, grand jour ; dans les voitures l'on apercevait des blessés portant des bandages ensanglantés, d'autres étaient couchés sur des civières placées dans des wagons découverts.

Des voyageurs, qui avaient passé la nuit étendus dans le couloir, descendirent pour prendre l'air ; j'en profitai pour glisser un de mes sacs contre la vitre et m'en servir comme de siège.

Des troupes arrivaient, en longues files, par la route qui remontait la vallée, d'autres suivaient le bord de la voie. Des centaines de mules, de chevaux et d'ânes les accompagnaient, chargés de bagages. Certains soldats portaient, sur leur épaule, à la manière des coolies, un long bambou à chaque bout duquel pendait un plateau en osier tressé. Ils transportaient, ainsi, de menus objets et, souvent, parmi eux, l'indispensable cuvette en fer émaillé, aux multiples usages, dont j'ai déjà parlé [1].

Tous marchaient lentement, en silence. Leur allure pesante, leurs épaules courbées dénotaient une extrême lassitude. A l'aide de mes jumelles, je distinguai d'autres troupes, encore, sur la rive opposée de la rivière et il en arrivait toujours, du bas de la vallée.

« — Viens voir », dis-je à Yongden. « Voici une armée en retraite. Cela ne présage rien de bon pour nous. »

Arriverions-nous jusqu'à Shih Kia Chwang ? — Je me le demandais.

Le train se remit en marche et roula lentement pendant, peut-être, une heure, puis j'entendis des cris. Le mécanicien serra brusquement les freins, les voitures s'entrechoquèrent brutalement. Des gens criaient *fidji ! fidji !* (avion) et s'élançaient au-dehors. Le ronflement d'un moteur, que le bruit produit par le train nous avait empêché de percevoir, s'entendait fortement. L'avion était sur nous. Je l'entrevis, plongeant à grande vitesse, comme si ses ailes allaient labourer les toitures de nos voitures.

« — Couche-toi ! » criai-je à Yongden qui se trouvait à

1. Chap. IV.

mon côté dans le couloir et, en même temps que je me jetai sur le plancher, je l'attirai près de moi.

La rafale passa : *rac tac tac*. L'avion n'insista pas et continua sa route. Il devait avoir affaire ailleurs et nous avait seulement arrosés en passant. Notre voiture était indemne, mais on entendait des cris vers la fin du train.

Des employés pressaient les voyageurs qui étaient descendus de regagner leurs places : le train allait repartir immédiatement. Les compartiments et les couloirs furent, de nouveau, encombrés et la foule, avide de nouvelles, s'entassa, à s'étouffer, du côté de la voiture qui avait été atteinte. Un peu plus tard, j'entendis dire qu'il y avait eu deux morts et trois blessés, dont l'un, sérieusement. Cette information était-elle exacte ? — Je n'ai pas pu la contrôler.

Près d'arriver à Shih Kia Chwang, je vis trois cadavres étendus, en plein soleil, sur le quai d'une gare. L'un d'eux était couché sur une civière, les deux autres gisaient sur le sol. On avait retroussé la veste kaki de l'un d'eux, de façon à lui couvrir le visage, mettant ainsi le ventre à nu. Un autre avait la tête barbouillée de sang ; le troisième, la bouche large ouverte, montrait toutes ses dents.

Un peu après midi, le train arriva à Shih Kia Chwang, mais s'arrêta bien avant la gare, dans une large allée le long de laquelle se trouvaient les villas que la compagnie française, constructrice de la ligne ferrée, avait bâties pour ses agents.

Malgré l'incurie de l'administration chinoise qui, depuis le rachat du chemin de fer, en négligeait l'entretien, l'aspect de celles-ci restait encore coquet, lorsque je les avais vues en me rendant à Taiyüan. À leur place, je trouvais des monceaux de bois déchiqueté et de pierres écroulées. Le pont sous lequel les trains passaient pour entrer en gare avait été démoli en partie, et tout le quartier avoisinant était en ruine.

Dès que les voyageurs furent descendus, une autre foule, qui attendait le train, se précipita pour prendre leurs places et s'en aller dans la direction d'où nous venions. Ainsi en était-il presque partout. Les populations affolées ne songeaient qu'à se sauver, sans être capables de raisonner leurs mouvements. Les paysans des villages du sud couraient vers le nord et ceux du nord, vers le sud. Fuir... fuir ! N'importe où, mais fuir !...

Pour moi, l'important était de m'assurer que mes bagages allaient être transportés à la gare de la grande ligne pour y être embarqués dans le train de Hankéou. J'allai donc vers le fourgon. Des hommes s'occupaient à le détacher du train, mais il était encore fermé. La locomotive était partie, prendre de l'eau, me semblait-il. Un employé qui passait en courant, jeta, sans s'arrêter, quelques mots à Yongden : les bagages seraient portés à la grande ligne, un peu plus tard.

Cette information ne me satisfit qu'à demi ; cependant, comme le fourgon demeurait fermé, je pensai que le mieux était de nous rendre à la gare. Nous nous y enquerrions de l'heure du départ de notre train et j'enverrais le cuisinier acheter des provisions, tandis que le Mongol garderait les petits colis que nous avions avec nous. Je pourrais, ensuite, retourner au fourgon pour m'assurer que mes bagages étaient bien dirigés comme il convenait.

Je trouvai la gare déserte ; seul, un soldat y demeurait en faction. Les bâtiments qui avaient souffert des bombardements, les voies jonchées de débris et les maisons des alentours, transformées en monceaux de décombres, présentaient un aspect lamentable.

J'aperçus un homme d'équipe errant du côté des aiguilles et le hélai. Répondant à ma question, il me dit qu'un train, venant du sud, était attendu dans la nuit et repartirait vers deux heures du matin.

Cela faisait environ douze heures à passer à Shih Kia Chwang. Malgré la longueur de l'attente, mieux valait demeurer à la gare comme je l'avais décidé. La ville se trouvait assez loin d'elle, on devait en fermer les portes pendant la nuit, ce qui nous forcerait à quitter, bien avant le départ du train, l'auberge où nous aurions pu nous abriter. D'ailleurs, je tenais à surveiller l'arrivée et l'embarquement de mes bagages.

Je commençais à expliquer aux domestiques ce que nous allions faire lorsque le soldat factionnaire intervint.

« — Allez-vous-en », dit-il. « Il n'est pas permis de rester ici. »

« — Nous devons partir par le train », lui expliqua Yongden.

« — Peu importe, vous reviendrez. Maintenant, allez-vous-en tout de suite. »

Nous en aller... où ?... L'homme d'équipe avec qui j'avais parlé nous proposa de nous conduire à une auberge voisine.

J'acceptai.

Au lieu de se diriger vers les murs de la ville, l'homme nous emmena dans la direction opposée, du côté du faubourg en ruine. Les rues étaient complètement désertes. De distance en distance, un factionnaire montait la garde. Pourquoi ? — Peut-être pour empêcher que des pillards ne fouillent les ruines.

Notre guide nous conduisit à une auberge délabrée à laquelle ne restait que la moitié de son toit.

Pouvait-on y obtenir quelque chose à manger ? — Non. Du thé à boire ? — Non.

Il fallait en revenir à l'idée d'envoyer le cuisinier acheter des provisions.

« — Avez-vous, ici, un abri où l'on puisse se mettre en cas de raid ? » demanda Yongden, au patron.

« — Non, mais vous pouvez être tranquille, ils ne reviendront pas de ce côté. Il ne reste plus rien qui vaille à détruire, dans le quartier. »

C'était vrai.

« — Où allez-vous ? » nous demanda, ensuite, l'aubergiste.

« — A Hankéou.

« — Comment ?

« — Par le train qui partira cette nuit.

« — Il n'y a pas de train, ici.

«— Il en arrivera un cette nuit.

«— Oh ! arrivera-t-il ? — Ce n'est pas certain. Les Japonais ne sont pas loin. »

Pas loin, je n'en doutais pas ; mais ils n'étaient pas encore là. Il restait, peut-être, le temps d'aviser et, si le train ne venait pas, d'obtenir des moyens de transport pour avancer d'une trentaine de kilomètres vers le sud, le long du chemin de fer et ne pas être enfermé dans les lignes des envahisseurs.

« — Va acheter de quoi manger, au plus près possible »,

commandai-je au cuisinier. « Hortche restera ici, gardant nos sacs. Je vais m'occuper des bagages. »

Avec Yongden, je m'en retournai vers l'allée où notre train s'était arrêté. Il était toujours là. J'apercevais sa locomotive évoluant comme pour effectuer une manœuvre et son fourgon, détaché, isolé à une petite distance de lui, sur une autre voie, me semblait-il. Evidemment, l'on procédait à son déchargement car sa porte était ouverte et plusieurs caisses étaient posées, à terre, devant elle. Nous arrivions juste à temps. Tout en continuant à marcher, je tâtai mon bulletin de bagages dans mon sac à main, prête à le montrer aux employés, à désigner mes colis et à donner une gratification généreuse pour les faire enlever devant moi et transporter au dépôt de la grande ligne.

Soudain, des cloches et des sirènes sonnèrent, précipitamment, le second signal — celui qui annonce l'arrivée imminente des avions ennemis. Le premier signal qui, généralement, le précède d'au moins un quart d'heure n'avait certainement pas été donné ; non seulement nous ne l'avions pas entendu, mais les gens de notre auberge et les quelques passants que nous avions rencontrés ne paraissaient pas, non plus, se douter de l'approche du danger.

Immédiatement, les voyageurs déjà installés dans le train se précipitèrent au-dehors. Quelques soldats, en faction près de là, accoururent et leur crièrent, à plusieurs reprises, des phrases que nous ne comprîmes pas.

Un certain nombre de Chinois s'enfoncèrent dans un abri souterrain qui s'ouvrait dans l'avenue, mais celui-ci dut être rapidement plein, car je vis des gens refluer au-dehors. Nous n'avions aucune chance d'y trouver place.

La majorité de ceux qui avaient évacué le train étaient, déjà, hors de l'avenue, courant en trébuchant ou se couchant parmi les ruines des habitations qui la bordaient.

Un des soldats nous aperçut, restés seuls dans l'espace vide et nous cria de nous cacher, à l'instant. C'était bel à dire ; nous nous trouvions au centre d'une large allée.

A quelque distance de nous, dans la direction d'où nous étions venus, une maison demeurait, encore, en partie debout.

« — Vite ! » criai-je à Yongden, qui m'avait devancée

lorsque nous nous étions dirigés vers le fourgon et je lui lui fis signe, avec le bras, lui désignant la maison et me mettant à courir vers elle.

Le soldat hurla encore quelque chose, de toute la force de ses poumons. Je me retournai, faisant, de nouveau, signe au lama de me rejoindre : les avions arrivaient.

Pan !... Une détonation derrière moi. Elle ne venait pas du ciel. Le soldat avait tiré sur moi. Volontairement, ou non, il m'avait manquée.

Comme je l'ai déjà dit, il est défendu d'être dehors, après le second signal d'alarme et, encore plus, de courir et d'agiter les bras. En le faisant, on devient suspect de donner des indications aux aviateurs ennemis. Ma mimique, adressée au lama, avait été mal interprétée.

Le sentiment du devoir n'était, heureusement, pas assez impérieux, chez ce guerrier, pour le porter à récidiver en s'exposant lui-même. Tournant la tête, je le vis courir vers un côté de l'avenue et se coucher dans un fossé.

Rac-tac-tac, nasillaient les mitrailleuses. *Boum !* tonnait, plus loin, une bombe. *Boum !* lui répondait une autre. *Rac-tac-tac...*

Assis sur des planches brisées, parmi les débris de ce qui avait été les murs et le mobilier d'une villa, nous attendions la fin de la tourmente.

Le silence se fit. Les sirènes n'avaient point donné le signal annonçant le départ de l'ennemi, mais quelques soldats parurent, une demi-douzaine, puis un autre groupe plus nombreux : ils remontaient l'avenue.

« — Peut-on sortir ? » leur demanda Yongden.

Deux ou trois d'entre eux lui firent signe que oui. Comme j'émergeais des ruines, les soldats me reconnurent pour une étrangère et l'un d'eux me dit :

« — Vos domestiques vous attendent sur le pont. »

Que faisaient-ils sur le pont ? — Qu'était-il encore arrivé ?... Je jetai un coup d'œil en arrière, vers le fourgon. De loin, je n'aperçus aucun employé près de lui. Je reviendrai, pensai-je, mais il faut d'abord savoir ce que mes garçons me veulent.

Je n'eus pas le temps d'arriver jusqu'au pont. Le cuisinier accourait au-devant de moi, effaré.

« — Venez ! venez ! » s'exclama-t-il en me voyant. Le

train est arrivé ; il repart immédiatement. Hortche est sur le pont, avec les sacs. Courons ! C'est le dernier train. Dans une heure, les Japonais seront ici... »

Je regardai dans la direction du fourgon. — Il commençait à faire sombre sous les arbres et notre route avait fait un léger coude pour rejoindre la chaussée qui traversait le pont du chemin de fer. — Je ne le vis plus et entendis, seulement, le roulement d'un train qui s'éloignait : celui dans lequel nous étions venus et qui s'en retournait vers Taiyüan. Les soldats qui étaient passés près de nous s'y étaient, probablement, embarqués. Les sentinelles que j'avais remarquées près du pont, dans l'après-midi, ne s'y trouvaient plus.

« — C'est le dernier train !... Les Japonais sont là !... » hurla, encore une fois, le cuisinier terrifié.

Le fourgon... mes bagages... mes livres, mes notes, mes photographies, mon travail de trois mois à Wou tai chan !...

Je continuais à regarder du côté de l'avenue, ne pouvant pas me décider à m'éloigner. Vers le ciel assômbri, montait une large lueur rouge. Les bombes devaient avoir allumé des incendies quelque part.

« — Le dernier train... » murmura Yongden.

Et, tous les quatre, nous nous mîmes à courir vers la gare.

Le train était là, indescriptiblement bondé : les toits des voitures couverts de passagers, des hommes accrochés aux flancs de la locomotive, assis sur le charbon du tender, quelques-uns à califourchon sur les tampons, dont les employés du chemin de fer s'évertuaient à les déloger. Je me hissai sur un marchepied, Yongden me poussant dans le dos pour me faire pénétrer dans la foule : les domestiques poussaient Yongden.

Il n'est de cohue si dense qu'elle ne puisse, encore, être comprimée davantage. J'arrivai jusqu'au second compartiment à partir de l'entrée, mais, là, tout effort pour avancer échoua devant une barricade d'humains et de bagages impossible à entamer. Je regardai dans le compartiment. Entre les banquettes entièrement occupées, près de la porte, sur un gros ballot, je pouvais, à la rigueur, m'asseoir, à condition qu'un gamin de huit à neuf ans, qui y était allongé, ne se montrât pas trop turbulent ; mais je me promettais de réprimer ses velléités de gambiller.

Yongden resta debout et les domestiques retournant vers la plate-forme disparurent je ne sais où.

Nous partîmes presque immédiatement, à l'allure d'un convoi de marchandises. Comme la veille, les voitures n'étaient pas éclairées et dès que nous eûmes dépassé les lumignons espacés sur les quais de la gare, nous fûmes dans une obscurité presque complète. De même que la veille, nous nous arrêtions longuement aux stations se trouvant sur notre passage. L'on entendait, alors, des bruits d'altercations et de bousculades. Des fugitifs cherchaient à s'introduire dans notre train et cette fois, sans doute, une plus forte « compression » était devenue impossible.

Puis ce furent les enfants — dont une demi-douzaine se trouvaient avec nous — qui s'agitèrent manifestant des besoins pressants. Il ne pouvait être question d'utiliser le plancher, comme l'avaient fait mes compagnons de la nuit précédente. D'un bout à l'autre des voitures il était occupé par des voyageurs. Aux arrêts, on passa les petits par les fenêtres, les soutenant dans le vide. Des femmes, à leur tour, n'y purent plus tenir et aidées par des hommes qui paraissaient être leurs maris, deux d'entre elles sortirent par la fenêtre et rentrèrent par la même voie. Un gros homme, beaucoup trop corpulent pour pouvoir les imiter, finit par s'agenouiller sur la banquette pour se satisfaire au-dehors. Bien dégoûtants devenons-nous dès que nous font défaut les moyens inventés par la civilisation pour dissimuler notre animalité.

A l'un des arrêts, un officier ventru entra, accompagné de deux ordonnances. Un bruit de lutte avait précédé son arrivée. Ses ordonnances devaient avoir témoigné leur zèle en malmenant les Chinois qui encombraient le couloir. Ils se préparaient à recommencer leur manœuvre avec les hôtes de mon compartiment afin d'y ménager une place pour leur chef. Ne me voyant que de dos, l'un des soldats voulut me déloger de mon sac en me poussant. Je me levai d'un bond et envoyai un énergique coup de poing au malotru. L'officier s'empressa d'intervenir pour calmer l'ardeur de son subordonné. Rapidement, les parents du gamin assis près de moi l'avaient transporté plus loin ; un autre enfant fut aussi déplacé. Yongden profita de ces mouvements pour se glisser sur la banquette, près de la porte, et les soldats poussèrent un gros sac à côté du mien, pour servir de siège à leur officier.

Nous roulions toujours lentement, de plus en plus lentement, semblait-il. Je finis par sommeiller, repliée sur moi-même. Tous, autour de moi, dormaient aussi. Une sensation insolite me réveilla. Quelque chose de chaud et de mou s'appuyait sur ma joue. J'y portai la main. Le gros officier chinois s'était endormi et, en dodelinant de la tête, pendant son sommeil, il m'avait prise pour oreiller. Le « quelque chose de chaud et de mou » était sa joue sur la mienne. Je me retirai autant que je le pus et interposai un coin de ma pèlerine de scout entre le bonhomme et moi, sans que mes mouvements le réveillassent. L'un des soldats ronflait, accoté à mon dos.

Du côté opposé à celui par lequel je voisinais, plus étroitement que je n'eusse jamais pu l'imaginer, avec un officier chinois, une femme, collée elle aussi contre moi, tenait un bébé dans ses bras. Un accident, tout naturel, mais bien mal venu, dans la situation où nous nous trouvions, se produisit. La pauvre maman coincée entre la paroi de la voiture et moi qui ne pouvais bouger, serrée comme je l'étais par les deux guerriers, cherchait à arracher des morceaux de la robe du bébé pour les utiliser comme serviettes et remédier quelque peu au désastre. Par-dessus mon épaule, avec le seul bras qu'il m'était possible de mouvoir, je lui passai du papier que j'avais dans ma poche... L'officier continuait à m'écraser les côtes de tout son poids ; Yongden, endormi, étendant inconsciemment les jambes, lui avait appliqué ses pieds sur le flanc et le maintenait, ainsi, pressé contre moi.

On étouffait dans la voiture ; des gens remuèrent le long du couloir et baissèrent une vitre presque en face de notre compartiment. Des bouffées d'air frais s'y précipitèrent, fouettant la face des dormeurs et les réveillant. L'officier se redressa, son ordonnance se leva et je profitai de la liberté que leur changement d'attitude me procurait, pour passer dans le corridor où je m'insérai entre un homme et une femme, devant la fenêtre ouverte. J'avais été pendant si longtemps repliée et comprimée, sur mon sac, que me tenir droite me délassait et j'éprouvais grand plaisir à dégorger l'air méphitique qui m'emplissait les poumons. Mes deux voisins sommeillaient à demi, tout debout : la femme soutenue par une pile de bagages qui obstruait le passage et l'homme étayé par d'autres voyageurs.

Mes pensées n'étaient rien moins qu'agréables. J'énumérais, dans mon esprit, toutes les choses précieuses pour moi, que je venais de perdre : livres tibétains, copies de manuscrits rares que j'avais fait faire à Wou tai chan, nombreuses notes, fruits de lectures assidues et d'enquêtes laborieuses. Mes pertes matérielles ne laissaient pas, non plus, que d'être importantes. La nuit sombre et la fatigue que j'éprouvais contribuaient à accentuer la mélancolie à laquelle j'étais en proie.

Le train s'arrêta, de nouveau. Nous devions être en face d'une gare se trouvant du côté opposé à celui vers lequel j'étais tournée. Je ne voyais qu'un terre-plein, formant quai, sur lequel des hommes s'agitaient à la lueur de quelques lanternes.

Des soldats blessés arrivaient, la tête ou les bras entourés de bandages, l'un d'eux s'appuyait sur une béquille ; deux civières suivaient et furent déposées devant ma voiture.

Tandis que les hommes capables de marcher étaient aidés à monter dans la voiture qui précédait la mienne, les porteurs de l'une des civières voulurent entrer celle-ci, avec le blessé couché sur elle, dans celle où je me trouvais.

La porte de la plate-forme devait être bloquée par les gens et par les colis massés devant elle : les infirmiers ne réussissaient pas à l'ouvrir.

Pour une raison quelconque, l'arrêt qui, en d'autres endroits, s'était prolongé, devait être écourté en celui-là. Des hommes en uniforme apparurent, parlant fort, avec un ton de commandement. Visiblement, ils ordonnaient aux brancardiers de se presser. Alors, la porte ne cédant toujours pas, ceux-ci, perdant la tête, se mirent à la marteler à grands coups avec l'extrémité des longs bâtons de la civière sur laquelle le pauvre soldat était allongé.

Le malheureux était-il plongé dans le coma, insensible

à la souffrance, ou incapable de la manifester : il ne poussa pas un cri.

Les porteurs de la seconde civière, voyant la difficulté que leurs camarades rencontraient, soulevèrent leur blessé que l'un d'eux emporta, sur son dos, vers le train, tandis que l'autre dénouait des cordes attachées aux brancards [1]. Pendant ce temps, les hommes en uniforme continuaient à leur crier des ordres et à les presser.

Un des brancards étant dégagé, le pauvre Chinois, harcelé par ses chefs, conçut l'idée baroque d'embarquer celui-ci en le glissant dans le train par la fenêtre qu'il voyait ouverte devant lui. Les lanternes éclairaient à peine ; je compris son intention trop tard pour avoir le temps de m'accroupir. Le bout du bâton, poussé fortement, me frappa la bouche. A ce moment, je devais l'avoir entr'ouverte ; mes dents, à leur grand dommage, reçurent le coup directement. Je n'ai pas souvenance d'avoir crié, je n'ai souvenance de rien, je m'évanouis immédiatement.

Mes deux voisins s'en aperçurent-ils, ou bien crurent-ils que j'essayais de m'asseoir ? — Ils ne m'accordèrent aucune attention. Je revins à moi affaissée sur leurs pieds, la tête ballottant et frappant contre la paroi du couloir.

Le train roulait, nous étions, de nouveau, dans l'obscurité ; je sentais, dans ma bouche, la saveur du sang. Je tirai mon mouchoir de ma poche, le pressai sur mes lèvres et, à tâtons, regagnai mon compartiment.

Le gros officier avait changé de position ; sa tête s'appuyait contre les genoux de Yongden. Quelques-uns de mes compagnons de voyage ronflaient, pressés les uns contre les autres sur les banquettes, ou entre celles-ci. Je m'assis sur mon sac, comme précédemment... Le train roulait toujours, lentement, dans la nuit. Il me semblait que j'allais continuer à rouler, ainsi, dans ces ténèbres, pendant l'éternité...

Au cours de la matinée, nous nous arrêtâmes dans une gare importante ; plusieurs trains placés entre nous et les bâtiments de la station, m'empêchaient d'y lire le nom de la ville où nous nous trouvions. Je crois que c'était Changteh, mais je n'eus pas le loisir de m'en informer. On

1. Il ne faut pas se représenter ces civières primitives comme ressemblant à celles des ambulances de la Croix-Rouge, en Europe.

annonçait que notre train ne dépasserait pas Chengchow (Tchéng-tou) mais qu'un autre, allant directement à Hankéou, était à côté de lui, prêt à partir.

En grande hâte, nous transbordâmes. Quel soulagement d'entrer dans une voiture propre, au couloir libre ! La plupart des compartiments étaient occupés par des officiers, nous en trouvâmes, pourtant, un encore vide : il était de seconde classe, à quatre couchettes. Je finissais de m'y installer, avec Yongden, lorsque parut le gros Chinois qui m'avait prise pour oreiller, pendant la nuit précédente. Lui aussi transbordait. Ses ordonnances apportèrent le sac volumineux sur lequel il avait été assis dans l'autre train et qui paraissait constituer tout son bagage.

Il s'étendit, immédiatement, sur une des couchettes et s'endormit. Quant à moi, j'aurais été heureuse de pouvoir me laver et de rincer ma bouche tuméfiée, mais aucun liquide : eau propre ou thé ne pouvait être obtenu.

Nous passâmes à Chengchow dans l'après-midi. Je me rappelai y être descendue en 1918, à deux heures du matin, venant de Pékin et y avoir pris contact, pour la première fois, avec une auberge chinoise. Je me souvins du dégoût éprouvé, le lendemain matin, lorsqu'une servante apporta dans ma chambre, pour faire ma toilette, une cuvette d'eau, presque bouillante, dans laquelle trempait une petite serviette aussi noire que si l'on s'en était servi pour fourbir des poêles.

Je me rendais, alors, au Kansou ; la Chine différait beaucoup de ce que je la voyais être actuellement. Mille fois plus agréable était-elle, malgré les auberges minables et leurs serviettes crasseuses. Celles-ci existent toujours, du reste, mais nombre de choses plaisantes et pittoresques ont disparu en même temps que la liberté dont les voyageurs jouissaient à cette époque.

Un peu plus loin, à un autre arrêt, des agents de la police entrèrent dans mon compartiment et se mirent à questionner le gros officier. Me regardant, ils lui demandèrent si je voyageais avec lui ; il répondit négativement et, dès lors, ils ne s'occupèrent plus de moi. L'interrogatoire se poursuivit et, bien que je n'en comprisse que très peu de chose, il m'était facile de saisir que l'officier était traité sans aucun égard. Il finit par se mettre en colère. Les autres — ils étaient trois — insistaient pour qu'il descendît du train et allât s'expliquer avec leur chef. L'officier s'y refusait, mais les trois sbires, grimaçant des sourires ironiques, finirent par avoir le dessus ; l'officier se leva et s'en alla avec eux. Descendit-il du train, ou bien le chef de la police l'attendait-il, dans le couloir, au bout de la voiture ?... Il resta absent pendant un long moment et revint avec la mine bougonne de quelqu'un qui digère mal un affront. Il avait, pourtant, dû satisfaire les enquêteurs et sortir, justifié, de l'interrogatoire, car les trois agents et le quatrième individu qui paraissait être leur chef, rangés sur le quai, le saluèrent poliment quand le train se remit en marche.

Il me sembla qu'on lui avait demandé pourquoi il avait quitté le front, où il se rendait et, aussi, des détails sur la position des troupes. Il avait, tout d'abord, décliné de donner ceux-ci, disant qu'il serait passible de la peine capitale s'il divulguait ce qui était le « secret des généraux ». Il déclarait cela en esquissant le geste d'avoir la tête coupée. Pourtant, les autres insistant, il avait été contraint de les instruire, au moins, en partie, de ce qu'ils tenaient à savoir.

Etendue sur ma couchette, je passai une nuit calme et reposante. A mon réveil, il pleuvait, nous traversions une région inondée. Yongden m'apprit que le gros officier était descendu, un peu avant l'aube, à une petite gare.

Dans la matinée, nous croisâmes plusieurs trains bondés de soldats szetchouanais ou cantonais. Ils étaient chaussés de sandales de paille, à même leurs pieds nus. Une mince couverture de coton gris leur servait de manteau couvrant leur uniforme de coton porté sur la chair, sans aucun vêtement de dessous. Ainsi, misérablement vêtus, ils allaient voyager pendant plusieurs jours et plusieurs nuits, en wagons découverts, exposés au vent et sous la pluie. Certains avaient étendu leur couverture sur des bambous pour former un abri. Tous ruisselaient. Les mieux garantis étaient ceux qui s'étaient munis de « l'imperméable » des campagnards de leur pays : une épaisse pèlerine en paille et un large chapeau-parapluie, en bambou tressé. En les regardant s'en aller à la guerre accoutrés de la sorte, l'on cherchait, instinctivement, leurs arcs et leurs flèches. Véritablement, on ne pouvait les imaginer combattant avec des armes modernes. D'ailleurs, ils n'en avaient point. Comme au Chansi, je vis, ce matin-là, défiler des milliers de pauvres hères emmenés à pleins wagons, mais je n'apercevais, toujours, ni fusils ni canons. Où ces primitives recrues devaient-elles en trouver ?... Et combien de temps leur faudrait-il pour apprendre à s'en servir ?...

La pluie ne cessait pas ; le vent s'était levé, agressif, la faisant tourbillonner et cingler, méchamment, la face des êtres et des choses. Il faisait froid. Le paysage baignait dans une grisaille morne : une atmosphère de tristesse déprimante enveloppait la douce terre chinoise.

Plus tard, nous traversâmes un massif de montagne et passâmes le col de Ki Kun chan, près duquel des étrangers ont créé des stations estivales. Dans une petite gare, je remarquai un ouvrier cassant du charbon. Il était assis à même le tas, vêtu d'un imperméable brunâtre dont il avait relevé le capuchon pointu. Vu de dos, il ressemblait à un saint François d'Assise et je regrettai de ne pas avoir un appareil photographique sous la main pour en faire un amusant instantané.

Vers cinq heures du soir, nous passâmes devant un bourg nommé Wa hien, je crois. La localité, qui s'étend, en longueur, en face de la voie ferrée, paraissait être occupée militairement. Toutes les boutiques étaient closes et des sentinelles se voyaient tout le long de la route, absolument déserte. Un homme entrebâillant sa porte pour jeter un regard au-dehors fut brutalement repoussé à l'intérieur par un soldat.

Nous arrivâmes à Hankéou un peu après neuf heures du soir. Notre voyage, depuis le départ de Taiyüan, avait duré trois jours et trois nuits.

Le Révérend Pr... m'avait donné l'adresse d'un hôtel, à Hankéou, je m'y fis, immédiatement, conduire.

« — Pas la moindre place », me déclara le portier hindou [1].

Comme j'insistais pour voir la patronne, celle-ci parut,

1. A Hankéou, il est de beau style d'avoir un portier hindou.

en peignoir, sur le palier de l'escalier et me confirma qu'il n'y avait pas un coin de libre chez elle. Elle me conseilla, ensuite, de m'adresser à un autre hôtel qu'elle m'indiqua.

On m'y fit la même réponse : toutes les chambres étaient occupées ; Hankéou regorgeait de réfugiés. Peut-être une dame, qui louait des appartements meublés, pourrait-elle nous recevoir, nous dit le patron, et il nous donna son adresse.

Là aussi, la maison était comble.

Tandis que nous déambulions, en rikshaw, le temps avait passé, il allait être onze heures du soir, les rues étaient désertes, le vent piquant. Les nerfs de Yongden, surmenés depuis que nous avions quitté Wou tai chan, commençaient à fléchir : les larmes lui venaient aux yeux.

« — Qu'allons-nous devenir ? » gémissait-il.

Moi, je trouvais notre situation originale et je me sentais disposée à en rire, toutefois, je comprenais qu'elle ne devait pas se prolonger indéfiniment.

Un des Chinois traînant nos rikshaws nous proposa d'aller à la « Mission des Américains ». Une Mission n'est pas un hôtel, pensai-je, cependant, peut-être nous y laisserait-on entrer et passer la nuit n'importe où : dans le vestibule, si l'on voulait. Nous ne pouvions guère nous asseoir dans la rue.

La maison que le coolie dénommait « Mission des Américains » était en réalité le Foyer de la Mission luthérienne américaine (Lutheran Mission Home), un très grand bâtiment moderne contenant une centaine de chambres destinées, en principe, aux missionnaires protestants de passage à Hankéou, mais qui pouvaient aussi être louées à d'autres voyageurs.

Je m'y heurtai, de nouveau, à un portier hindou et à son : « Toutes les chambres sont occupées. » Comme preuve de ce qu'il affirmait, il me désignait le tableau, sur lequel, en face de chaque numéro de chambre, un ou plusieurs noms étaient inscrits.

N'importe, j'étais décidée à m'imposer ; je tenais à passer la nuit à couvert.

Je déclarai, fermement, que je ne m'en irais pas. Je voulais voir le directeur ou la directrice de la maison.

Le portier se décida à monter avec moi dans l'ascenseur et à me conduire au cinquième étage où il appela la sous-directrice qui y avait son appartement.

Celle-ci me répéta qu'il n'y avait aucune chambre disponible.

Mais je n'exigeais ni une chambre ni un lit ; je la priais, seulement, de me permettre d'entrer. Elle ne pouvait pas laisser une femme européenne passer la nuit dans la rue...

Cette extrémité lui paraissait, certainement, fâcheuse...

« — Je dois consulter le directeur », me dit-elle. « Descendons. »

L'ascenseur nous ramena au rez-de-chaussée et, après un instant d'attente, je vis un homme corpulent sortir de son bureau où il s'attardait à travailler. Il me regarda pendant un instant, puis s'écria :

« — Comment, c'est vous !... »

C'était « moi », mais je ne reconnaissais pas du tout celui qui paraissait me si bien connaître.

A vrai dire, je tremblais qu'il ne fît erreur et je crois bien que, mue par mon désir d'être sous un toit, même s'il s'était trompé quant à ma personnalité, j'aurais, sans vergogne, profité de sa méprise.

Mais le directeur ne se trompait pas ; sa mémoire valait mieux que la mienne.

« — Sian », me dit-il « Vous alliez au Kansou... »

Eh oui, c'était vrai, nous nous étions rencontrés pendant le séjour de plus d'un mois que j'avais fait dans Sian, assiégé, en temps de guerre civile. C'était, si je ne me trompe, en 1918.

Naturellement, il n'était pas question de me renvoyer.

Au premier étage, un salon, transformé en chambre supplémentaire, attendait un Chinois dont la femme et les enfants habitaient, déjà, la maison.

Peu importait, le monsieur partagerait l'appartement de sa famille. Les circonstances exigeaient que l'on sacrifiât ses aises.

Au même étage, on aménagea une chambrette pour Yongden, dont le directeur se souvenait bien, aussi. J'envoyai les domestiques se loger dans une auberge indigène.

Mon hôte parti, Yongden retiré chez lui, je regardai longuement autour de moi. Probablement avais-je la mine d'un nouvel Elu examinant le Paradis où il vient d'entrer.

Propreté, tranquillité, confort, paix, repos !...

Mais un nouveau coup d'œil me montra, posés l'un à côté de l'autre, un petit sac, un étui à parapluie et une boîte à chapeaux ; le lama avait emporté son nécessaire de toilette dans sa chambre.

C'était, là, avec les vêtements que nous portions sur nous, tout ce qui nous restait !...

Le lendemain, peu après le déjeuner, les sirènes donnèrent l'alarme et j'appris que, quelques semaines plus tôt, la ville d'Anyang, contiguë à Hankéou, avait été dévastée par un raid.

Décidément, Hankéou que j'avais atteint au prix de tant de fatigue, en y venant de si loin, n'avait rien d'un « refuge ».

Et, ensuite ?...

Ensuite, je suis devenue une « fugitive », comme il y en a, présentement, des millions, en Chine.

Tenant toujours à conserver des routes libres devant moi, désireuse aussi, de voir, de près, l'issue du drame dont j'ai contemplé le début, je n'ai pas voulu quitter le pays où il se joue.

Partie d'Hankéou sous un bombardement, j'ai gagné Itchang, puis remonté les rapides du Yangtzé au fond de ses gorges gigantesques, pour aborder à Tchoung King.

Une des premières visites des avions japonais y a fait, dans l'espace d'un quart d'heure, dix mille victimes, beaucoup de celles-ci brûlées vivantes dans leurs maisons en flammes.

Puis, j'ai revu Tchéng-tou, l'opulente capitale du Szetchouan où j'ai vécu paisiblement, il y a quinze ans.

Après quelques mois de calme, une bombe y a démoli le toit de la maison où le manuscrit de ce livre était dactylographié. Tout un quartier — plus de quinze cents habitations — flambait dans son voisinage immédiat.

Passant, ainsi, de ville en ville, j'ai atteint les confins de la Chine, son extrême ouest encore barbare, le pays des pasteurs vivant sous les tentes noires et des brigands-gentilshommes, dont j'ai parlé ailleurs [1].

---

1. *Au Pays des brigands-gentilshommes.* (Plon.)

EPILOGUE

A DARTSÉDO (MARCHES TIBÉTAINES)
LE DANGER S'EN APPROCHE

Sans l'avoir projeté, me voici revenue au Tibet.

Mais les « nuées d'orage » se font de plus en plus sombres. Elles ont gagné cette haute terre des dieux ; près de ma cabane [1], au seuil des solitudes, l'on commence à installer des sirènes et à creuser des abris souterrains... En prévision de *ce qui pourrait advenir* [2].

L'autre jour, cherchant un lieu de retraite pour l'heure d'un danger possible, je suis allée reconnaître un vieux cimetière dont les tombes s'accrochent au flanc de la montagne, parmi un chaos de rochers provenant d'un éboulement ancien... Après avoir erré de « refuge » en « refuge », peut-être en viendrai-je à devoir aller m'abriter parmi les morts.

Peut-être, aussi, pour se soustraire aux maux que leur démence crée, les hommes n'auront-ils, bientôt, plus d'autre refuge que la Mort.

Dartsédo (Dar-rtsé-mdo) Marches tibétaines, août 1939.

Une relation de voyage, faisant suite à celle-ci, paraîtra sous le titre : *l'Ouest barbare de la grande Chine.* A moins que...

---

1. A 2 600 mètres d'altitude.
2. Comme je finis de relire cette page, me disposant à envoyer, demain, mon manuscrit à Plon, le bruit court que Yachow, à une demi-heure de vol d'ici, a été bombardé au cours de l'après-midi.

APPENDICE

CHANTS PATRIOTIQUES CHINOIS[1]

Chant appelant le peuple à combattre.

Venez vous qui ne voulez pas vivre en esclave.

Pour protéger notre pays, avec nos os et notre sang, bâtissons un rempart autour de lui.

L'épreuve présente est bonne et décisive pour la République chinoise.

Que chacun surmontant les liens qui l'attachent à son village natal pousse avec force le cri d'appel : Venez ! Venez ! Unissons-nous !

De nos esprits unis, faisons un seul esprit !

Chants des hommes résolus.

Quoi que vous deviez rencontrer : vie ou mort, levez-vous, allez de l'avant, ne reculez pas.

Nos frères ont été tués par milliers et l'on nous a volé notre terre.

Levez-vous, ne reculez pas, quoi que vous deviez rencontrer : vie ou mort.

Que ceux qui ont des sabres prennent leurs sabres ; que ceux qui n'en ont pas, s'arment de bâtons.

Nous ne pouvons rien endurer de plus.

---

1. La traduction que j'en donne est une traduction libre qui donne le sens des paroles, sans prétention à un mot à mot rigoureux.

Nous ne livrerons rien de la terre chinoise ; rien, pas même la longueur d'une coudée.

Que les hommes de races différentes habitant nos provinces se lèvent ensemble pour combattre.

Frères restez debout et fermes ; ne reculez pas déprimés.
Pour prendre la vie de l'ennemi offrez votre corps et votre vie.
Le moment est venu ; on ne peut l'éviter.
Le moment est venu.

CHANT NATIONAL CHINOIS

Triple Démisme[1]

Comme je l'entends chanter par les élèves d'une école de garçons, à Tatsienlou, pendant que, le matin, l'on hausse le drapeau national au mât placé dans la cour de l'école, ou qu'on l'en descend le soir.

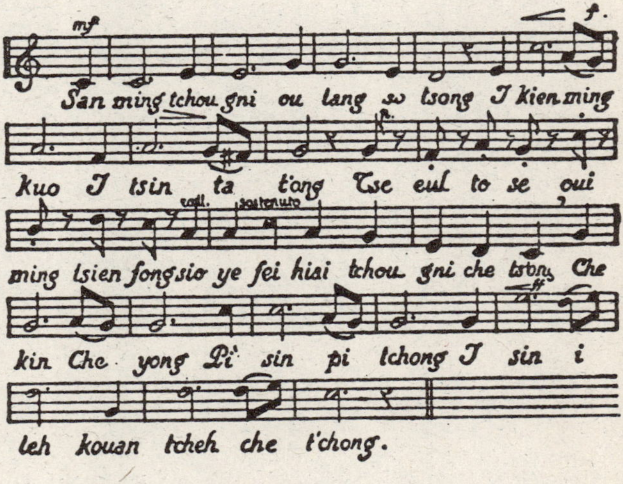

Trois Principes du Peuple
O mon Parti, auquel j'adhère !
C'est toi le fondement de la République
Toi, qui t'es répandu parmi tout le peuple

1. On appelle « Triple démisme » les trois principes de la souveraineté du peuple énoncés par Sun Yat Sen.
1° Ming sên : Principe vital, l'Economique — Socialisme ;
2° Ming kuen : Principe égalitaire, la Politique — Démocratie ;
3° Ming tsou : Principe racial, l'Ethnique — Nationalisme.

Tous tes fondateurs en qui nous avons confiance
Sont notre avant-garde !
Jour et nuit, sans lâcheté, nous suivons ces principes
Soyons vaillants et courageux,
Généreux et fidèles !

Ayons un seul cœur et une seule vertu
Et gardons imprimés dans le cœur
Tes Principes jusqu'à la Mort[1] !

1. Je suis redevable pour cette traduction au R. P. V...

TABLE DES MATIERES

Achevé d'imprimer en octobre 1993
sur les presses de l'Imprimerie Bussière
à Saint-Amand (Cher)

POCKET - 12, avenue d'Italie - 75627 Paris Cedex 13
Tél. : 44-16-05-00

— N° d'imp. 2301. —
Dépôt légal : novembre 1993.

Imprimé en France